权威·前沿·原创

皮书系列为
"十二五""十三五""十四五"时期国家重点出版物出版专项规划项目

B

BLUE BOOK

智库成果出版与传播平台

税收蓝皮书
BLUE BOOK OF TAX

中国区域税收发展报告（2023）

DEVELOPMENT REPORT ON REGIONAL TAX OF CHINA (2023)

顾　问／刘　桓　刘　怡
主　编／李为人　付广军
副主编／韩　莉　蔡　昌

社会科学文献出版社
SOCIAL SCIENCES ACADEMIC PRESS (CHINA)

图书在版编目（CIP）数据

中国区域税收发展报告.2023／李为人，付广军主编.--北京：社会科学文献出版社，2023.12
（税收蓝皮书）
ISBN 978-7-5228-3009-4

Ⅰ.①中… Ⅱ.①李… ②付… Ⅲ.①税收管理-研究报告-中国-2023 Ⅳ.①F812.42

中国国家版本馆 CIP 数据核字（2023）第 245702 号

税收蓝皮书
中国区域税收发展报告（2023）

顾　　问／刘　桓　刘　怡
主　　编／李为人　付广军
副主编／韩　莉　蔡　昌

出 版 人／冀祥德
责任编辑／路　红
文稿编辑／刘　燕
责任印制／王京美

出　　版／社会科学文献出版社（010）59367194
　　　　　地址：北京市北三环中路甲 29 号院华龙大厦　邮编：100029
　　　　　网址：www.ssap.com.cn
发　　行／社会科学文献出版社（010）59367028
印　　装／天津千鹤文化传播有限公司

规　　格／开　本：787mm×1092mm　1/16
　　　　　印　张：21　字　数：316 千字
版　　次／2023 年 12 月第 1 版　2023 年 12 月第 1 次印刷
书　　号／ISBN 978-7-5228-3009-4
定　　价／158.00 元

读者服务电话：4008918866

主编简介

　　李为人　中国社会科学院大学应用经济学院副院长、税务硕士教育中心主任、税收政策与治理研究中心主任、"双碳"研究中心副主任。管理学博士、副教授、研究生导师。中国税收教育研究会理事，中国国际税收研究会理事，北京大数据协会财税大数据专业委员会副会长兼秘书长，中央财经大学税收筹划与法律研究中心特约研究员。主要研究领域为税收理论与政策、区域税收政策、数字经济税收及治理、税收风险管控等。编著《税收学》《税务管理新论》《税收蓝皮书：中国区域税收发展报告》《中国税制》《税收筹划理论与实务》《中国税务操作实务》《中国税务教育发展报告》《大数据背景下智慧税务建设研究》《会计操作实务》等；在《税务研究》《国际税收》《中国社会科学院大学学报》等期刊发表学术论文多篇；主持"数据产权保护与利用研究"（中国社会科学院国家高端智库课题），"海南自贸港'一线放开、二线管住'通关监管模式创新研究""海南自由贸易港通关监管国际比较与规制衔接研究"（均为海南省社科重大课题）子课题，"促进中国文化产业发展的税收政策研究""智慧税务建设研究""数字经济形态下的税制结构优化研究"（均为国家税务总局课题）等课题多项。

　　付广军　国家税务总局税收科学研究所学术委员会副主任、研究员，民建中央财政金融委员会副主任，中国财政学会理事，中国数量经济学会常务理事，北京大数据协会财税大数据专业委员会副会长，中安联合投资集团有限公司博士后工作站博士后导师，中国财政科学研究院、中国社会科学院大学、中央财经大学、首都经济贸易大学硕士生导师，中共国家税务总局党校兼职教授，全国人大常委会法工委《中小企业促进法》顾问。长期从事中国宏观经济和税收政策研究，主要研究领域为税收与宏观经济分析、民营经济税收政策、产业税收政策。先后主持完成"中国小微企业税收政策效应分析评估""中国房地产经济与税收统计分析""中国经济结构调整对税收影响研究"等省部级重点课题；发表学术论文百余篇，学术著作十余部；获省部级特等奖三项、一等奖三项；曾获国家税务总局嘉奖两次。

摘　要

2021 年，各地区全面贯彻党的十九大和十九届历次全会精神，按照党中央、国务院决策部署，坚持稳中求进工作总基调，完整、准确、全面贯彻新发展理念，加快构建新发展格局，全面深化改革开放，坚持创新驱动发展，推动高质量发展。沉着应对百年变局和世纪疫情，实现了"十四五"良好开局。

2022 年，党的二十大胜利召开。各区域按照党中央、国务院决策部署，统筹国内国际两个大局，统筹疫情防控和经济社会发展，统筹发展和安全，经济社会大局保持稳定。据国家税务总局《税收收入月度快报》，2022 年，中国税收收入实现 180896.88 亿元，较上年增加 29255.81 亿元，同比增长 19.3%。东部、中部、西部、东北区域分别实现税收收入 115223.09 亿元、27191.14 亿元、30392.50 亿元、8090.15 亿元，同比分别增长 17.4%、22.1%、24.9%、17.5%。全国宏观税负为 15.0%。其中，东部区域宏观税负 18.5%，比全国平均宏观税负高 3.5 个百分点；中部、西部、东北区域宏观税负均低于全国平均宏观税负。2022 年，东部、中部、西部、东北区域税收协调系数分别为 1.2321、0.6787、0.7850、0.9375。

东部区域仍然是中国经济和税收的"领头雁"，2021~2022 年税收恢复相对较快，增长速度最快，有力发挥了在全国税收中的稳定作用，百元GDP 含税量明显高于中西部地区，税收收入排前 10 位的省份绝大多数位于东部区域。中部区域发展潜力巨大，2021~2022 年实现了税收收入的高速增长，税收收入占全国的比重与上年持平，百元 GDP 含税量明显低于东部区域，同时略低于西部区域。西部区域需要进一步扶持，2021~2022 年税收收入增长低于全国平均增速，税收收入占全国的比重基本与上年持平，百元GDP 含税量虽然低于东部区域，但高于中部区域。东北区域受宏观周期波动和内生动力不足的影响，经济处于转型的关键时期。2022 年东北区域税收收入合计为 8090.15 亿元，占全国税收的 4.5%。

立足新发展阶段，贯彻新发展理念，促进构建新发展格局，我国应全面推行资源税改革，扩大资源税的征收范围，将煤炭资源、矿产资源、水资源等更多可交易的自然产品纳入征收范围；实施资源税的从价计征；清理各项资源的不合理收费项目。调整消费税的征收范围，将高耗能、高污染的产品以及私人飞机、独体别墅等高档奢侈品纳入消费税的征收范围；取消对现行并已成为大众必需品的项目继续征税，以更好地发挥消费税的调控作用；调整消费税征收环节，推进消费税由生产环节向消费环节后移。制定统一的税收法律，加强对地方招商引资税收优惠政策的管理，加强对各区域税收优惠政策的审批和监督，加强对地方政府招商引资优惠政策执行情况的监督检查。

关键词： 区域税收　宏观税负　区域税收协调　税收政策

目 录 ⏎

Ⅰ 总报告

Ⅱ 区域篇

Ⅲ 省域篇

Ⅳ 专题篇

皮书数据库阅读 **使用指南**

总 报 告

General Report

B.1

2021~2022年中国区域税收发展报告

李为人 付广军*

摘 要： 2021年是我国历史上具有里程碑意义的一年。我国实现了"十
四五"良好开局，经济发展保持全球领先地位。2022年，我国
经济持续复苏并走向常态化，主要经济指标持续改善，经济运行
呈全面复苏态势，国内生产总值实现1203462.4亿元，我国税收
收入实现180896.88亿元。2022年东部区域税收收入为
115223.09亿元，占全国税收收入的63.7%。中部区域发展潜力
巨大。2022年中部区域税收收入为27191.14亿元，占全国税收
收入的15.0%。西部区域需要进一步扶持。2022年西部区域税
收收入为30392.50亿元，占全国税收收入的16.8%。东北区域
需要转换经济发展方式。东北区域受宏观周期波动和内生动力不

---

* 李为人，中国社会科学院大学应用经济学院副院长、税收政策与治理研究中心主任，主要研
究方向为税收理论与政策、区域税收政策、数字经济税收及治理、税收风险管控等；付广
军，国家税务总局税收科学研究所学术委员会副主任、研究员，主要研究方向为税收与宏观
经济分析、民营经济税收政策、产业税收政策。

足的影响，经济处于转型的关键时期。2022 年东北区域税收收入为 8090.15 亿元，占全国税收收入的 4.5%。

关键词： 区域税收　区域经济　宏观税负

一　2021年中国区域税收运行状况

2021 年是我国历史上具有里程碑意义的一年。各地区全面贯彻党的十九大和十九届历次全会精神，弘扬伟大建党精神，按照党中央、国务院决策部署，坚持稳中求进工作总基调，完整、准确、全面贯彻新发展理念，加快构建新发展格局，全面深化改革开放，坚持创新驱动发展，推动高质量发展。我国实现了第一个百年奋斗目标，向第二个百年奋斗目标进军，沉着应对百年变局和世纪疫情，构建新发展格局迈出新步伐，高质量发展取得新成效，实现了"十四五"良好开局。我国经济增速保持全球领先地位，国家战略科技力量加快壮大，产业链韧性得到提升，改革开放向纵深推进，民生保障有力有效，生态文明建设持续推进。

2021 年，中国税收收入实现 188737.61 亿元，较上年增加 22737.87 亿元，同比增长 13.7%，增长率较上年提高 17.2 个百分点（见表 1）。

表 1　2010~2021 年中国区域税收收入状况

单位：亿元，%

年份	东部		中部		西部		合计	
	收入	增长率	收入	增长率	收入	增长率	收入	增长率
2010	53342.48	21.1	12001.76	23.5	12045.61	29.0	77389.85	22.6
2011	64906.95	21.7	15349.37	27.9	15472.79	28.5	95729.11	23.7
2012	73750.94	13.6	18432.22	20.1	18556.88	19.9	110740.04	15.7
2013	79357.42	7.6	20319.54	10.2	20266.03	9.2	119942.99	8.3
2014	86094.91	8.5	21882.80	7.7	21563.36	6.4	129541.07	8.0
2015	91339.55	6.1	22541.72	3.0	22140.21	2.7	136021.48	5.0

年份	东部		中部		西部		合计	
	收入	增长率	收入	增长率	收入	增长率	收入	增长率
2016	95188.23	4.2	22981.15	1.9	22329.66	0.9	140499.04	3.3
2017	104416.48	9.7	26234.03	14.2	25084.22	12.3	155734.73	10.8
2018	112702.84	7.9	29152.96	11.1	28100.77	12.0	169956.57	9.1
2019	113748.72	0.9	29714.00	1.9	28639.65	1.9	172102.37	1.3
2020	110544.83	-2.8	27947.42	-5.9	27507.47	-4.0	165999.72	-3.5
2021	125950.28	13.9	31568.55	13.0	31218.78	13.5	188737.61	13.7

注：因四舍五入存在误差，下同。

资料来源：2011~2022年《中国税务年鉴》。

（一）2021年中国区域税收收入总体发展情况

根据国家统计局关于区域的划分，如果按照东部、中部、西部划分，东部包括北京、天津、河北、辽宁、上海、江苏、浙江、福建、山东、广东、海南等11个省（市）；中部包括山西、吉林、黑龙江、安徽、江西、河南、湖北、湖南等8个省；西部包括内蒙古、广西、四川、重庆、贵州、云南、西藏、陕西、甘肃、青海、宁夏、新疆等12个省（区、市）（不包括港澳台，下同）。

1. 中国区域税收收入发展趋势分析

从中国区域税收收入发展状况看，2021年，中国税收收入为188737.61亿元。其中，东部区域税收收入为125950.28亿元；中部区域税收收入为31568.55亿元；西部区域税收收入为31218.78亿元。

从税收收入绝对数看，东部与中、西部区域之间的税收收入绝对差距总体呈拉大趋势，相对差距总体呈缩小趋势。2010年东部区域税收收入比中部区域多41340.72亿元，为中部区域的4.44倍；比西部区域多41296.87亿元，为西部区域的4.43倍。到2021年，东部区域税收收入比中部区域多94381.73亿元，为中部区域的3.99倍；比西部区域多94731.50亿元，为西部区域的4.03倍。

中、西部区域之间税收收入也在发生变化，2010年西部区域比中部区域多 43.85 亿元，到 2013 年中部区域超过西部区域 53.51 亿元，到 2021 年中部区域已超过西部区域 349.77 亿元。

从分区域税收收入增长率情况看，全国税收收入增长情况与各区域增长情况基本保持一致，东部区域税收收入增长率有些年份高于全国，有些年份低于全国，同样，中、西部区域税收收入增长率有些年份高于全国，有些年份低于全国。

东部区域税收收入增长率，2010~2013 年低于全国平均水平，2014~2016 年高于全国平均水平，2017~2019 年又低于全国平均水平，而中、西部区域则与东部区域情况相反。2021 年全国税收收入受东、中、西部区域税收高增长的影响出现高增长，其中东部区域税收收入增长率高于全国平均水平 0.2 个百分点，中部区域税收收入增长率低于全国平均水平 0.7 个百分点，西部区域税收收入增长率低于全国平均水平 0.2 个百分点（见图 1）。

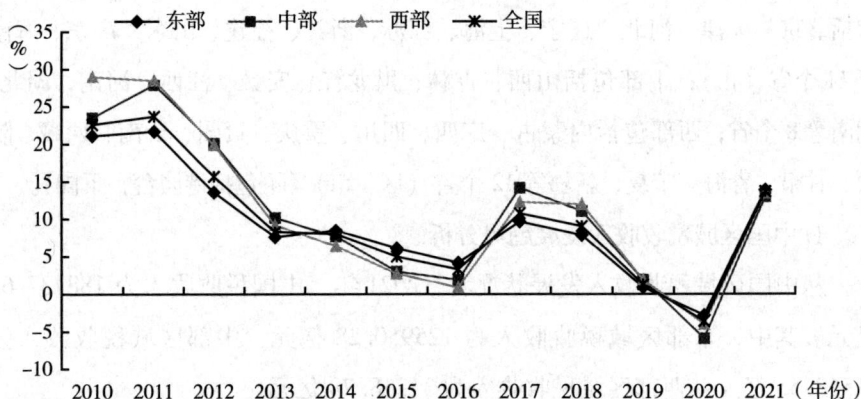

图 1　2010~2021 年中国分区域税收收入增长率

资料来源：2011~2022 年《中国税务年鉴》。

2. 2021 年中国区域税收发展情况分析

东部区域税收收入实现 125950.28 亿元，较上年增加 15405.45 亿元，占全部收入的 66.7%，占比较上年提高 0.1 个百分点，同比增长 13.9%，高于平均增速 0.2 个百分点；中部区域税收收入实现 31568.55 亿元，较上年增加 3621.13 亿元，占全部收入的 16.7%，占比较上年下降 0.1 个百分点，同比增长 13.0%，低于平均增速 0.7 个百分点；西部区域税收收入实现 31218.78 亿元，较上年增加 3711.31 亿元，占全部收入的 16.5%，占比与上年基本持平，同比增长 13.5%，低于平均增速 0.2 个百分点（见表2）。

表2 2020～2021 年中国区域税收收入情况

单位：亿元，%

区域	2021 年				2020 年			
	税收收入	增加额	同比增长	占全部比重	税收收入	增加额	同比增长	占全部比重
东部	125950.28	15405.45	13.9	66.7	110544.83	-3203.89	-2.8	66.6
中部	31568.55	3621.13	13.0	16.7	27947.42	-1766.58	-5.9	16.8
西部	31218.78	3711.31	13.5	16.5	27507.47	-1132.18	-4.0	16.6
合计	188737.61	22737.89	13.7	100.0	165999.72	-6102.64	-3.5	100.0

资料来源：2021～2022 年《中国税务年鉴》。

（二）2021年中国区域主要税种收入情况分析

如果按照东部、中部、西部及东北地区划分，[①] 则东部地区包括北京、天津、河北、上海、江苏、浙江、福建、山东、广东和海南 10 个省（市）；中部地区包括山西、安徽、江西、河南、湖北和湖南 6 个省；西部地区包括内蒙古、广西、重庆、四川、贵州、云南、西藏、陕西、甘肃、青海、宁夏和新疆 12 省（区、市）；东北地区包括辽宁（原属东部）、吉林和黑龙江（二省原属中部）3 个省。

1. 2021年中国区域税收收入情况分析

2021 年，全国税收收入实现 188737.61 亿元，较上年增加 22737.87 亿元，同比增长 13.7%，增速较上年提高 17.2 个百分点。其中，东部区域税收收入

[①] 下文将从东部、中部、西部及东北地区四个地区进行 2021 年主要税种收入情况、区域宏观税负以及 2022 年区域税收情况等的分析。

实现 120983.69 亿元，较上年增加 14915.25 亿元，同比增长 14.1%，占全国税收收入的 64.1%，较上年提高 0.2 个百分点；中部区域税收收入实现 27896.18 亿元，较上年增加 3402.22 亿元，同比增长 13.9%，占全国税收收入的 14.8%，与上年持平；西部区域税收收入实现 31218.78 亿元，较上年增加 3711.31 亿元，同比增长 13.5%，占全国税收收入的 16.5%，较上年下降 0.1 个百分点；东北区域税收收入实现 8638.96 亿元，较上年增加 709.11 亿元，同比增长 8.9%，占全国税收收入的 4.6%，较上年下降 0.1 个百分点（见表 3）。

表 3　2020~2021 年中国区域税收收入状况

单位：亿元，%

区域	2021 年				2020 年	
	税收收入	增加额	同比增长	占全部比重	税收收入	占全部比重
东部	120983.69	14915.25	14.1	64.1	106068.44	63.9
中部	27896.18	3402.22	13.9	14.8	24493.96	14.8
西部	31218.78	3711.31	13.5	16.5	27507.47	16.6
东北	8638.96	709.11	8.9	4.6	7929.85	4.7
合计	188737.61	22737.89	13.7	100.0	165999.72	100.0

资料来源：2021~2022 年《中国税务年鉴》。

2. 2021 年中国区域国内增值税情况分析

2021 年，全国国内增值税实现 80189.36 亿元，较上年增加 9410.51 亿元，同比增长 13.3%，增速较上年提高 20.7 个百分点。其中，东部区域国内增值税实现 52120.62 亿元，较上年增加 6058.99 亿元，同比增长 13.2%，占全部国内增值税的 65.0%，较上年下降 0.1 个百分点；中部区域国内增值税实现 12119.07 亿元，较上年增加 1805.83 亿元，同比增长 17.5%，占全部国内增值税的 15.1%，较上年提高 0.5 个百分点；西部区域国内增值税实现 12288.35 亿元，较上年增加 1293.02 亿元，同比增长 11.8%，占全部国内增值税的 15.3%，较上年下降 0.2 个百分点；东北区域国内增值税实现 3661.32 亿元，较上年增加 252.67 亿元，同比增长 7.4%，占全部国内增值税的 4.6%，较上年下降 0.2 个百分点（见表 4）。

表4　2020~2021年中国区域国内增值税收入状况

单位：亿元，%

区域	2021年				2020年	
	收入	增加额	同比增长	占全部比重	收入	占全部比重
东部	52120.62	6058.99	13.2	65.0	46061.63	65.1
中部	12119.07	1805.83	17.5	15.1	10313.24	14.6
西部	12288.35	1293.02	11.8	15.3	10995.33	15.5
东北	3661.32	252.67	7.4	4.6	3408.65	4.8
合计	80189.36	9410.51	13.3	100.0	70778.85	100.0

资料来源：2021~2022年《中国税务年鉴》。

3. 2021年中国区域消费税情况分析

2021年，全国国内消费税实现14877.51亿元，较上年增加1934.09亿元，同比增长14.9%，增速较上年提高18.7个百分点。其中，东部区域国内消费税实现6818.64亿元，较上年增加1095.96亿元，同比增长19.2%，占全部国内消费税的45.8%，较上年提高1.6个百分点；中部区域国内消费税实现2784.00亿元，较上年增加190.14亿元，同比增长7.3%，占全部国内消费税的18.7%，较上年下降1.3个百分点；西部区域国内消费税实现3955.39亿元，较上年增加442.45亿元，同比增长12.6%，占全部国内消费税的26.6%，较上年下降0.5个百分点；东北区域国内消费税实现1319.48亿元，较上年增加205.54亿元，同比增长18.5%，占全部国内消费税的8.9%，较上年提高0.3个百分点（见表5）。

表5　2020~2021年中国区域国内消费税收入状况

单位：亿元，%

区域	2021年				2020年	
	收入	增加额	同比增长	占全部比重	收入	占全部比重
东部	6818.64	1095.96	19.2	45.8	5722.68	44.2
中部	2784.00	190.14	7.3	18.7	2593.86	20.0
西部	3955.39	442.45	12.6	26.6	3512.94	27.1
东北	1319.48	205.54	18.5	8.9	1113.94	8.6
合计	14877.51	1934.09	14.9	100.0	12943.42	100.0

资料来源：2021~2022年《中国税务年鉴》。

4. 2021年中国区域企业所得税情况分析

2021年，全国企业所得税实现42238.20亿元，较上年增加5667.94亿元，同比增长15.5%，增速较上年提高18.0个百分点。其中，东部区域企业所得税实现29678.31亿元，较上年增加3904.88亿元，同比增长15.2%，占全部企业所得税的70.3%，较上年下降0.2个百分点；中部区域企业所得税实现4966.18亿元，较上年增加537.26亿元，同比增长12.1%，占全部企业所得税的11.8%，较上年下降0.3个百分点；西部区域企业所得税实现6089.37亿元，较上年增加1091.36亿元，同比增长21.8%，占全部企业所得税的14.4%，较上年提高0.7个百分点；东北区域企业所得税实现1504.34亿元，较上年增加134.44亿元，同比增长9.8%，占全部企业所得税的3.6%，较上年下降0.1个百分点（见表6）。

表6　2020~2021年中国区域企业所得税收入状况

单位：亿元，%

区域	2021年				2020年	
	收入	增加额	同比增长	占全部比重	收入	占全部比重
东部	29678.31	3904.88	15.2	70.3	25773.43	70.5
中部	4966.18	537.26	12.1	11.8	4428.92	12.1
西部	6089.37	1091.36	21.8	14.4	4998.01	13.7
东北	1504.34	134.44	9.8	3.6	1369.90	3.7
合计	42238.20	5667.94	15.5	100.0	36570.26	100.0

资料来源：2021~2022年《中国税务年鉴》。

5. 2021年中国区域个人所得税情况分析

2021年，全国个人所得税实现14145.32亿元，较上年增加2412.82亿元，同比增长20.6%，增速较上年提高7.7个百分点。其中，东部区域个人所得税实现10734.95亿元，较上年增加1911.77亿元，同比增长21.7%，占全部个人所得税的75.9%，较上年提高0.7个百分点；中部区域个人所得税实现1305.28亿元，较上年增加197.09亿元，同比增长17.8%，占全部个人所得税的9.2%，较上年下降0.2个百分点；西部区域个人所得税实现

1735.54 亿元，较上年增加 259.07 亿元，同比增长 17.5%，占全部个人所得税的 12.3%，较上年下降 0.3 个百分点。东北区域个人所得税实现 369.55 亿元，较上年增加 44.89 亿元，同比增长 13.8%，占全部个人所得税的 2.6%，较上年下降 0.2 个百分点（见表7）。

表7　2020~2021 年中国区域个人所得税收入状况

单位：亿元，%

区域	2021 年				2020 年	
	收入	增加额	同比增长	占全部比重	收入	占全部比重
东部	10734.95	1911.77	21.7	75.9	8823.18	75.2
中部	1305.28	197.09	17.8	9.2	1108.19	9.4
西部	1735.54	259.07	17.5	12.3	1476.47	12.6
东北	369.55	44.89	13.8	2.6	324.66	2.8
合计	14145.32	2412.82	20.6	100.0	11732.50	100.0

资料来源：2021~2022 年《中国税务年鉴》。

二　2021年中国区域税收与经济发展协同分析

（一）2021年中国区域经济发展状况分析

根据《中国统计年鉴 2022》，2021 年 GDP 为 1137743.4 亿元，比上年增长 12.4%。经济总量继 2020 年首次突破百万亿元大关后，连续实现过百万亿元。

分区域来看，2021 年东部区域 GDP 为 592202.0 亿元，比上年增长 12.6%，增速高于全国平均水平；中部区域 GDP 为 250132.5 亿元，比上年增长 12.5%，增速在东部、中部、西部和东北四大区域中位列第二；西部区域 GDP 为 239710.1 亿元，比上年增长 12.4%，增速与全国平均水平持平；东北区域 GDP 为 55698.8 亿元，比上年增长 8.9%，增速低于全国平均水平，是所有区域中增速最低的（见表8）。

表8　2019~2021年中国区域经济（GDP）发展状况

单位：亿元，%

区域	2019年	2020年	2021年	2021年增速
东部	511161.43	525733.03	592202.0	12.6
中部	218737.81	222244.12	250132.5	12.5
西部	205185.15	213270.19	239710.1	12.4
东北	50249.00	51124.82	55698.8	8.9
全国	985333.39	1012372.16	1137743.4	12.4

资料来源：国家统计局编《中国统计年鉴2022》，中国统计出版社，2022。

（二）2021年中国区域宏观税负比较

税收来源于经济，税收与GDP的对比，一方面反映百元GDP含税量，另一方面反映税负轻重。理论上将税收收入占GDP的比重称为宏观税负。根据各区域税收收入和GDP状况，可以计算出各区域宏观税负，具体如表9所示。

表9　2018~2021年中国区域宏观税负状况

单位：%，个百分点

区域	2018年	2019年	2020年	2021年	2021年同比增减情况
东部	22.5	21.2	20.1	20.4	0.3
中部	13.0	12.2	11.3	11.2	−0.1
西部	14.9	14.0	12.9	13.0	0.1
东北	—	—	15.5	15.5	0.0
全国	18.6	17.5	16.4	16.6	0.2

资料来源：历年《中国税务年鉴》和《中国统计年鉴》。

2021年全国宏观税负为16.6%，较上年提高0.2个百分点。其中，东部区域宏观税负为20.4%，较上年提高0.3个百分点，高于全国宏观税负3.8个百分点；中部区域宏观税负为11.2%，较上年下降0.1个百分点，低于全国宏观税负 5.4 个百分点；西部区域宏观税负为 13.0%，较上年提高 0.1 个百分点，低于全国宏观税负 3.6 个百分点；东北区域宏观税负为 15.5%，同上年持平，低于全国宏观税负 1.1 个百分点。

综合分析，全国宏观税负普遍下降，宏观税负东部最高，东北其次，中部最低，西部居中。一方面，这表明中、西部区域宏观税收负担低于东部、东北区域；另一方面，这表明东部、东北区域每百元 GDP 含税量（对税收的贡献量）远远高于中、西部区域。其中不排除存在中、西部产生的税收，往东部区域转移的情况。

（三）2021年中国省级区域税收与经济发展对比分析

前文简单做了东部、中部、西部、东北区域税收与经济发展情况的对比分析，由于各区域均包含若干省级区域，而且各省级区域税收和经济发展数据很方便取得，因此有必要就各省级区域税收与经济发展情况进行分析。

表 10　2020~2021 年中国 31 个省份税收与经济（GDP）发展对比分析

单位：亿元，%

区域	税收收入		GDP		宏观税负	
	2021 年	2020 年	2021 年	2020 年	2021 年	2020 年
北京	14532.45	13308.73	40269.6	36102.60	36.1	36.9
天津	4563.56	4168.33	15695.0	14083.73	29.1	29.6
河北	5538.32	5008.68	40391.3	36206.90	13.7	13.8
上海	18703.69	15964.85	43214.9	38700.58	43.3	41.3
江苏	17207.95	15406.85	116364.2	102700.00	14.8	15.0
浙江	15041.16	12689.77	73515.8	64613.00	20.5	19.6
福建	5424.25	4687.69	48810.4	43903.89	11.1	10.7
山东	12020.04	10077.31	83095.9	73129.00	14.5	13.8
广东	26490.33	23648.46	124369.7	110760.94	21.3	21.4
海南	1461.94	1107.77	6475.2	5532.39	22.6	20.0
东部小计	120983.69	106068.44	592202.0	525733.03	20.4	20.1

续表

区域	税收收入		GDP		宏观税负	
	2021 年	2020 年	2021 年	2020 年	2021 年	2020 年
山西	3647.40	2861.81	22590.2	17650.00	16.1	16.2
安徽	4895.75	4506.98	42959.2	38680.60	11.4	11.7
江西	3827.90	3424.81	29619.7	25691.50	12.9	13.3
河南	5612.72	5256.46	58887.4	54997.07	9.5	9.6
湖北	5313.21	4221.64	50012.9	43443.46	10.6	9.7
湖南	4599.20	4222.26	46063.1	41781.49	10.0	10.1
中部小计	27896.18	24493.96	250132.5	222244.12	11.2	11.0
内蒙古	3023.80	2569.44	20514.2	17360.00	14.7	14.8
广西	2865.46	2520.56	24740.9	22156.69	11.6	11.4
四川	6494.69	5842.17	53850.8	48598.80	12.1	12.0
重庆	3042.63	2708.11	27894.0	25002.79	10.9	10.8
贵州	2626.09	2382.78	19586.4	17826.56	13.4	13.4
云南	3646.86	3494.59	27146.8	24500.00	13.4	14.3
西藏	361.64	362.05	2080.2	1902.74	17.4	19.0
陕西	4281.55	3461.97	29801.0	26181.86	14.4	13.2
甘肃	1513.71	1307.88	10243.3	9016.70	14.8	14.5
青海	435.88	392.73	3346.6	3005.92	13.0	13.1
宁夏	625.47	533.52	4522.3	3920.55	13.8	13.6
新疆	2301.00	1931.67	15983.6	13797.58	14.4	14.0
西部小计	31218.78	27507.47	239710.1	213270.19	13.0	12.9
辽宁	4968.10	4476.40	27584.1	25115.00	18.0	17.8
黑龙江	1845.92	1704.60	14879.2	13698.50	12.4	12.4
吉林	1824.94	1748.85	13235.5	12311.32	13.8	14.2
东北小计	8638.96	7929.85	55698.8	51124.82	15.5	15.5
全国合计	188737.61	165999.72	1137743.4	1012372.16	16.6	16.4

资料来源：税收收入数据来自《2022 中国税务年鉴》，经济数据来自各省份统计局网站。

如表 10 所示，2021 年，全国税收收入居前 10 位的是广东、上海、江苏、浙江、北京、山东、四川、河南、河北、福建，其中，东部区域省份占大多数，前5位均为东部省份；中部区域只有河南入围，居第8位；西部区域仅四川入围，居第7位。

税收收入居第1位的广东省为26490.33亿元，是第10位福建省5424.25亿元的4.88倍，中国省级区域税收收入差距较大（见图2）。

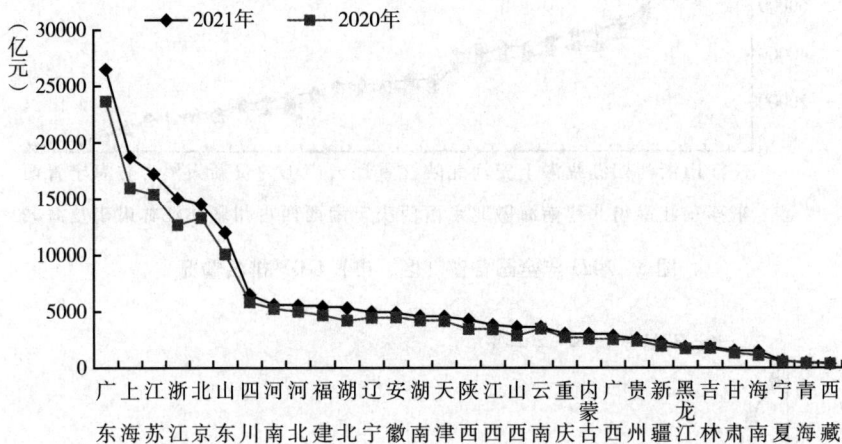

图2　2021年全国各省（区、市）税收收入排名情况

2021年，全国GDP居前10位的是广东、江苏、山东、浙江、河南、四川、湖北、福建、湖南、上海，其中，东部区域省份占6席，居前4位的均为东部区域；中部占3席，河南居第5位，湖北、湖南入围，分居第7位、第9位；西部仅四川入围，居6位（见图3）。

GDP居第1位的广东省为124369.67亿元，是第10位上海市43214.9亿元的2.88倍，虽然中国省级区域经济发展差距同样较大，但是相对税收收入差距是小的。

2021年，全国宏观税负居前10位的是上海、北京、天津、海南、广东、浙江、西藏、辽宁、山西、江苏，其中，三大直辖市上海为43.3%、北京为36.1%、天津为29.1%，高居前3位。宏观税负最低的省份是河南，为9.5%（见图4）。

中国省级区域宏观税负差距如此之大，是因为各区域经济总量贡献的税

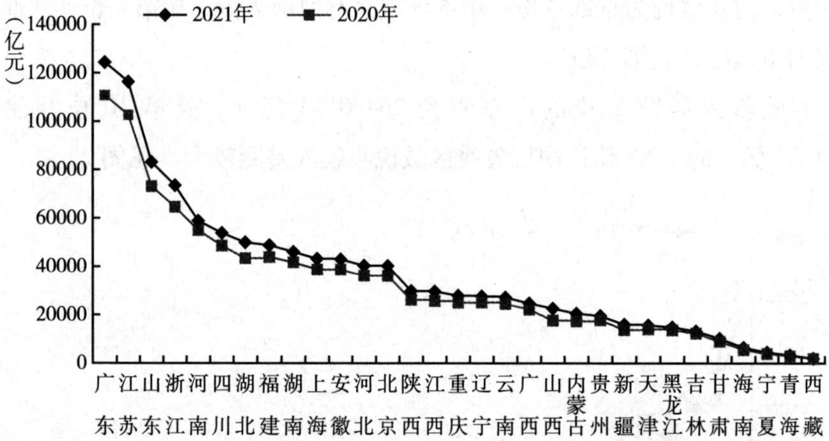

图3　2021年全国各省（区、市）GDP排名情况

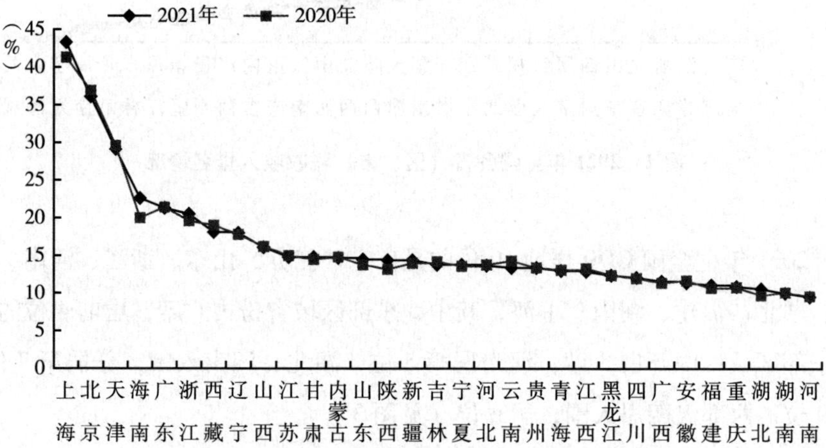

图4　2021年全国31个省（区、市）宏观税负排名情况

收差距大，还是存在税收区域之间的转移现象，需要我们深思。以上海为例，宏观税负为43.3%，也就是上海市一百元GDP可以产生43.3元的税收收入。按照税收基本原理，低税负的区域经济发展后劲潜力大，事实上，河南省税收负担低，但是其经济发展水平远远落后于上海。

从图2至图4可以看出，无论是税收收入、GDP，还是宏观税负，其基本趋势2021年与2020年几乎完全一致。

三 2022年中国区域税收与经济运行分析

（一）2022年中国区域税收发展状况分析

1.2022年中国区域税收收入情况分析

据国家税务总局《税收收入月度快报》，2022年，中国税收收入实现180896.88亿元，较上年增加29255.81亿元，同比增长19.3%。其中，东部区域实现税收收入115223.09亿元，较上年增长17.4%，占全部税收收入的63.7%；中部区域实现税收收入27191.14亿元，较上年增长22.1%，占全部税收收入的15.0%；西部区域实现税收收入30392.50亿元，较上年增长24.9%，占全部税收收入的16.8%；东北地区实现税收收入8090.15亿元，较上年增长17.5%，占全部税收收入的4.5%（见表11）。

表11　2022年中国区域税收发展情况

单位：亿元，%

区域	2022年				2021年		
	收入额	较上年增加额	同比增长	占全国的比重	收入额	同比增长	占全国的比重
东部	115223.09	17074.56	17.4	63.7	98148.53	18.6	64.7
中部	27191.14	4926.70	22.1	15.0	22264.44	18.1	14.7
西部	30392.50	6051.79	24.9	16.8	24340.71	17.8	16.1
东北	8090.15	1202.76	17.5	4.5	6887.39	13.6	4.5
全国	180896.88	29255.81	19.3	100.0	151641.07	18.1	100.0

注：因统计口径差异，2021年相关数据与前文不一致。

资料来源：国家税务总局《税收收入月度快报》。

2.2022年中国区域增值税和企业所得税收入情况分析

2022年，中国国内增值税收入实现48911.91亿元。其中，东部区域实现国内增值税收入29466.43亿元，占全部税收收入的60.2%；中部区域实现国内增值税收入 9222.88 亿元，占全部税收收入的 18.9%；西部区域实现国内增值税收入 8212.82 亿元，占全部税收收入的 16.8%；东北区域实现国内增值税收入 2009.78 亿元，同比增长 10.8%，占全部税收收入的 4.1%（见表12）。

表12　2022年中国区域主要税种情况

单位：亿元，%

区域	国内增值税		企业所得税		
	收入额	占比	收入额	同比增长	占比
东部	29466.43	60.2	29925.44	0.8	68.2
中部	9222.88	18.9	5453.85	9.8	12.4
西部	8212.82	16.8	7017.73	15.2	16.0
东北	2009.78	4.1	1479.57	-1.6	3.4
全国	48911.91	100.0	43876.58	3.9	100.0

资料来源：国家税务总局《税收收入月度快报》。

2022 年，中国企业所得税收入实现 43876.58 亿元，同比增长 3.9%。其中，东部区域实现企业所得税收入 29925.44 亿元，同比增长 0.8%，占全部税收收入的 68.2%；中部区域实现企业所得税收入 5453.85 亿元，同比增长 9.8%，占全部税收收入的 12.4%；西部区域实现企业所得税收入 7017.73 亿元，同比增长 15.2%，占全部税收收入的 16.0%；东北区域实现企业所得税收入 1479.57 亿元，同比增长 -1.6%，占全部税收收入的 3.4%。

（二）2022年中国区域经济发展状况分析

2022 年是我国历史上极为重要的一年。党的二十大胜利召开，擘画了全面建设社会主义现代化国家、以中国式现代化全面推进中华民族伟大复兴的宏伟蓝图。面对风高浪急的国际环境和艰巨繁重的国内改革发展稳定任务，各区域按照党中央、国务院决策部署，统筹国内国际两个大局，统筹疫情防控和经济社会发展，统筹发展和安全，坚持稳中求进工作总基调，完整、准确、全面贯彻新发展理念，加快构建新发展格局，着力推动高质量发展，加大宏观调控力度，应对超预期因素冲击，经济保持增长，发展质量稳步提升，创新驱动深入推进，改革开放蹄疾步稳，就业物价总体平稳，粮食安全、能源安全和人民生活得到有效保障，经济社会大局保持稳定，全面建设社会主义现代化国家新征程迈出坚实步伐。

2022 年，全国 GDP 为 1203462.4 亿元。其中，东部 10 省（市）合计622018.3 亿元，占全国的 51.7%；中部 6 省合计 266512.7 亿元，占全国的22.1%；西部 12 省（区）合计 256985.1 亿元，占全国的 21.4%，东北 3 省合计 57946.3 亿元，占全国的 4.8%（见表13）。

表 13　2022 年 31 个省（区、市）GDP 情况

单位：亿元

东部		中部		西部		东北	
省(区、市)	GDP	省(区、市)	GDP	省(区、市)	GDP	省(区、市)	GDP
北京	41611.0	山西	25642.6	内蒙古	23158.7	辽宁	28975.1
天津	16311.3	安徽	45045.0	广西	26300.9	吉林	13070.2
河北	42370.4	江西	32074.7	四川	56749.8	黑龙江	15901.0
上海	44652.8	河南	61345.1	重庆	29129.0		
江苏	122875.6	湖北	53734.9	贵州	20164.6		
浙江	77715.4	湖南	48670.4	云南	28954.2		
福建	53109.9			西藏	2132.6		
山东	87435.1			陕西	32772.7		
广东	129118.6			甘肃	11201.6		
海南	6818.2			青海	3610.1		
				宁夏	5069.6		
				新疆	17741.3		
东部合计	622018.3	中部合计	266512.7	西部合计	256985.1	东北合计	57946.3

资料来源：各地统计局网站。

从表 14 可以看出，2022 年全国宏观税负 15.0%。其中，东部区域宏观税负 18.5%，比全国平均宏观税负高 3.5 个百分点；中部区域宏观税负10.2%，比全国平均宏观税负低 4.8 个百分点；西部区域宏观税负 11.8%，比全国平均宏观税负低 3.2 个百分点；东北区域宏观税负 14.0%，比全国平均宏观税负低 1.0 个百分点。

表 14　2022 年中国区域税收收入与经济发展（GDP）状况

单位：亿元，%

区域	税收收入	税收收入占比	GDP	GDP 占比	宏观税负	税收协调系数
东部	115223.09	63.7	622018.3	51.7	18.5	1.2321
中部	27191.14	15.0	266512.7	22.1	10.2	0.6787
西部	30392.50	16.8	256985.1	21.4	11.8	0.7850
东北	8090.15	4.5	57946.3	4.8	14.0	0.9375
全国	180896.88	100.0	1203462.4	100.0	15.0	1.0000

注：根据表 10、表 13 计算得出。

区域税收协调系数，为区域税收收入占比与区域 GDP 占比之比，反映区域税收与经济发展协调的程度。系数为 1，最协调；大于 1，税收收入占比高于 GDP 占比，即该区域税收收入份额大于 GDP 份额；小于 1，税收收入占比低于 GDP 占比，即该区域税收收入份额小于 GDP 份额。协调系数过高或过低，均表现为不协调。

2022 年，东部区域税收协调系数为 1.2321，表明东部区域税收收入份额是其 GDP 份额的 1.2321 倍；中部区域税收协调系数为 0.6787，表明中部区域税收收入份额是其 GDP 份额的 0.6787 倍；西部区域税收协调系数为 0.7850，表明西部区域税收收入份额是其 GDP 份额的 0.7850 倍；东北区域税收协调系数为 0.9375，表明东北区域税收收入份额是其 GDP 份额的 0.9375 倍。

四　结论与建议

（一）结论

1. 东部区域仍然是中国经济和税收的"领头雁"

东部区域区位优势继续保持并扩大，作为国家沿海地区，有京津冀、长三角和粤港澳大湾区三大区域，实施创新驱动发展战略、培育壮大新动能、打造先进制造业集群的主阵地，经济结构优化取得积极进展。2021 年东部区域税收恢复相对较快，增长速度最快，税收收入占全国的比重较上年提高0.2个百分点，百元GDP含税量明显高于中、西部地区，税收收入居前10位的省份绝大多数位于东部区域，有力发挥了在全国税收中的"稳定器"作用。2022年，东部区域税收收入为115223.09亿元，占全国税收的63.7%，实现GDP 622018.3亿元，占全国GDP的51.7%。

2.中部区域发展潜力巨大

中部区域资源环境承载力高、发展潜力空间大，在承接东部区域产业梯度转移中，发挥着承东启西的桥梁纽带作用，是近年来经济增速较高、运行最稳定的区域。2021年，中部区域实现了税收收入的高速增长，其增速仅低于东部区域，税收收入占全国的比重与上年持平，百元GDP含税量明显低于东部区域，同时略低于西部区域。仅河南省入围税收收入前10位。2022年，中部区域税收收入合计为27191.14亿元，占全国税收的15.0%，实现GDP 266512.7亿元，占全国GDP的22.1%。

3.西部区域需要进一步扶持

西部区域积极落实推进西部大开发形成新格局，紧抓"一带一路"建设、长江经济带发展等重大战略，持续推进产业结构调整和对外开放，经济向高质量发展稳步迈进，形成了大保护、大开放、高质量发展的新格局，随着西部区域基础设施尤其是交通基础设施的大幅度改善，在承接东部区域产业转移方面的基础和优势也更加明显。2021年，西部区域实现税收收入31218.78亿元，同比增长13.5%，略低于全国平均增速。税收收入占全国的比重基本与上年持平，百元GDP含税量虽然低于东部区域，但高于中部区域。仅四川省入围税收收入前10位。2022年西部区域税收收入合计为30392.50亿元，占全国税收收入的16.8%，实现GDP 256985.1亿元，占全国GDP的21.4%。

4.东北区域需要转换经济发展方式

东北区域受宏观周期波动和内生动力不足的影响，经济处于转型的关键时期。2022年东北区域税收收入合计为8090.15亿元，占全国税收收入的4.5%，实现GDP 57946.3亿元，占全国GDP的4.8%。

（二）建议

1. 完善资源税，加大资源税的调控力度

中、西部及东北区域能源资源丰富，因此，资源税的完善会对这些区域产生重大影响。首先，全面推行资源税改革，扩大资源税的征收范围。将煤炭资源、矿产资源、水资源等更多可交易的自然产品纳入征收范围。这样一方面将有利于规范企业的开采行为，促进资源的节约和有效利用；另一方面有利于生态环境的保护，符合经济可持续发展的要求。其次，实施资源税的从价计征。市场是有效配置资源的手段，将资源按其开采数量和生产数量的市场价格计税，能够促进中、西部区域的企业合理开采资源，提高资源的利用率，提高资源产品的附加值。同时，有利于增加中、西部区域的税收收入，为中、西部区域经济的发展提供强大的财力支持。最后，清理各项资源的不合理收费项目。全面深化资源税的改革，必须解决目前存在的税费并存问题，以减轻由重复征税造成的能源企业税费过重的压力。

2. 完善消费税，加大消费税的调控力度

首先，调整消费税的征收范围。将高耗能、高污染的产品以及私人飞机、独体别墅等高档奢侈品纳入消费税的征收范围，同时，取消对现行并已成为大众必需品的项目继续征税，以更好地发挥消费税的调控作用。其次，调整消费税征收环节，推进消费税由生产环节向消费环节后移。一方面可以弱化政府对生产环节消费税的依赖，增强消费者的纳税意识；另一方面可以有效引导消费结构的合理化，调节消费者的收入水平。

3. 结合区域实际制定具有区域特色的税收优惠政策

国家应制定统一的税收法律，加强对地方招商引资税收优惠政策的管理。首先，加强各区域税收优惠政策的审批工作。对于经济和科技发达的东部区域，其税收优惠政策应着眼于对高科技企业、高附加值服务业、外向型经济企业实行税收减免，充分发挥税收对科技创新的激励作用。对于资源丰富、经济和科技相对欠发达的中、西部区域及东北区域，其税收优惠政策由鼓励资源开采转为鼓励资源节约，制定必要的鼓励资源开采回收、高效利用以及开发替代能源的税收优惠政策，充分调动企业的科技创新能力。其次，应加强对地方政府招商引资优惠政策执行情况的监督检查。一旦发现问题，立即纠正和修改完善，并提出有针对性的解决方案。

参考文献

国家统计局编《中国统计年鉴 2022》，中国统计出版社，2022。

高云龙主编《中国民营经济发展报告 No.18（2020~2021）》，中华工商联合出版社，2022。

区 域 篇

Regional Reports

B.2
2021~2022年京津冀地区税收发展报告

蔡昌　吴奕萱　孙睿*

摘　要： 税收政策对京津冀地区发展具有重要意义。本报告通过对京津冀
各区域 GDP、经济指标、税收收入、分税种收入等进行比较，
分析 2021~2022 年京津冀三地经济与税收发展状况，概括推进
京津冀地区高质量发展的经济战略与财税对策。理顺产业发展链
条，形成区域产业上下游联动，是京津冀协同发展的重要内容和
关键支撑。财税政策是政府引导资源配置的重要手段。如何制定
协调统一、针对性强的财税政策，有效引导京津冀三地构建分工
协作、优势互补的产业发展链条，是当前亟须解决的问题。推动
经济高质量发展，要在充分发挥京津核心引擎作用的基础上，突

---

* 蔡昌，中央财经大学财政税务学院教授，博士生导师，中央财经大学税收筹划与法律研究中
心主任，主要研究方向为税收理论与政策、税务管理与税收筹划、财税大数据与数字经济税
收治理；吴奕萱，中央财经大学税收学博士，中央财经大学税收筹划与法律研究中心研究助
理，主要研究方向为税收理论与政策、数字经济税收；孙睿，中央财经大学税收学博士，中
央财经大学税收筹划与法律研究中心研究助理，主要研究方向为税收理论与政策、数字经济
税收研究。

出创新驱动战略和生态环境保护战略，完善以疏解北京非首都功能为重点的体制机制，加大财税政策支持力度。展望2023年税收及经济走势，推动京津冀产业协同高质量发展，需要在培育与优化区域经济增长极，推动区域产业链补链强链延链畅链，提高创新链与产业链匹配度，推进产业协作体制机制改革创新等方面有新思路，走新路径，出新举措。

关键词： 经济发展 税收 区域经济 京津冀

引 言

随着全球化和城市化的进程日益加快，区域间的协同发展成为推动经济社会发展的重要路径。中国作为全球最大的发展中国家，面临巨大的区域发展差异和环境压力。在这样的大背景下，2014年中国政府提出了京津冀协同发展的战略，目的在于通过优化资源配置，打破行政区划壁垒，推动京津冀地区的协同发展，以期实现区域经济的整体优化、环境的持续改善以及人民生活水平的进一步提高。

京津冀作为中国北方的重要经济区，既有中国的首都北京，又有北方重要的港口城市天津，同时包括了资源丰富、工业基础较好的河北省。然而，这三个地区在发展中呈现了明显的不平衡性。北京的服务业发展迅速，经济总量大，但资源环境承载力较弱；天津作为港口城市，工业发达，但经济结构有待优化；河北省则在工农业方面发展较快，但经济总量和人均收入水平相对较低。这种不平衡性，既是京津冀协同发展的难题，也是其发展的机遇。协同发展可以优化区域资源配置，发挥各自优势，提升整体竞争力，实现经济社会的可持续发展。

京津冀协同发展的重要性不仅在于解决这一区域内的发展问题，更在于其对中国区域协同发展模式的探索和示范作用。京津冀协同发展的实践，对于中国乃至全球其他地区如何处理大都市区发展、如何平衡城市和农村、如何协调经济发展和环境保护等问题，具有重要的参考价值。本报告旨在深入研究京津冀协同发展的经济和税收情况，在分析 2021 年、2022 年税收及经济走势的基础上，对 2023 年京津冀地区的税收与经济发展进行展望。

一　2021年京津冀地区经济与税收发展状况

（一）2021年京津冀各地区 GDP 发展情况分析

2021 年京津冀地区获得快速发展，GDP 实现一定的增长，如表 1 所示。北京市 2020 年 GDP 实现 36102.55 亿元，占全国 GDP 比重为 3.55%，GDP 增速为 2.07%；2021 年 GDP 实现 40269.60 亿元，占全国 GDP 比重为 3.52%，较上年增加 4167.05 亿元，GDP 增速为 11.54%。天津市 2020 年 GDP 实现 14083.73 亿元，占全国 GDP 比重为 1.39%，GDP 增速为 -0.15%；2021 年 GDP 实现 15695.00 亿元，占全国 GDP 比重为 1.37%，较上年增加 1611.27 亿元，GDP 增速为 11.44%。河北省 2020 年 GDP 实现 36206.89 亿元，占全国 GDP 比重为 3.56%，GDP 增速为 3.14%；2021 年 GDP 实现 40391.30 亿元，占全国 GDP 比重为 3.53%，较上年增加 4184.41 亿元，GDP 增速为 11.56%。2021 年，京津冀地区 GDP 合计为 96355.9 亿元，比上年增长 11.53%。

表 1　2020~2021 年京津冀 GDP

单位：亿元，%

省（市）	2020 年				2021 年			
	GDP	增速	增加值	占全国GDP 比重	GDP	增速	增加值	占全国GDP 比重
北京	36102.55	2.07	731.25	3.55	40269.60	11.54	4167.05	3.52
天津	14083.73	-0.15	-20.55	1.39	15695.00	11.44	1611.27	1.37
河北	36206.89	3.14	1102.39	3.56	40391.30	11.56	4184.41	3.53

资料来源：《中国统计年鉴 2022》。

　　2014 年以后，随着京津冀一体化以及城市群的发展，京津冀三地持续增强协同联动，通过建设京津冀协同创新共同体，基于城市定位，进行技术转移，实现技术资源良性循环，促进天津、河北科技的快速发展。未来京津冀将成为国家自主创新重要源头，促进高端创新资源集聚，完善区域协同创新机制，推动区域创新资源整合共享。京津冀协同发展是一项国家重大区域发展战略，2021 年非首都功能疏解、北京城市副中心与北三县协同发展、雄安新区建设、京津冀产业转移协作和交通一体化等均取得新进展。

（二）2021年京津冀地区各经济指标分析

1.2021年京津冀地区城镇化率对比分析

　　2021 年，北京、天津、河北城镇化率分别为 87.50%、84.88% 和 61.14%（见图 1），北京比上年减少 0.05 个百分点，天津、河北分别比上年提高 0.18 个和 1.07 个百分点。

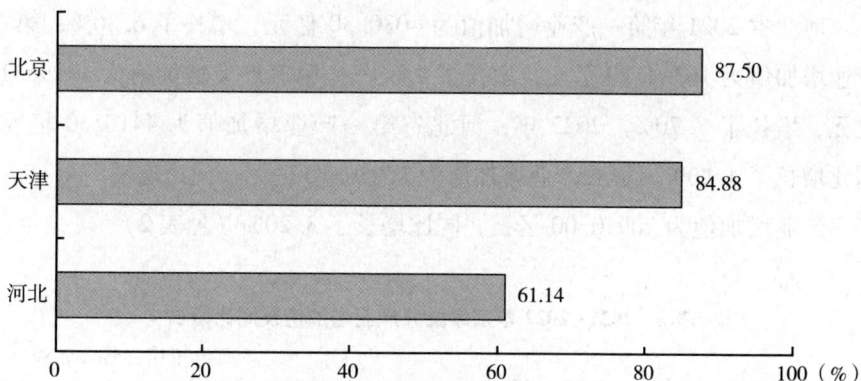

图 1　2021 年京津冀地区城镇化率

资料来源：《中国统计年鉴 2022》。

　　城镇化进程的推进与产业结构密切相关，科技的进步促使产业结构逐渐向高端化、专业化发展。信息服务、金融、电子商务、科技服务等产业对经济增长的贡献占据越来越大的比重，随着数字经济的延伸，互联网产业成为产业链中举足轻重的一个环节，现代服务业的快速推进势必会成为城镇化进程的催化剂。从城镇化率来看，京津冀整体城镇化率水平较高，其中北京、天津已处于城镇化后期阶段，河北城镇化率增长较快，预计未来京津冀地区将重点围绕城乡融合发展。

2. 2021~2022年京津冀各地区产业比较

北京市 2021 年第一产业增加值为 111.30 亿元，增长了 2.70%；第二产业增加值为 7268.60 亿元，增长了 23.20%；第三产业增加值为 32889.60 亿元，增长了 5.70%。2022 年，北京市第一产业增加值为 111.50 亿元，同比下降了 1.60%，第二产业增加值为 6605.10 亿元，同比下降了 11.40%，第三产业增加值为 34894.30 亿元，同比增加 3.40%。

天津市 2021 年第一产业增加值为 225.41 亿元，增长了 2.70%；第二产业增加值为 5854.27 亿元，增长了 6.50%；第三产业增加值为 9615.37 亿元，增长了 6.70%。2022 年，天津市第一产业增加值为 273.15 亿元，同比增长了 2.90%，第二产业增加值为 6038.93 亿元，同比下降了 0.50%，第三产业增加值为 9999.26 亿元，同比增长了 1.70%。

河北省 2021 年第一产业增加值为 4030.30 亿元，增长了 6.30%；第二产业增加值为 16364.20 亿元，增长了 4.80%；第三产业增加值为 19996.70 亿元，增长了 7.70%。2022 年，河北省第一产业增加值为 4410.30 亿元，同比增长了 4.20%，第二产业增加值为 17050.10 亿元，同比增长了 4.60%，第三产业增加值为 20910.00 亿元，同比增长了 3.20%（见表2）。

表2 2021~2022 年京津冀分产业增加值及同比增长

单位：亿元，%

省(市)	2021年						2022年					
	第一产业增加值	同比增长	第二产业增加值	同比增长	第三产业增加值	同比增长	第一产业增加值	同比增长	第二产业增加值	同比增长	第三产业增加值	同比增长
北京	111.30	2.70	7268.60	23.20	32889.60	5.70	111.50	-1.60	6605.10	-11.40	34894.30	3.40
天津	225.41	2.70	5854.27	6.50	9615.37	6.70	273.15	2.90	6038.93	-0.50	9999.26	1.70
河北	4030.30	6.30	16364.20	4.80	19996.70	7.70	4410.30	4.20	17050.10	4.60	20910.00	3.20

注：因四舍五入存在误差，同比增长数值根据国家统计局公布的各省（市）第一、二、三产业的增加值指数算出，按不变价格计算。

资料来源：国家统计局数据、2021~2022 年京津冀三省市国民经济和社会发展统计公报。

从京津冀三省（市）三次产业结构来看，北京地区三次产业构成由2021年的0.3∶18.0∶81.7变化为2022年的0.3∶15.9∶83.8（见图2）；天津地区三次产业结构由2021年的1.4∶37.3∶61.3变为2022年的1.7∶37.0∶61.3（见图3）；河北三次产业结构由2021年的为10.0∶40.5∶49.5，调整为2022年的10.4∶40.2∶49.4（见图4）。京津冀协同发展战略实施9年来，京津冀"三二一"产业格局持续稳固，新业态新模式展现活力，创新主体发展壮大，京津冀高质量发展迈出坚实步伐。京津冀三地第一产业占比小，第二产业占比适中，第三产业占比最高，是经济增长的主动力。其中，北京、天津三次产业占比相对合理，现阶段产业结构较优化，而河北地区第三产业占比有进一步提升的空间，第三产业作为连接就业和经济发展的重要纽带，能够提供大量就业岗位，现阶段应继续调整优化产业结构，大力发展第三产业，提升经济增长的稳定性、提升区域整体经济实力。

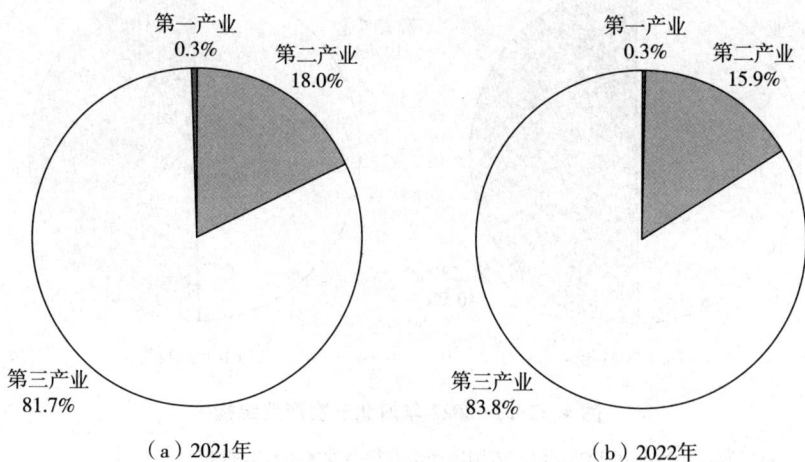

（a）2021年　　　　（b）2022年

图2　2021~2022年北京三次产业结构

资料来源：2021~2022年《北京市国民经济和社会发展统计公报》。

产业转移是优化调整产业结构、实现京津冀协同发展的重要途径。优化产业结构也是引导北京非首都功能性产业转移战略的一部分，京津冀协同发

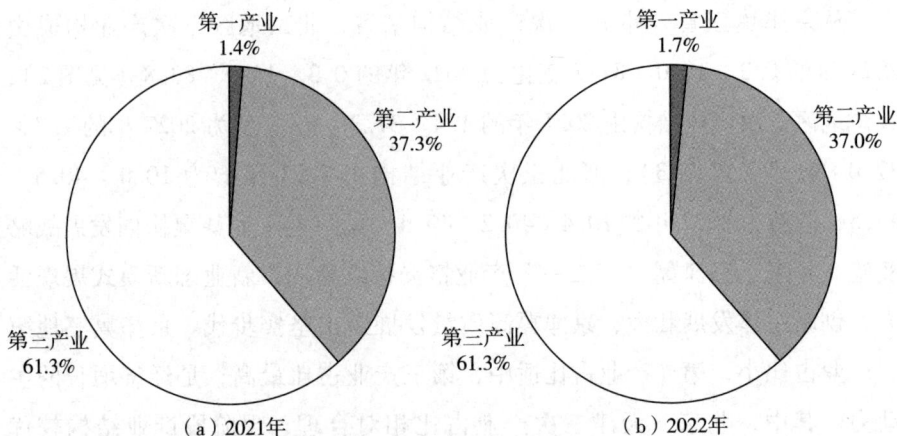

图3 2021～2022年天津三次产业结构

资料来源：2021～2022年《天津市国民经济和社会发展统计公报》。

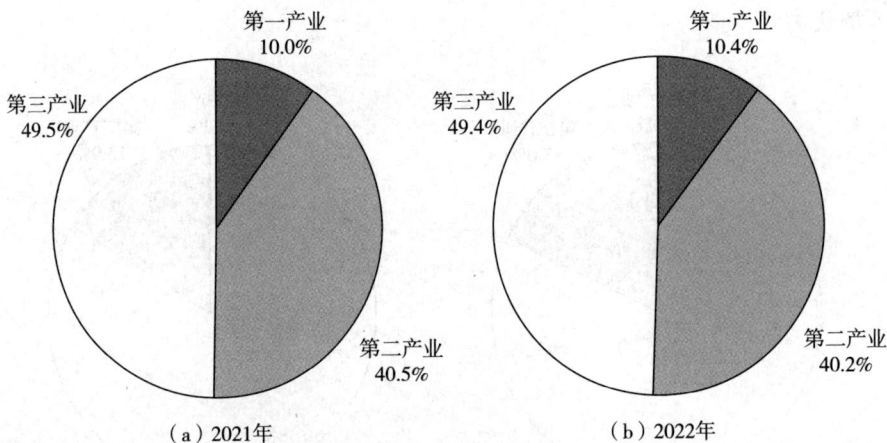

图4 2021～2022年河北三次产业结构

资料来源：2021～2022年《河北省国民经济和社会发展统计公报》。

展战略实施以来，北京在疏解非首都功能、推动区域一体化发展方面取得了很大的成效。要实现京津冀协同发展，一方面要把握首都城市战略定位，发挥首都核心功能；另一方面要加快转变经济发展方式，促进京津冀产业合理分工和优化配置。

3.2017～2021年京津冀地区 CPI 情况分析

居民消费价格指数（CPI）同人民群众的生活密切相关，反映了一定时期内城乡居民所购买的生活消费品和服务项目的价格变动趋势和程度的相对数，其变动率在一定程度上反映了通货膨胀或紧缩的程度。在较完备的市场经济中，CPI 增长率在 2%～3% 属于可接受范围内；而当 CPI 降到 1% 时，会有通货紧缩的风险。

如图 5 所示，2017～2022 年，京津冀地区 CPI 涨幅整体呈平稳态势，并逐渐稳定在 1%～3%，2021 年尽管受到阶段性因素的影响，居民 CPI 涨幅有所回落，但处于温和的上涨区间，能够保持适度通货膨胀率。综合我国作为发展中国家的国情来看，京津冀地区当前 CPI 涨幅较合理，对于投资拉动和整个经济体的增长有正向作用。未来应保持消费价格的温和波动上涨，在采取措施调控总量的同时，控制结构的总体平衡，并充分发挥价格机制的积极作用。

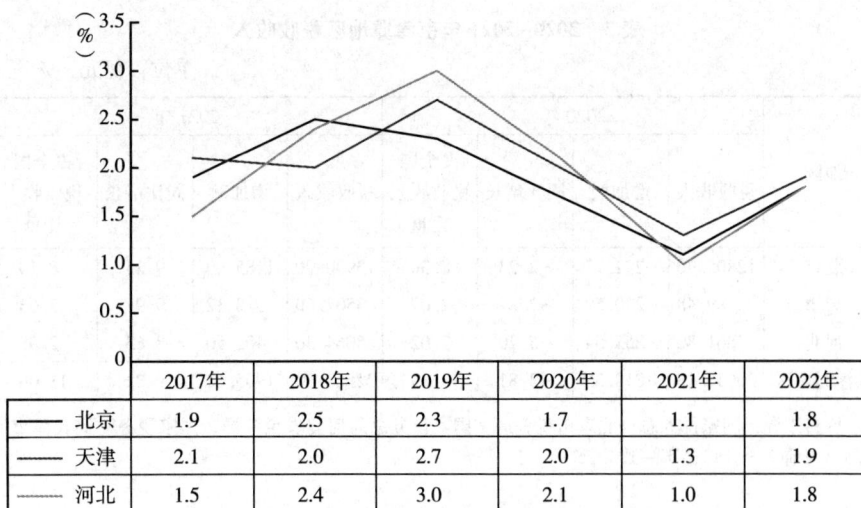

	2017年	2018年	2019年	2020年	2021年	2022年
北京	1.9	2.5	2.3	1.7	1.1	1.8
天津	2.1	2.0	2.7	2.0	1.3	1.9
河北	1.5	2.4	3.0	2.1	1.0	1.8

图 5　2017～2022 年京津冀居民消费价格指数（CPI）涨幅

资料来源：2018～2023 年《中国统计年鉴》。

（三）2021年京津冀分区域税收收入总量情况

北京市 2020 年税收收入实现 12805.90 亿元，占全国税收收入的 8.30%，较上年减少 292.25 亿元，同比减少 2.23%。2021 年税收收入实现 13990.90 亿元，占全国税收收入的 8.10%，较上年增加 1185.00 亿元，同比增长 9.25%。

天津市 2020 年税收收入实现 3189.48 亿元，占全国税收收入的 2.07%，较上年减少 270.59 亿元，同比减少 7.82%。2021 年税收收入实现 3507.60 亿元，占全国税收收入的 2.03%，较上年增加 318.12 亿元，同比增长 9.97%。

河北省 2020 年税收收入实现 4661.80 亿元，占全国税收收入的 3.02%，较上年减少 255.54 亿元，同比减少 5.20%。2021 年税收收入实现 5064.30 亿元，占全国税收收入的 2.93%，较上年增加 402.5 亿元，同比增长 8.63%（见表3）。

表3　2020~2021 年京津冀地区税收收入

单位：亿元，%

地区	2020 年				2021 年			
	税收收入	增加额	同比增长	占全国税收收入比重	税收收入	增加额	同比增长	占全国税收收入比重
北京	12805.90	-292.25	-2.23	8.30	13990.90	1185.00	9.25	8.10
天津	3189.48	-270.59	-7.82	2.07	3507.60	318.12	9.97	2.03
河北	4661.80	-255.54	-5.20	3.02	5064.30	402.50	8.63	2.93
京津冀地区	20657.18	-818.38	-3.81	13.39	22562.80	1905.62	9.22	13.06

资料来源：国家税务总局北京市税务局、国家税务总局河北省税务局、国家税务总局天津市税务局，与前文统计口径不一致。

由上可知，北京、天津、河北三地 2021 年的税收收入较上年都有一定的增长，2021 年京津冀地区的税收收入为 22562.80 亿元，较 2020 年的 20657.18 亿元增长了 1905.62 亿元，同比增长 9.22%。

（四）2017~2022年京津冀三地税收收入

从表4可知，2017~2019年，京津冀地区税收收入总量增长相对平缓。2020年我国经济因疫情受到了较大影响，尤其是第三产业受到较大冲击。受经济下行、疫情、减税降费政策等因素综合影响，2020年京津冀三地税收收入下降。2021年，在经济持续恢复、财源建设工作不断加强等因素带动下，京津冀地区税收收入逐步恢复。

表4　2017~2022年京津冀地区税收收入

单位：亿元

地区	2017年	2018年	2019年	2020年	2021年	2022年
北京	12403.9	12655.5	13098.1	12805.9	13990.9	13633.4
天津	3270.4	3351.1	3460.1	3189.5	3507.6	3287.1
河北	4606.0	4842.6	4917.3	4661.8	5064.3	4119.9
京津冀地区	20280.3	20849.2	21475.6	20657.2	22562.8	21040.4

资料来源：《中国统计年鉴2023》、2018~2023年《中国税务年鉴》、2017~2022年京津冀三省市国民经济和社会发展统计公报。

此外，虽然近年来通过产业疏解、市场疏解以及新区优势项目承接等举措加快非首都功能的疏解，但是北京的税收收入总量依然远高于天津、河北，呈现"一家独大"态势。区域内税收收入分布不均衡，这从侧面反映出天津、河北经济发展水平仍需提高，而北京也应继续疏解非首都功能，带动周边地区经济增长，实现区域协同发展。

（五）2021年京津冀分税种及分级税收情况分析

1. 2021年京津冀各区域国内增值税情况分析

2021年，京津冀三地国内增值税收入与上年相比都有明显的增加（见表5）。其原因一方面是经济恢复性增长，经济稳定恢复和价格上涨带动了税收收入的增加；另一方面是减税降费的相关政策促进了企业利润营收增长，税收收入不降反升，也体现了京津冀地区经济的良好活力。

表5 2020~2021年京津冀地区国内增值税收入

单位：亿元，%

地区	2020 年			2021 年		
	收入	增加额	同比增长	收入	增加额	同比增长
北京	3252.4	-377.5	-10.40	3541.30	288.90	8.88
天津	1308.1	-146.3	-10.06	1370.10	62.00	4.74
河北	1828.1	-197.6	-9.75	2447.74	619.64	33.90
京津冀地区	6388.6	-721.4	-10.15	7359.14	970.54	15.19

资料来源：2021~2022 年《中国统计年鉴》、2021~2022 年《中国税务年鉴》。

2. 2021年京津冀各区域企业所得税情况分析

由表6可以看出，北京市企业所得税收入在 2020~2021 变化较大，在 2020 年企业所得税收入小幅减少 0.52% 后，2021 年大幅增加了 7.00%。说明经济恢复政策以及一系列减税降费政策，切实减轻了企业负担、提高了企业生产积极性，为政府带来更多的税收收入。这揭示了发挥税收职能作用，推动经济复苏的重要性。

天津市、河北省企业所得税收入均有显著的增长，在 2021 分别上涨了 7.52% 和 14.77%。尤其是河北省在 2020 年企业所得税收入大幅下降 14.53% 的情况下，2021 年企业所得税收入明显上涨。这是因为河北省不断完善多项税费优惠政策，推动税费政策红利更好惠及市场主体，推动经济运行持续好转。

表6 2020~2021年京津冀地区企业所得税收入

单位：亿元，%

地区	2020 年			2021 年		
	收入	增加额	同比增长	收入	增加额	同比增长
北京	6467.5	-33.6	-0.52	6922.20	454.70	7.00
天津	931.2	-78.7	-7.80	1001.20	70.00	7.52
河北	855.0	-145.3	-14.53	981.28	126.28	14.77
京津冀地区	8253.7	-257.6	-3.03	8904.68	650.98	7.89

资料来源：2021~2022 年《中国统计年鉴》、2021~2022 年《中国税务年鉴》。

3.2021年京津冀各区域个人所得税情况分析

京津冀三地的个人所得税收入有十分突出的特点。北京作为首都,是我国政治中心、文化中心、国际交往中心,也是众多金融机构与央企总部所在地,职工平均薪资位居全国前列。2020年,其个人所得税收入约是天津的6倍、河北的9倍。不同于企业所得税,个人所得税的应纳税所得额相对固定,政策效应比较明显。2020年,随着经济的恢复发展,除河北外,京津地区个人所得税收入有明显上升趋势。2021年,京津冀三地个人所得税收入都明显上涨,分别增长了21.40%、24.69%、17.11%(见表7),在作为整体共同发展的同时,京津冀三地区域经济协调性也显著提升,协同发展已见成效。

表7 2020~2021年京津冀地区个人所得税收入

单位:亿元,%

地区	2020 年			2021 年		
	收入	增加额	同比增长	收入	增加额	同比增长
北京	1553.1	190.0	13.94	1885.70	332.60	21.40
天津	262.0	20.8	8.63	326.70	64.70	24.69
河北	171.4	-3.8	-2.15	200.72	29.32	17.11
京津冀地区	1986.5	207.0	11.64	2413.12	426.62	21.48

数据来源:2021~2022年《中国统计年鉴》、2021~2022年《中国税务年鉴》。

二 2021年京津冀地区经济与税收状况的比较分析

税收是政府收入的重要来源,用于资助公共支出和服务,以满足社会和经济的需求。从专业角度来看,税收是指政府按照一定法律规定,从个人、家庭、企业和其他经济实体收取的金钱或财产的一种形式。税收的主要目的是为政府提供资金,以支持公共服务和项目,如教育、医疗保健、基础设施建设、国防、社会福利等。税收也可以用来实施经济政策,如调整经济增长、促进就业等。税收和 GDP 之间存在密切的关系，它们相互影响，反映了一个国家或地区的经济健康和财政状况。

税收通常被视为 GDP 的一部分，因为税收代表了国家或地区经济活动中的一种收入。GDP 由消费、投资、政府支出和净出口（出口减去进口）组成，而税收主要包括政府从这些活动中征收的税款。因此，税收直接影响 GDP 的规模和增长。税收政策可以影响 GDP 的增长速度和总量。一般来说，较高的税收率可能会减少消费和投资，从而对经济增长产生一定程度的负面影响。相反，较低的税收率可以刺激经济活动和投资，有助于提高 GDP。税收收入是政府的主要财政来源之一。通过税收，政府筹集资金用于公共支出、基础设施建设、社会福利项目等。税收与 GDP 之间的关系直接影响政府的财政状况。如果税收收入相对较低，政府可能需要借款或削减支出，而这可能会对 GDP 产生影响。税收政策通常会根据经济周期进行调整。在经济增长时期，政府可能会逐渐提高税收率，以平衡财政和遏制通货膨胀。而在经济衰退时期，政府可能会降低税收率或采取税收减免政策，以刺激消费和投资，帮助经济复苏。

税收和 GDP 之间的关系是复杂而密切关联的。税收影响着经济活动和财政政策，同时 GDP 的变化也会反过来影响税收收入。因此，政府需要精准管理税收政策，以维持经济的稳定增长并确保财政可持续性。本部分通过对京津冀地区税收收入和 GDP 的相关数据进行分析比较，深入探讨京津冀地区税收与经济发展现状及二者之间的关系。

（一）京津冀地区税收收入与 GDP 关系

1. GDP 状况

如表 8 所示，京津冀地区的 GDP 自 2017 年以来总体呈上升趋势，2021 年 GDP 增长率超 10%，且总量高达 96355.9 亿元。从各产业发展趋势看，自 2017 年起，第一产业、第二产业、第三产业的增加值间已存有较大差距，第一产业增加值始终处于低位，而第三产业增加值在三地国民经济中占比最大，成为京津冀地区的支柱性产业。三次产业增加值整体呈缓慢上升趋势。2021年第二产业增加值上升至29487.07亿元。第三产业产值从2017年的47162.04亿元增长至2021年的62501.67亿元,增长了0.33倍(见表9)。

第三产业的迅猛发展与科学技术的进步息息相关,而科技的成长又得益于国家的税收优惠政策。高新技术企业的税率优惠、研发费用加计扣除、固定资产加速折旧乃至技术转让所得的减免等都体现了国家对科技发展的重视。京津冀协同发展规划、自由贸易区政策等,为第三产业提供了良好的政策环境和发展机遇。京津冀地区的人口规模庞大,人口红利成为推动第三产业迅速发展的重要因素。大量的人口需求带动了服务业的快速增长,尤其是教育、医疗、旅游、金融、文化等领域。随着制造业的转型升级,第三产业得到了更多的投资和发展机会,尤其是高技术产业、现代服务业、文化创意产业等,取得了显著的成绩。京津冀地区拥有丰富的资本和科技资源,吸引了大量的投资和创新项目。创新创业氛围浓厚,高新技术企业和科技型中小企业蓬勃发展,为第三产业注入了活力。

表8 2017~2021京津冀地区经济及税收状况

单位:亿元,%

年份	GDP	税收收入	GDP 增量	税收收入增量	GDP 增长率	税收收入增长率	税收收入占 GDP 比重
2017	72974.36	20280.30	5981.86	1097.27	8.93	5.72	27.79
2018	78963.52	20849.20	5989.16	568.90	8.21	2.81	26.40
2019	84479.16	21475.60	5515.64	626.40	6.99	3.00	25.42
2020	86393.17	20657.18	1914.01	-818.42	2.27	-3.81	23.91
2021	96355.90	22562.80	9962.73	1905.62	11.53	9.22	23.42

资料来源:京津冀三地2018~2022年统计年鉴、2018~2022年税务年鉴。

表 9　2017~2021 年京津冀地区三次产业增加值

单位：亿元

年度	第一产业增加值	第二产业增加值	第三产业增加值
2017	3420.86	22391.46	47162.04
2018	3634.50	23216.80	52112.42
2019	3818.21	24008.28	56652.77
2020	4199.04	24416.17	57350.18
2021	4367.01	29487.07	62501.67

资料来源：2017~2021 年《北京市国民经济和社会发展统计公报》、2017~2021 年《天津市国民经济和社会发展统计公报》、2017~2021 年《河北省国民经济和社会发展统计公报》。

2. 税收总量状况

税收整体呈上升趋势。2017 年京津冀地区税收收入突破 20000 亿元，2020 年税收收入虽较 2019 年稍有回落，但也达到 20657.18 亿元，2021 年税收收入高达 22562.80 亿元。其中北京市 2021 年税收收入为 13990.90 亿元，占京津冀地区税收的 62.01%，天津市 2021 年税收收入为 3507.60 亿元，占京津冀地区税收的 15.55%，河北省 2021 年税收收入为 5064.30 亿元，占京津冀地区税收的 22.45%。

经济是税收的基础，一个地区的经济发展水平决定着该地区的税负水平。从这一角度来看，2017~2021 年，京津冀地区税收收入与经济增长运行趋势总体协调，伴随着 GDP 的总体上涨趋势，京津冀地区的税收收入也总体呈增加态势。

经济学将税收收入占 GDP 比重称为总税负，总税负是衡量一个国家或地区经济实力和税负承受能力的标志。通过观察表 8 发现，京津冀地区税收收入占 GDP 的比重远高于全国平均水平。2021 年京津冀地区税收收入占 GDP 比重为 23.42%，即 GDP 中有超过 1/5 的部分是由税收贡献的。可见京津冀地区的整体税收负担相比于全国平均水平较高，企业和民众的税收压力较大。因此，京津冀地区应在保持税收和经济协同发展的同时，进一步加大减税降费政策的施行力度，进行结构性减税，加快促进税收负担合理化，逐步降低税收收入占 GDP 比重，打造更加健康、可持续的区域税收与经济发展体系。

（二）京津冀地区税收收入增长率与 GDP 增长率的比较分析

由图 6 可知，2020 年京津冀地区税收收入增长率下降至-3.81%，2021年大幅提升至 9.22%。这一方面说明，实施大规模留抵退税政策为企业注入现金流，助力企业渡过难关，计算机电子设备制造业、汽车制造业等行业企业经营逐步恢复，利润有所增长，居民收入保持平稳增长。

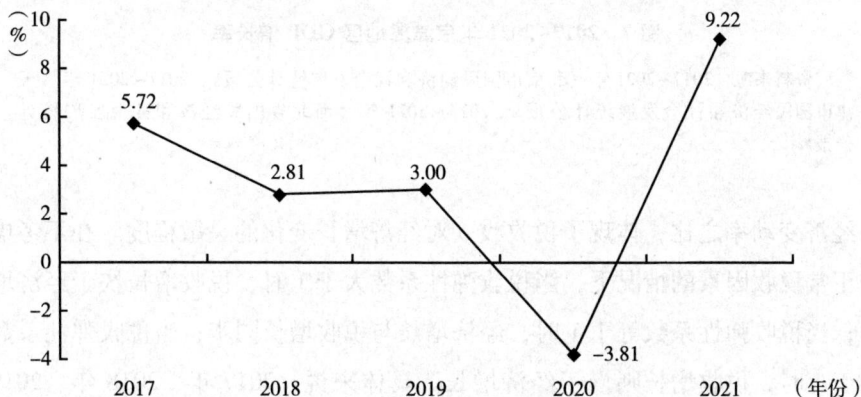

图 6　2017~2021 年京津冀地区税收收入增长率

资料来源：2017~2021 年《北京市国民经济和社会发展统计公报》、2017~2021 年《天津市国民经济和社会发展统计公报》、2017~2021 年《河北省国民经济和社会发展统计公报》。

图 7 显示，2017~2021 年京津冀地区 GDP 增长率呈现波动趋势，从2017 年的 8.93% 降至 2020 年的 2.27%，2021 年大幅提升至 11.53%。通过对比京津冀地区税收收入增长率和 GDP 增长率走势可以发现，2021 年税收收入增长率和 GDP 增长率走势相似。

（三）京津冀地区税收弹性与 GDP 增长率的比较

税收弹性系数指的是税收对经济增长的反应程度，即税收收入的变动率

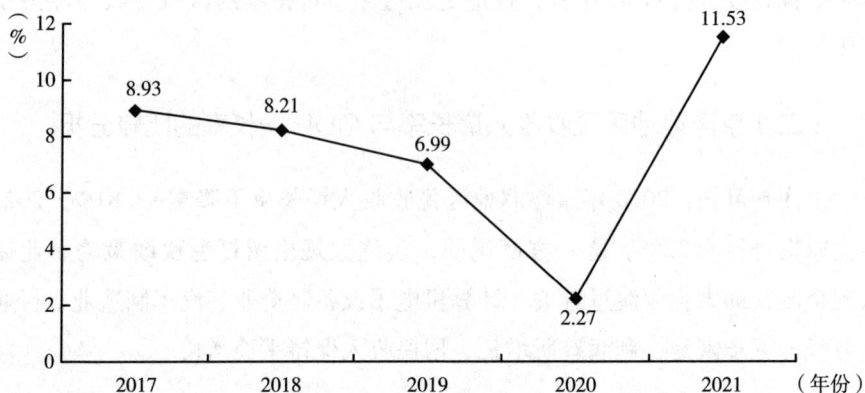

图7　2017~2021年京津冀地区GDP增长率

资料来源：2017~2021年《北京市国民经济和社会发展统计公报》、2017~2021年《天津市国民经济和社会发展统计公报》、2017~2021年《河北省国民经济和社会发展统计公报》。

与经济变动率之比，体现了税收收入对经济增长变化的灵敏程度。在不考虑非正常税收因素的情况下，当税收弹性系数大于1时，税收增长快于经济增长；当税收弹性系数等于1时，经济增长与税收增长同步；当税收弹性系数小于1时，税收增长则慢于经济增长。具体来说，2017年、2018年、2019年、2021年京津冀地区的税收弹性系数为正数且都小于1，2020年的税收弹性系数为-1.68（见表10）。相关学者认为，我国税收弹性系数的最佳区间在0.8~1.2，等于或略大于1.0的税收弹性系数可以实现税收收入与经济增长接近同步。[①] 根据这个观点，京津冀地区在2017~2021年的税收弹性系数小于1，说明税收增长速度相对较慢，与经济增长的同步性有一定的差距。

[①] 韩艺：《近年来我国税收增长率高于GDP增长率的隐性原因透析——兼论对国家税务总局原因解释的验证》，《发展研究》2009年第10期。

表10　2017~2021年京津冀地区税收弹性系数与GDP增长率的比较

单位：%

指标	2017年	2018年	2019年	2020年	2021年
税收弹性系数	0.64	0.34	0.43	-1.68	0.80
GDP增长率	8.93	8.21	6.99	2.27	11.53

三　2022年京津冀地区经济与税收发展状况

回顾2021年，面对复杂严峻的国际形势和疫情等多重考验，在以习近平同志为核心的党中央坚强领导下，全国坚持以习近平新时代中国特色社会主义思想为指导，全面贯彻党的十九大和十九届历次全会精神，深入贯彻习近平总书记一系列重要讲话精神，坚持稳中求进工作总基调，统筹推进疫情防控和经济社会发展，主动服务和融入新发展格局，经济持续恢复，民生持续改善，国内高质量发展迈上新台阶，实现了"十四五"良好开局。

2022年，党的二十大胜利召开，擘画了全面建设社会主义现代化国家、以中国式现代化全面推进中华民族伟大复兴的宏伟蓝图。面对风高浪急的国际环境和艰巨繁重的国内改革发展稳定任务，在以习近平同志为核心的党中央坚强领导下，各地区各部门坚持以习近平新时代中国特色社会主义思想为指导，按照党中央、国务院决策部署，统筹国内国际两个大局，统筹疫情防控和经济社会发展，统筹发展和安全，坚持稳中求进工作总基调，完整、准确、全面贯彻新发展理念，加快构建新发展格局，着力推动高质量发展，加大宏观调控力度，应对超预期因素冲击，经济保持增长，发展质量稳步提升，创新驱动深入推进，改革开放蹄疾步稳，就业物价总体平稳，粮食安全、能源安全和人民生活得到有效保障，经济社会大局保持稳定，全面建设社会主义现代化国家新征程迈出坚实步伐。

2022年我国GDP突破120万亿元，达到121万亿元，继2020年、2021

年连续突破 100 万亿元、110 万亿元之后，又跃上新的台阶。2022 年第一至第四季度 GDP 分别为 270178 亿元、292464 亿元、307627 亿元、339938 亿元，同比增速分别为 4.8%、0.4%、3.9%、2.9%。[①] 可以看出，2022 年第二季度和第四季度经济增速较缓，尤其是第二季度，仅同比增长 0.4%，这主要是由于第二季度和第四季度受疫情影响较大。但第四季度 2.9% 的增速高于市场预期值，或可以反映出疫情防控优化后，中国经济恢复的速度比预期更快。

京津冀三地持续坚持稳中求进工作总基调，高效统筹疫情防控和经济社会发展，着力稳住宏观经济大盘，切实推动社会民生改善，高质量发展取得新成效。下面从数据角度对京津冀 2022 年全年或第三季度的税收和经济发展状况进行一些基本分析。

（一）京津冀2022年税收数据

2022 年，北京市市级税收收入为 2731.3 亿元，下降 6.2%，扣除留抵退税因素后同口径增长 0.9%，完成调整预算的 90.6%。其中，增值税 777.5 亿元，下降 21.9%，主要是实施大规模留抵退税政策为企业注入现金流，助力企业渡过难关；企业所得税 813.7 亿元，增长 4.0%，主要是计算机电子设备制造业、汽车制造业等行业企业经营逐步恢复，利润有所增长带动；个人所得税 636.1 亿元，增长 5.8%，主要是居民收入保持平稳增长带动。市级非税收入 419.6 亿元，增长 7.2%，主要是加强非税收入规范管理，按规定清理历史欠缴收入。[②]

2022 年天津市一般公共预算收入为 1846.6 亿元，扣除留抵退税因素可比口径下降 5.8%，按自然口径计算下降 13.8%。其中，地方税收收入 1346.8 亿元，扣除留抵退税因素可比口径下降 6.4%，按自然口径计算下降 17%；非税收入 499.8 亿元，比上年同期下降 3.7%。分税种来看，增值税

[①] 国家统计局，存在数值修约误差，与最终核实数据不一致。
[②] 《关于北京市 2022 年市级决算的报告》，北京市财政局网站，2023 年 8 月 17 日，https://czj.beijing.gov.cn/zwxx/czsj/czyjs/202308/t20230817_3224425.html。

511.4亿元，扣除留抵退税因素可比口径增长0.8%，按自然口径计算下降24%；企业所得税306.5亿元，比上年同期下降9.1%；个人所得税113.6亿元，比上年同期下降12%；契税、土地增值税等地方税收415.3亿元，比上年同期下降13.9%。①

2022年，河北省一般公共预算收入为623.1亿元，扣除留抵退税因素后可比下降2.1%。其中，税收收入493.1亿元，可比下降0.3%；非税收入130亿元，比上年增长7.1%。2022年受疫情及退税减税缓费政策影响，所得税等主体税种收入及地方教育附加、行政事业性收费下降较多。②

从税收收入总额来看，北京市市级税收收入为2731.3亿元，天津市地方税收收入为1346.8亿元，河北省税收收入为493.1亿元。北京市的税收收入水平较高，天津市和河北省税收收入水平相对较低。这主要与三地的经济规模、产业结构和税制相关，同时反映了三地经济发展的差距。

从税收收入增速来看，北京市、天津市、河北省的税收收入均出现下降，这可能与疫情影响以及国家实施的减税降费政策有关。北京市增值税收入下降较多，主要受到实施大规模留抵退税政策的影响，但企业所得税和个人所得税收入均有增长，反映了部分行业和居民收入的恢复增长。天津市的各项税种收入普遍下降，显示天津市的经济压力较大。河北省虽然所得税等主体税种收入下降，但非税收入增长较多，表明河北省在收入上相对稳定。

从税种构成来看，京津冀三地的税收收入由增值税、企业所得税、个人所得税等主要税种构成。其中，北京市的企业所得税和个人所得税收入增长，显示出计算机电子设备制造业、汽车制造业等行业以及居民收入的稳定增长。天津市各项税种收入普遍有所下降，反映了天津市的经济压力较大。河北省的所得税等主体税种收入下降，但非税收入增长，显示河北省在非税

---

① 《天津市2022年全年财政收支情况》，天津市财政局网站，2023年2月2日，https://cz.tj.gov.cn/zwgk_53713/ysgk_59783/yszx/202302/t20230202_6093909.html。

② 《河北省人民政府关于河北省2022年省级决算和全省总决算情况的报告》，河北省人民政府网站，2023年8月15日，http://czt.hebei.gov.cn/root17/zfxx/202308/P020230815566406456137.pdf。

收入方面有一定的增长空间。

从非税收入来看，北京市非税收入增长 7.2%，主要来自对非税收入规范管理的加强和历史欠缴收入的清理。天津市的非税收入下降 3.7%。而河北省的非税收入增长 7.1%，表明河北省在非税收入方面有一定的增长空间。

综上所述，2022 年京津冀地区的税收收入总体上受到疫情影响以及实施的退税政策影响，出现了一定程度的下滑。但在一些行业和非税收入方面，仍表现出一定的增长潜力。在未来的发展中，京津冀地区需要继续优化税制，加强税收管理，同时要发挥非税收入的作用，以保持税收收入的稳定增长，为区域经济发展提供更多的财政支持。

（二）2022年京津冀分区域经济状况分析

1. 2022年京津冀协同发展取得成效

作为引领全国高质量发展的三大重要动力源之一，京津冀区位优势显著。京津冀协同发展，正在宏阔的时空维度中稳步推进。

2022 年是京津冀协同发展重大国家战略提出的第八年，八年里，三地携手在交通、生态、产业、公共服务等重点领域实现新突破。围绕京津冀地区的铁路规划建设一刻不停。截至 2022 年底，"轨道上的京津冀"建设主骨架已经形成，京津冀一小时交通圈越织越密。截至 2022 年底，北京市公共汽电车运营线路 1291 条，比上年末增加 74 条；运营线路长度 30173.9 公里，增加 1594.2 公里；运营车辆 23465 辆，增加 386 辆；全年客运总量 17.3 亿人次，下降 24.9%。[1]

京津冀三地坚持绿色发展理念，生态环境联防联治取得成效。京津冀三地深化协作，空气质量明显改善。在京津冀协同治理下，2022 年，地区 PM2.5 平均浓度比 2013 年下降超 63%；河北沙化土地面积与 1999 年公布的

---

[1] 《北京市 2022 年国民经济和社会发展统计公报》，北京市人民政府网站，2023 年 3 月 21 日，https：//www.beijing.gov.cn/gongkai/shuju/tjgb/202304/t20230414_ 3032832.html。

数据相比减少了 738 万亩。①

京津中关村科技城已初步形成新一代信息技术、高端装备制造、新能源与新材料、生物医药与医疗器械四大产业集群，并与北京中关村形成产业链协同，逐步向北京重大项目零部件配套基地建设演进。京津冀协同发展战略实施以来，天津已累计引进北京企业投资项目超 7000 个，到位资金超 1.2万亿元。② 河北主动对接京津资源，加速推动协同创新，不断助推高质量发展。2022 年，河北共吸纳京津技术合同成交额 403 亿元，同比增长近 14%。2013~2022 年，北京输出津冀技术合同由 3176 项增长至 5881 项，成交额由71.2 亿元增长至 356.9 亿元。③

京津冀协同发展战略实施以来，按照合作协议安排，北京不断推动优质中小学基础教育资源同河北共享，以"交钥匙"的方式，积极支持雄安新区新建北海幼儿园、史家胡同小学、北京四中，不断深化区域内高校师资队伍、学科建设、成果转化等方面的合作。

2. 2022 年京津冀 GDP 及各产业情况

如表 11 所示，2022 年北京市实现 GDP 41610.90 亿元，按不变价格计算，比上年增长 0.7%。其中，第一产业增加值 111.50 亿元，下降 1.6%；第二产业增加值 6605.10 亿元，下降 11.4%；第三产业增加值 34894.30 亿元，增长 3.4%。三次产业构成为 0.3∶15.9∶83.8。按常住人口计算，北京市人均 GDP 为 19.0 万元。④

2022 年天津市实现 GDP 16311.34 亿元，按不变价格计算，比上年增长1.0%。其中，第一产业增加值 273.15 亿元，比上年增长 2.9%；第二产业

① 《河北新闻网：与 2013 年相比，京津冀三地 PM2.5 平均浓度降幅均达到 60% 以上》，河北生态环境厅网站，2022 年 12 月 15 日，http：//hbepb.hebei.gov.cn/hbhjt/xwzx/meitibobao/101665709134769.html。
② 《天津已引进在京企业项目近 7000 个，交通一体化助力打造新增长极》，"北京日报"搜狐号，2023 年 3 月 19 日，https：//www.sohu.com/a/656267700_163278。
③ 《推动京津冀协同发展不断迈上新台阶（高质量发展调研行）》，《人民日报》2023 年 9 月14 日，第 4 版。
④ 《北京市 2022 年国民经济和社会发展统计公报》，北京市统计局网站，2023 年 3 月 21 日，http：//tjj.beijing.gov.cn/tjsj_31433/tjgb_31445/ndgb_31446/202303/t20230321_2940951.html。

增加值 6038.93 亿元，下降 0.5%；第三产业增加值 9999.26 亿元，增长 1.7%。三次产业结构为 1.7：37.0：61.3。天津市人均 GDP 为 11.92 万元，比上年增长 1.8%。[①]

2022 年河北省实现 GDP 42370.40 亿元，比上年增长 3.8%。其中，第一产业增加值 4410.30 亿元，增长 4.2%；第二产业增加值 17050.10 亿元，增长 4.6%；第三产业增加值 20910.00 亿元，增长 3.2%。三次产业比例为 10.4：40.2：49.4。河北省人均 GDP 为 56995 元，比上年增长 4.1%。[②]

表 11　2022 年京津冀 GDP 及三次产业增加值

单位：亿元，%

省（市）	GDP	同比增长	第一产业增加值	同比增长	第二产业增加值	同比增长	第三产业增加值	同比增长
北京	41610.90	0.7	111.50	−1.6	6605.10	−11.4	34894.30	3.4
天津	16311.34	1.0	273.15	2.9	6038.93	−0.5	9999.26	1.7
河北	42370.40	3.8	4410.30	4.2	17050.10	4.6	20910.00	3.2

注：同比增长数值根据国家统计局公布的各省（市）第一、二、三产业增加值指数算出，按不变价格计算。

资料来源：京津冀三省市统计局 2022 年国民和社会发展统计公报。

从 GDP 和增速来看，京津冀三地的经济增速均较为稳定，但并不算高。北京市和天津市的 GDP 增速分别为 0.7% 和 1.0%，均低于全国平均水平。而河北省的 GDP 增速为 3.8%，高于全国平均水平。这表明在经济发展上，河北省表现出较强的增长动力。

从产业结构来看，京津冀三地的第三产业比重均较高，尤其是北京市，第三产业在 GDP 中的比重高达 83.8%。这表明京津冀三地的经济结构已经有了较大的转型，更加依赖服务业的发展。与此同时，北京和天津的第二产业比重均有所下降，而河北的第一产业和第二产业比重相对较高，反映出河

---

① 《2022 年天津市国民经济和社会发展统计公报》，天津市统计局网站，2023 年 3 月 17 日，https：//stats. tj. gov. cn/tjsj_ 52032/tjgb/202303/t20230317_ 6142668. html。

② 《河北省 2022 年国民经济和社会发展统计公报》，河北省统计局网站，2023 年 2 月 25 日，http：//tjj. hebei. gov. cn/hetj/tjgbtg/101672190375287. html。

北在产业结构上更注重平衡发展。

从人均GDP来看，北京市人均GDP达到19.00万元，高于天津市的11.92万元和河北省的5.70万元。这表明在经济发展水平上，北京市明显高于天津市和河北省。

从产业增速来看，北京市第三产业增速为3.4%，远高于第一产业和第二产业的增速。天津市第一产业增速为2.9%，高于第二产业和第三产业的增速。河北省第二产业增速为4.6%，高于第一产业和第三产业的增速。这表明在产业发展上，京津冀三地各有侧重，北京侧重服务业，天津侧重农业，而河北侧重工业。

从三次产业结构来看，北京市的产业结构偏向第三产业，天津市的产业结构较为平衡，而河北省的第二产业和第三产业比重较高。这表明京津冀三地在产业发展上有各自的特色和优势。

总的来看，2022年京津冀地区的经济发展总体稳定，但发展速度有所放缓。在产业结构转型和区域经济发展平衡方面，京津冀还需要更加努力。在未来的发展中，京津冀三地需要进一步优化产业结构，提高经济发展质量和效益，加强区域协调发展，以实现整体经济的持续、健康和稳定发展。

3.2022年京津冀分区域经济运行情况

2022年，北京市居民消费价格总水平比上年上涨1.8%。实现农林牧渔业总产值268.2亿元，按可比价格计算，比上年下降2.0%。实现工业增加值5036.4亿元，按不变价格计算，比上年下降14.6%。全年具有资质等级的总承包和专业承包建筑业企业完成建筑业总产值13866.1亿元，比上年下降0.9%。全年证券交易额184.6万亿元，比上年增长2.5%。全年实现原保险保费收入2758.5亿元，比上年增长9.2%。全年固定资产投资（不含农户）比上年增长3.6%。全年房地产开发投资比上年增长1.0%。全年市场总消费额比上年下降4.9%。全年北京地区进出口总值为36445.5亿元，比上年增长19.7%。①

---

① 《北京市2022年国民经济和社会发展统计公报》，北京市统计局网站，2023年3月21日，http://tjj.beijing.gov.cn/tjsj_31433/tjgb_31445/ndgb_31446/202303/t20230321_2940951.html。

2022 年，天津市全年居民消费价格比上年上涨 1.9%。高技术产业（制造业）增加值比上年增长 3.2%，快于全市规模以上工业平均水平。规模以上服务业中，新服务营业收入增长 6.3%，科技服务业营业收入增长 12.2%。新兴领域投资较快增长，高技术制造业投资增长 10.0%，占全市制造业投资比重为 31.5%，比上年提高 3.2 个百分点；战略性新兴产业投资增长 7.3%，占全市投资比重为 28.7%，比上年提高 4.6 个百分点。新产品产量快速增长，锂离子电池、城市轨道车辆产量分别增长 15.3% 和 53.8%。①

2022 年，河北省全年居民消费价格比上年上涨 1.8%。其中，城市上涨 1.7%，农村上涨 2.0%。分类别看，食品烟酒价格上涨 2.7%，衣着下降 0.3%，居住上涨 0.7%，生活用品及服务上涨 0.6%，交通和通信上涨 4.5%，教育文化和娱乐上涨 1.4%，医疗保健上涨 0.5%，其他用品和服务上涨 1.8%。在食品烟酒价格中，粮食价格上涨 4.3%，蛋类价格上涨 6.4%，猪肉价格下降 4.5%，鲜菜价格下降 0.2%。全年工业生产者出厂价格比上年上涨 0.5%，工业生产者购进价格比上年上涨 4.7%；农产品生产者价格上涨 3.5%。新产业新业态新模式加速成长。全年规模以上工业中，战略性新兴产业增加值增长 8.5%，高于规模以上工业增加值增速 3.0 个百分点；高新技术产业增加值增长 4.8%，占规模以上工业增加值的比重为 20.6%。规模以上工业八大主导产业增加值增长 5.8%，其中生物医药健康产业增长 11.8%，新能源产业增长 0.7%，信息智能产业增长 6.0%，新材料产业增长 9.9%。全年规模以上服务业中，高技术服务业营业收入增长 5.6%。全年网上零售额实现 4192.5 亿元，比上年增长 16.4%。民营经济增加值为 26693.9 亿元，比上年增长 3.6%，占全省生产总值的比重为 63.0%。②

从消费价格看，北京、天津、河北三地居民消费价格总水平均有所上涨，上涨幅度均在 1.8%~1.9%，三地的物价总体稳定。

---

① 《2022 年天津市国民经济和社会发展统计公报》，天津市统计局网站，2023 年 3 月 17 日，https：//stats. tj. gov. cn/tjsj_ 52032/tjgb/202303/t20230317_ 6142668. html。
② 《河北省 2022 年国民经济和社会发展统计公报》，河北省统计局网站，2023 年 2 月 25 日，http：//tjj. hebei. gov. cn/hetj/tjgbtg/101672190375287. html。

从产业发展情况看，北京市农林牧渔业总产值和工业增加值均有所下降，而服务业总产值下降幅度较小，证券交易额和原保险保费收入则均有所增长，反映了北京市经济结构正在由传统的二、三产业向服务业转型，且金融服务业发展相对较快。天津市高技术产业（制造业）增加值比上年增长3.2%，快于全市规模以上工业平均水平，科技服务业营业收入增长12.2%，新兴领域投资较快增长，新产品产量快速增长，反映出天津市高新技术产业发展势头良好。河北省各项价格指数增长幅度相对较小，新产业新业态新模式加速成长，其中，战略性新兴产业增加值增长8.5%，高新技术产业增加值增长4.8%，八大主导产业增加值增长5.8%，高技术服务业营业收入增长5.6%，表明河北省正在以新兴产业带动经济发展，经济结构正在优化。

从投资和消费情况看，北京市全年固定资产投资（不含农户）比上年增长3.6%，全年市场总消费额比上年下降4.9%，反映出当前北京市经济增长仍以投资为主，消费对经济增长的拉动作用有待提高。天津市新兴领域投资较快增长，战略性新兴产业投资增长7.3%，占全市投资比重为28.7%，反映出天津市正在加大对新兴产业的投入力度，推动产业结构优化。河北省全年规模以上服务业中，高技术服务业营业收入增长5.6%，全年网上零售额实现4192.5亿元，比上年增长16.4%，占全省生产总值的比重为63.0%，反映出河北省服务业发展迅速，民营经济贡献度大。

从进出口情况看，北京地区进出口总值比上年增长19.7%，反映出北京在国际贸易中的地位较高，开放程度较高。

总的来看，2022年京津冀地区经济发展呈现以下特点：一是物价总体稳定；二是经济结构正在优化，新兴产业发展势头良好；三是投资仍是经济增长的主要动力，消费对经济增长的拉动作用有待提高；四是开放程度较高，国际贸易活动频繁。未来，京津冀地区应继续推动产业结构优化，加大产业支持力度，提升消费对经济增长的拉动作用，进一步提高开放程度，扩大国际贸易。

同时，应重视以下三个方面的发展。第一，加强京津冀三地间的协调合作，充分发挥各自的优势，共同推动区域经济发展。例如，北京在金融、科技等服务业方面具有优势，可以与天津的高新技术产业、河北的制造业等产业进行深度融合，实现产业链的互补和优化。第二，京津冀地区应进一步推动新兴产业的发展，加大科技创新力度，提升产业附加值。可以对新兴产业进行政策扶持，为其发展创造良好的环境，同时引导更多的投资流向这些产业。第三，京津冀地区应继续扩大对外开放，优化外贸结构，提升外贸竞争力。在继续扩大进出口规模的同时，应关注进出口产品的质量和附加值，提升外贸的效益。

另外，京津冀地区应进一步推动消费的升级，提高居民消费能力。通过提升居民收入水平、优化消费环境、提供更多的优质商品和服务等方式，激发居民的消费欲望，使消费成为拉动经济增长的重要力量。总的来说，2022年京津冀地区经济发展总体稳定，但也面临一些挑战。在未来的发展中，需要继续深化改革，扩大开放，推动产业结构优化，激发市场活力，以实现经济的持续健康发展。

（三）京津冀发展潜力巨大

1. 提升京津冀整体经济能力

尽管京津冀经济规模在近些年持续增长，但其全国 GDP 占比却呈现下滑趋势，与预设的目标之间还有一定的距离。京津冀经济活力和承载力还需进一步强化。同时，京津冀各地的经济发展状况差异正在扩大，这与该地区的协同发展目标之间仍有一定的距离。

2. 深化京津冀产业协同

京津冀的产业协同发展始于北京向津冀的产业转移，但目前尚未形成深度的产业链供应链协作，区域产业发展联动格局尚未成形。产业协作层次和深度、融合程度都有待提升，产业协作范围有待扩大。由于产业结构所存在的问题，京津冀在进行产业协作和发展跨地区产业集群的过程中，经常会遇到各种阻碍，产业链的延伸和扩展有一定困难，区域内相关产业的缺失及配套能力的不足，都制约了京津冀产业协同发展的规模、品质和水平。

3.深入推进京津冀协同创新

一方面，北京对津冀的创新带动力不足，北京的创新成果在津冀产业化较少，技术溢出效应并不明显。另一方面，协同创新共同体还未形成强大的合力。产业链与创新链的匹配程度较低，科技创新资源的开放共享水平需提升，同时需解决协同创新中的动力不足、资源配置效率不高、资源流动不畅等问题。

4.创新京津冀产业协同发展的体制机制

产业跨区域转移是推动京津冀产业协同发展的关键。但现阶段，跨区域产业转移的利益共享机制还有待完善。税收利益的不协调是一个主要的制约因素，需要完善利益共享机制，协调三地政府间的利益关系，保持产业协同的可持续性。进入非首都功能疏解与产业合作新阶段后，非税收利益的矛盾和问题可能会增加，在新的产业项目、创新平台、高级人才等方面的竞争将日益激烈。

四 推进京津冀地区高质量发展的经济战略与财税对策

京津冀协同发展作为新时期我国区域发展的重大国家战略举措，是促进经济转型、建立新的经济增长极的重要举措。理顺产业发展链条，形成区域产业上下游联动，是京津冀协同发展的重要内容和关键支撑。财税政策是政府引导资源配置的重要手段。如何制定协调统一、针对性强的财税政策，有效引导京津冀三地构建分工协作、优势互补的产业发展链条，是当前亟须解决的问题。推动经济高质量发展，要在充分发挥京津核心引擎作用的基础上，突出创新驱动战略和生态环境保护战略，完善以疏解北京非首都功能为重点的体制机制，加大财税政策支持力度。

（一）完善促进区域协调发展的财税政策，推动跨区域政府间合作和协同发展

财政是国家治理的基础和重要支柱，财税体制是国家治理体系的重要组

成部分，科学的财税体制是优化资源配置、维护市场统一、促进社会公平、实现国家长治久安的制度保障。当前，京津冀地区区域发展不平衡、不协调问题依然突出，尤其是财税体制改革滞后、缺乏统筹，导致区域发展差距较大，制约了京津冀协同发展战略目标的实现。要扭转京津冀内部发展不平衡的局面，稳步推进协同发展，就需要突破一系列的体制和政策障碍，推动财税体制改革以实现政府间的跨区域合作。

第一，统一京津冀地区的基本税收政策。区域立法、政府间协议、建立一体化规则等方式是长三角、东北老工业区等地区的实践经验。京津冀地区可以在此基础上借鉴并创新完善，打破制度壁垒，创造以中央税法为基准的统一区域税收政策环境，强化京津冀地区区域协同治理的税收规划统筹与衔接，形成统一的制度安排，如统一京津冀地区土地使用税征收标准。另外，整合三地税收优惠政策，减少特惠区，提高税收优惠政策的区域普适性，加强税收优惠政策管理，促进区域内税收优惠的规范化。此外，提高京津冀地区税收征管的协调性，加强三地税务机关以及环保部门的沟通协作，充分利用大数据、云计算等信息技术，建立区域间信息共享平台，降低征纳成本，堵塞征管漏洞，防止税源流失，促进区域内税收征管水平的整体提升。通过协同立法方式保障政策环境的趋同一致，通过规则一体化推进京津冀地区产业的协同发展。

第二，完善财政体制，创新补贴方式。在科学把握城市功能和发展方向的基础之上，实现区域协同发展，需要充分发挥财政在统筹协调、引导资源均衡配置等方面的积极作用，因此有必要进一步从制度设计层面推动促进三地协同发展的财政体制的建立。京津冀三地要从区域功能定位出发，明确事权与支出责任，并按照事权与财权相匹配的原则合理安排财政资金，提高资金利用效率，并对影响区域发展的重大事项统筹安排财政资金的使用，实现权、责、利的统一。京津冀三地应该在统筹考虑区域特点的基础上进一步明确发展层级。北京应着力非首都功能疏解，发挥传统优势，严控低端产业，重构产业构成；天津应立足中央给予的"一基地三区"的四个定位，重点打造制造业基地；河北应充分利用地域空间、资源环境等优势，以非首都功能疏解为契机，积极淘汰落后产能，实现资源优化整合和产业转型升级。此外，在创新财政体制、统筹财政资金的同时，还应当积极创新财政资金补贴方式，尝试突破行政地域限制，提高补贴精准度和效果。

第三，建立合理的税收共享协调体制和税收优惠政策。探索建立新增税收共享的财税机制，保持京津冀政府原有的利益水平基本不变，按三地基础设施投资、投资项目投资和产业边际贡献税的比例共享增值税和企业所得税。在推进京津冀产业布局战略进程中，转移地和承接地双方形成税收对象、征收环节、纳税地点、税收共享协调机制。一方面，完善园区跨区域的分税制机制，另一方面，实现总部所在地区和分部所在地区之间的税收共享。制定总部经济与分支机构的分税制政策，根据税收贡献将总部区域的部分税收分配给分支地区，从而调和税收与税源背离问题。此外，还应制定促进京津冀协同发展的特别税收政策，健全跨区域税收征管协作机制，逐步实现京津冀三地税收征管信息共享和执法互助，做好产业输出地和输入地的税收政策安排，促进区域经济协调发展。

（二）提高区域内的税收服务水平，发挥税收大数据辅助决策支撑作用

税收是国家财政收入的主要来源之一，也是调节收入分配的重要工具。京津冀协同发展战略实施过程中，要建立健全京津冀地区税收协作机制，充分发挥财税政策对区域内产业布局的引导作用。

第一，将税收服务转向数字平台，建立现代化的税务信息系统。一是探索建立区域标准统一、透明公开的全国示范性税收服务平台，加速纳税申报和报税流程，减少纳税人的时间成本，提高数据准确性，实现区域各地涉税业务通办，并逐步实现税务登记、纳税申报和备案类事项通办。二是提供在线纳税申报和缴款的渠道，使纳税人能够方便地在互联网上完成税务手续，减少纸质文件的使用，减少企业在区域内跨省迁移的行政障碍，为产业转移和企业合理流动提供便利。三是充分运用移动互联、大数据、云计算等现代信息技术，通过数据分析和人工智能技术，自动进行税务审查，减少错误和

欺诈行为。这有助于提高税收合规性。

第二，秉持合作理念、发挥区域优势、形成工作合力。增加人才交流，做到优势互补，探索建立互派干部学习培养常态机制，搭建干部交流学习平台，采取"交流学习周"培养机制，互派优秀干部到兄弟单位学习交流，推动协同发展各项任务的落实。进一步开展京津冀地区税务机关的联合培训，组织三地税务服务部门开展联合宣传、联合培训，使三地纳税人共享资源，为三地纳税人提供更加快速、精准的税务支持，营造更加便捷、优质的税务营商环境。

第三，充分利用数据资源，实现"以数治税"。构建"防范税收风险互联互通"机制，在风险指标模型建设、风险应对过程方式等方面相互借鉴，加强跨区域协查合作，增强区域间税收数据共享和数据资源开发利用，发挥数据要素驱动作用，逐步推动形成"以数治税"分类精准监管格局。持续推进"智慧城市+智慧税务"深度融合，健全跨区域税收征管协作机制，逐步实现京津冀三地税收征管信息共享和执法互助。积极开展数据共享共治，建立常态化数据共享机制，实现地区间政府与税务局的数据共享，进一步发挥税收大数据辅助决策支撑作用。

（三）持续推进京津冀产业的协同发展，构建优势互补、错位发展的产业分工体系

京津冀协同发展战略实施过程中，要建立健全京津冀地区税收协作机制，充分发挥财税政策对区域内产业布局的引导作用。在京津冀协同发展的战略规划中，作为核心引擎的北京和天津，其功能定位是疏解非首都功能。因此，在推进京津冀地区高质量发展过程中必须发挥北京和天津的核心引擎作用，在推动京津冀协同发展中充分发挥其引领带动作用。

第一，建立三地财政协调机制，推动一体化产业链的形成。京津冀地区内产业布局高度关联，一体化产业链的形成是一个长期的过程。在这一过程中，政府应通过财税政策引导资源向具有比较优势的产业倾斜，从而推动区域产业结构优化升级。京津冀地区存在比较严重的产业同构

现象，因此在推进京津冀地区产业协同发展的过程中，要建立财税协调机制，加强三地财政部门间的交流与合作。一是要形成三地统一的财税政策体系，在出台各自区域发展政策时，应保证政策相向而行，防止相互干扰。二是在三地协同发展方面，应建立资源分享机制，做到信息共享、政策共商，促进信息资源合理开发和利用。三是三地要协商制定有吸引力的税收分享政策，调动产业转移的积极性，推动一体化产业链的形成。

第二，整合产业园区资源，推动产业协同发展。产业协同发展是区域经济发展的重要路径，也是促进区域协调发展的重要手段。产业协同发展的重点在于构建与资源禀赋、区位条件、要素禀赋相适应的产业结构，构建优势互补、错位发展的产业分工体系。京津冀地区需要加强产业发展顶层设计，优化产业发展布局，构建京津冀协同创新共同体。在规划方面，应基于区域经济一体化原则和条件，突出以京津为核心，以天津为龙头，以石家庄、保定为两翼，以廊坊、沧州等为节点的京津冀协同创新共同体建设；在布局方面，应重点加强优势产业集群建设和产业链延伸，构建区域创新共同体。

第三，发挥财税政策对区域人才协调的引导作用。近年来，各地纷纷出台人才优惠政策，上演抢人大战，可见各地对人才的重视。京津冀要借势实施人才协同，从整体上梳理人才需求，整合人才资源，设计人才发展目标，加大人才投入力度。三地要协商设立京津冀人才协同专项基金，积极开展人才培养和引进方面的交流合作，鼓励区域内政府部门和企事业单位积极开展人才交流，支持高校联合培养人才模式，促进产学研一体化。对京津冀地区一体化特别是生态环境协同治理急需的人才和高层次人才实施有针对性的税收优惠政策，吸引人才投资京津冀地区一体化，为京津冀地区协同发展做出贡献。

京津冀三地的协同发展在经济转型升级、科技成果转化、资本市场建设、人才吸引流动等方面仍可进一步提升。下一步促进京津冀协同发展的重中之重，将是有效引导区域内生产要素流动方向，优化产业空间分异，促进区域内各地之间的经济交往、缩小发展差距，改善地区间经济和税收发展的协调性。三地政府应更好发挥政府作用，充分发挥市场作用，推动京津冀地区合作向纵深发展。北京应充分发挥首都优势，加强与津冀在科技创新、人才培养、产业升级等方面的合作，推动京津冀地区产业结构调整，提高区域整体竞争力。天津应充分发挥港口优势，在"一带一路"建设中发挥更大作用。天津是我国北方最大的港口城市，是海上丝绸之路和新亚欧大陆桥的重要节点城市，要加强津冀港口合作，大力发展集装箱运输。河北应积极承接北京非首都功能疏解，主动融入"一带一路"建设，提升对外开放水平，增强自身发展活力，在新一轮对外开放中实现更大发展。

五 2023年京津冀税收及经济走势展望

新时期新阶段，推动京津冀产业协同高质量发展，需要在培育与优化区域经济增长极、推动区域产业链补链强链延链畅链、提高创新链与产业链匹配度、推进产业协作体制机制改革创新等方面有新思路，走新路径，出新举措。

（一）发挥比较优势，优化区域经济增长结构

京津冀地区之间的发展存在不平衡的问题，而且区域经济和产业发展的差距较大。为解决这些问题，可以借鉴国际先进城市群和国内长三角、珠三角的成功经验，巩固发展中心城市，同时积极培育一批副中心城市和区域经济次级增长极。通过这种方式，可以优化区域产业分工协作与协同发展的区域经济增长极结构。

具体来说，首先需要充分利用京津两大中心城市的集聚优势，进一步巩固和强化中心城市的辐射带动作用。其次还需要积极培育发展石家庄、保定、唐山、邯郸等区域中心城市和节点城市，加快推动这些城市产业转型升级。最后需要继续积极推进雄安新区建设进程，使其尽快发展成为京津冀地区的创新中心和高端制造中心。

（二）补短板强弱项，打通区域内产业协同发展的关键环节

针对京津冀产业对接协作和产业协同发展存在的问题，需要加快区域产业链的补短板、强弱项，推动区域产业链的完善，消除妨碍区域产业协同发展的问题，畅通区域产业分工协作和协同发展的链路。

具体措施包括深入实施产业基础再造工程，合力推动关键基础技术攻关、基础器件研制、基础材料发展、基础软件升级、基础工艺提升和基础公共服务平台建设，为区域产业协同发展提供基础保障。此外，需要聚焦区域产业合作基础较好、发展空间广阔的集成电路、新能源汽车和智能网联汽车、生物医药、氢能、工业互联网、高端工业母机、机器人等重点领域，深化产业链区域协作，协同培育壮大跨区域的先进制造业和高端高新产业集群。

（三）提高创新链与产业链匹配度，增强区域产业创新体系整体效能

需要围绕产业链协同规划创新链，围绕创新链协同布局产业链，提高区域创新链与产业链的协调度，推动形成区域创新资源的科学配置，提高区域创新链对区域产业转型升级的技术支撑能力和区域内转化能力。

这需要针对京津冀三地的科技创新资源分布现状与特点，加强协同创新支撑、完善区域创新体系，整合创新资源，加快形成协同创新共同体。需要促进区域内创新链和产业链相向而行，双向奔赴。并且要充分发挥中关村国家自主创新示范区的作用，构建科技创新园区链，使其成为引领京津冀协同创新与高新技术产业发展的重要载体。

（四）破除关键制约障碍，推进产业协作体制机制改革创新

着力破解产业转移和产业协作深层次矛盾和问题，发挥有为政府在统筹协调、规划引导、政策对接等方面的作用，建立包括中央政府和三地地方政

府在内的区域协调机制，破解制约产业转移的行政壁垒和制度障碍，形成区域产业转移与产业对接的内生动力。为此，需要建立统一开放、竞争有序的区域市场体系，清理妨碍要素流动、资源共享和公平竞争的各种规定和做法，消除隐蔽性市场壁垒，打破行政性市场垄断，促进要素跨区域有序自由流动，实现资源在更大空间上优化配置和开放共享。

同时，需要完善产业转移和分工合作的利益分享机制、成本共担机制，进一步完善有利于产业跨行政区转移的税收政策，进一步明确和完善税收分享范围及比例划分，健全完善产业转移的政策支持体系，共同营造市场化、法治化、国际化的一流营商环境，推动区域内产业转移与承接的无缝对接和高质量发展。

总体来说，推动京津冀产业协同高质量发展，需要围绕优化区域经济增长极结构、打通区域内产业协同发展的关键环节、提高创新链与产业链匹配度、破除关键制约障碍、推进产业协作体制机制改革创新等方面进行，通过协同努力，实现京津冀产业高质量协同发展的目标。

参考文献

柳天恩、王利动：《京津冀产业转移的重要进展与困境摆脱》，《区域经济评论》2022 年第 1 期。

陈旭东、赵茜琳：《促进京津冀科技协同发展的财税对策分析》，载天津市社会科学界联合会编《发挥社会科学作用 促进天津改革发展——天津市社会科学界第十二届学术年会优秀论文集（中）》，天津出版传媒集团，2017。

王平、李玉红：《京津冀协同发展的财税问题及对策》，《改革与战略》2018 年第 5 期。

崔趁欣、郄江辉：《京津冀协同发展中财税问题研究》，《河北金融》2016 年第 4 期。

任春龙：《京津冀协同发展下的财税体制改革问题初探》，《中国商论》2017 年第 20 期。

刘雪：《促进京津冀协同发展的财税政策研究》，《时代金融》2018 年第 2 期。

张潇、周振娥、周建霞：《引导京津冀构建新型产业链的财税政策研究》，《河北企业》2018 年第 4 期。

薛秋霞：《促进京津冀生态环境协同治理的财税政策研究》，硕士论文，天津财经大学，2019。

高培勇：《财税政策如何助推京津冀协同发展——评〈促进京津冀协同发展的财税政策研究〉》，《中国财政》2020年第8期。

李克桥等：《区域税负差异背景下京津冀产业布局的财税对策》，《经济研究参考》2018年第22期。

B.3

2022~2023年长三角地区税收发展报告

郑 汀 沈 昀*

摘 要: 2022年是长三角一体化发展上升为国家战略的第四年。长三角地区发展聚焦"一体化"和"高质量",深入推进区域协作,以高效的政务服务和畅通的要素流动共同抵抗疫情给经济社会带来的冲击,复工复产有序推进,区域经济展现出较强的发展韧性和发展活力。尽管区域内三省一市在税收和经济总量方面仍存在一定的差异,但在要素流动、资源配置、产业链互补等方面的一体化在2022年取得了很大的发展。在一体化发展过程中,税收发挥了巨大的引领作用,通过助力长三角地区建立统一市场等多个方面的着力点,进一步促进长三角地区的全方面发展。完善一系列财税制度矩阵设计,推动区域财税机制一体化;突破各要素障碍,解决财政税收机制上制约一体化深入发展的关键性问题;完善税收征管合作机制,持续优化区域营商环境;鼓励省区市税务部门进行经验交流,构建共赢的征管协调和利益共享机制;进一步优化产业结构,提升长三角地区产业能级。

关键词: 税收发展 税收征管 长三角

---

* 郑汀,高级会计师,国家税务总局嘉兴市税务局党委书记、局长,主要研究方向为税收理论与实践、破产税收等;沈昀,法学博士,国家税务总局海盐县税务局党委委员、纪检组组长,主要研究方向为税收法学理论研究。

一 2022年长三角地区税收发展情况

长三角地区是我国经济发展最为繁荣的地区之一，活跃的经济发展动力、包容并蓄的开放程度以及不断进取的创新能力，让这里成为经济高质量发展的开放热土。长三角地区不管是税收总量、财政收入规模还是近年来对国家税费支持政策的落实到位程度都走在全国前列。但是从长三角地区内部来看，三省一市无论是税收总量、财政收入规模还是来源均存在显著的差异。

（一）长三角地区税收收入情况

2022年，全国税收收入为166614.0亿元，① 比上年下降3.5%，扣除留抵退税因素后增长6.6%。2022年长三角地区三省一市税收收入为46521.6亿元，② 占全国税收收入的比重为27.92%。长三角地区税收收入占全国税收收入比重近几年都是在28%左右。

从五年周期看，2018~2022年，长三角地区实现税收收入分别为42858.5亿元、43514.8亿元、43192.1亿元、49392.5亿元、46521.6亿元，其中2020年增速为-0.74%，成为五年增长的拐点。税收增速由正转负，是多个因素叠加在一起产生的减速效应：一是新冠疫情，二是大规模减税降费，三是复杂的国际环境。这三个因素都给长三角地区经济和税收发展带来了艰巨挑战。2021年随着疫情防控形势好转，各地经济活动逐步恢复，为长三角地区经济发展创造了良好的运行空间，2021年是五年里长三角地区税收收入增长最为明显的一年，税收收入增速达14.36%。

---

① 由于数据来源的局限性，本报告中所有全国税收收入数据为国家统计局公布的全国各项税收收入的数据。长三角及三省一市的税收收入是不含海关代征且未扣减出口退税的税收收入。

② 2018~2022年全国、长三角地区三省一市税收和经济增长数据均来自2018~2022年全国及长三角三省一市国民经济和社会发展统计公报、2019~2023年《中国税务年鉴》以及各省市税务局网站，部分数据由笔者整理所得。本报告图表数据资料来源同上。

2022 年，一系列相互影响的严重冲击，包括新冠疫情、俄乌冲突及其引发的粮食和能源危机、通胀飙升、债务收紧以及气候紧急状态等，导致世界经济遭受重创。① 我国经济发展面临需求收缩、供给冲击、预期转弱三重压力。长三角地区税收收入再次出现下滑，同比下降 5.81%（见图 1）。综合五年情况看，2022 年长三角地区税收收入仍增长至 2018 年的 1.085 倍，与全国税收收入在此期间的增长幅度基本一致（见表 1）。

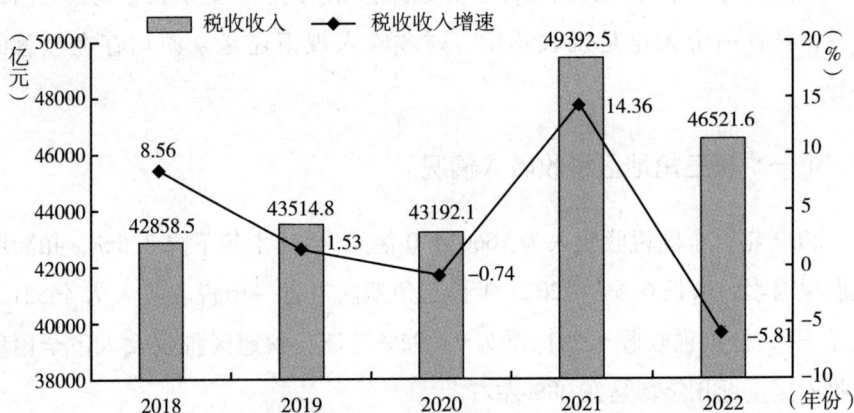

图 1　2018~2022 年长三角地区税收收入和税收收入增速

表 1　2018~2022 年全国及长三角地区税收收入情况

单位：亿元

地区	2018 年	2019 年	2020 年	2021 年	2022 年
全国	152981.0	156179.0	151329.0	172731.0	166614.0
长三角地区	42858.5	43514.8	43192.1	49392.5	46521.6
上海	13823.8	13701.0	13052.7	15318.4	15473.6
江苏	13915.4	14082.2	14064.5	15656.0	13359.9
浙江	10919.5	11388.8	11753.9	13736.7	13254.4
安徽	4199.8	4342.8	4321.0	4681.4	4433.7

① 《联合国预计 2023 年全球经济增长将放缓至 1.9%》，联合国网站，2023 年 1 月 25 日，https：//news. un. org/zh/story/2023/01/1114487

长三角三省一市税收收入差异较大，2022 年上海市税收收入实现 15473.6 亿元，同比增长 1.01%，占全国税收收入比重为 9.29%；浙江省税收收入达到 13254.4 亿元，同比下降 3.51%，占全国税收收入比重为 7.96%；江苏省税收收入实现 13359.9 亿元，同比下降 14.67%，占全国税收收入比重为 8.02%；安徽省税收收入达 4433.7 亿元，同比下降 5.29%，占全国税收收入比重为 2.66%（见表 2）。

表 2　2022 年长三角地区税收收入情况

单位：亿元，%

地区	税收收入	同比增幅	占全国税收收入的比重
全国	166614.0	-3.54	100.00
长三角地区	46521.6	-5.81	27.92
上海	15473.6	1.01	9.29
江苏	13359.9	-14.67	8.02
浙江	13254.4	-3.51	7.96
安徽	4433.7	-5.29	2.66

2022 年，上海市、江苏省、浙江省三地税收收入分别是安徽省税收收入的 3.49 倍、3.01 倍、2.99 倍。安徽省税收收入占长三角地区税收收入的比重相对较低，2022 年安徽省税收收入占长三角税收总量的比重约为 9.53%。从三省一市的具体税收数据可以看出，上海市、江苏省、浙江省三个地区税收收入均超万亿元，且从全国各省份横向数据看，江苏省、浙江省两地税收收入同时挤入全国前 5 位，分别居于全国第 2 位和第 5 位，区域经济引领能力表现明显。以全国各城市数据看，上海市税收收入为全国城市之最。

（二）税收收入占财政收入比重情况

在省域经济运行情况的报告中，通常以一般公共预算收入作为衡量地方财政收入实力的重要指标。2022 年，长三角地区一般公共预算收入总和为

28495 亿元，同比下降 3.56%。长三角地区整体财政实力强，税源结构较丰富，税收收入是长三角各省市财政收入的主要来源，但税收收入占地方一般公共预算收入的比重也存在差距。从全国层面看，2022 年，全国一般公共预算收入为 203703 亿元，全国税收收入为 166614 亿元，税收收入占一般公共预算收入比重为 81.8%。

从 2022 年三省一市一般公共预算收入的构成来看，上海市一般公共预算收入为 7608.19 亿元，比上年下降 2.1%，扣除留抵退税因素后同口径增长 3.9%，其中税收收入为 6348.39 亿元，占一般公共预算收入比重为 83.4%；浙江省一般公共预算收入为 8039.4 亿元，比上年增长 6.8%，其中税收收入 6619.86 亿元，同比增长 5.6%，税收收入占一般公共预算收入比重为 82.3%；江苏省一般公共预算收入为 9258.9 亿元，比上年下降 2.1%，其中税收收入为 6802.9 亿元，同比增长 1.0%，税收收入占一般公共预算收入比重为 73.5%；安徽省一般公共预算收入为 3589.1 亿元，同比增长 4.4%，其中税收收入 2246.6 亿元，同比增长 7%，税收收入占一般公共预算收入比重为 62.6%（见图 2）。

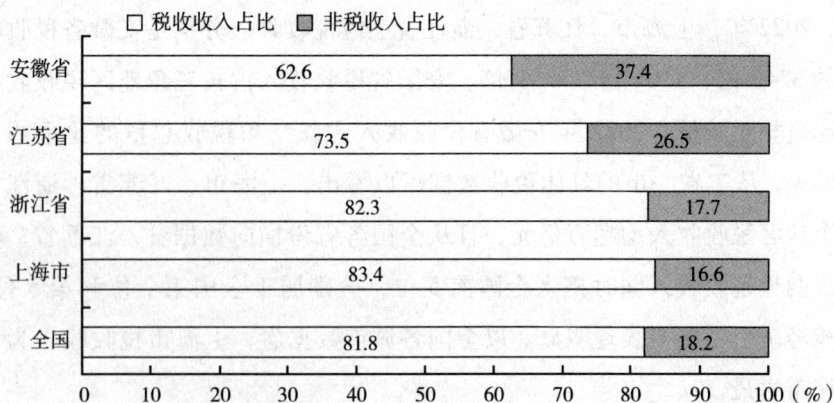

图 2　2022 年三省一市税收收入、非税收入占一般公共预算收入比重情况

从税收收入占一般公共预算收入比重来看，上海市、浙江省两地的税收收入占一般公共预算收入比重均高于全国平均水平。江苏省、安徽省税收收

入占一般公共预算收入比重相对偏低，并且低于全国平均水平。

从五年周期看，三省一市财政收入总体规模整体呈增长态势，但不论是规模还是增速各地都有差异。长三角地区 2018~2020 年，一般公共预算收入均小幅增长。2021 年，伴随税收收入的增长，长三角地区一般公共预算收入有明显攀升，但是随着 2022 年税收收入的回落，一般公共预算收入也出现了回落，但是与税收收入同比下降 5.81% 相比，一般公共预算收入的回落幅度相对较小，同比下降 3.56%（见图 3）。

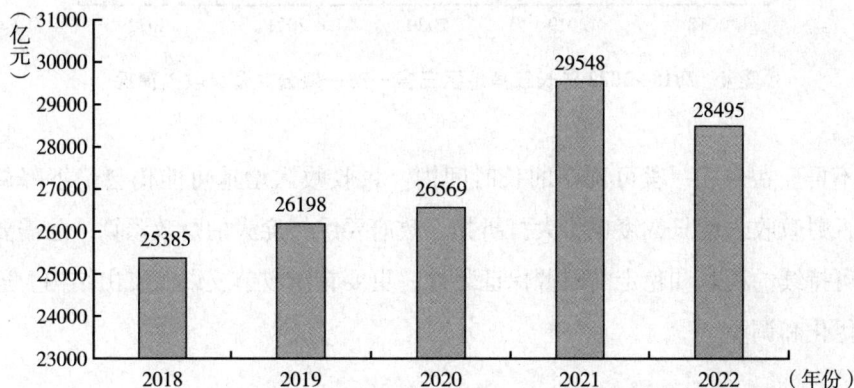

图 3　2018~2022 年长三角地区一般公共预算收入

长三角地区各省市一般公共预算收入和增长态势不尽相同。上海市、江苏省和浙江省一般公共预算收入相对接近，并且均远远超过安徽省。在上海市、江苏省和浙江省之间比较，2018~2022 年，江苏省一般公共预算收入遥遥领先于浙江省与上海市。上海市与浙江省一般公共预算收入相对接近，对于两者来说，2020 年是重要节点，在这一年，浙江省一般公共预算收入超越上海市，并且在往后的两年里优势不断放大，2022 年居第 2 位，与江苏省的差距也拉近至 1220 亿元。从数据来看，安徽省与其他三省市拉开了一定的距离，但是从增长态势看，安徽省一般公共预算收入增长最为稳定，连续五年都保持小幅度增长（见图 4）。

当前，我国经济发展处于调速换挡过程中，税收收入持续高速增长的势

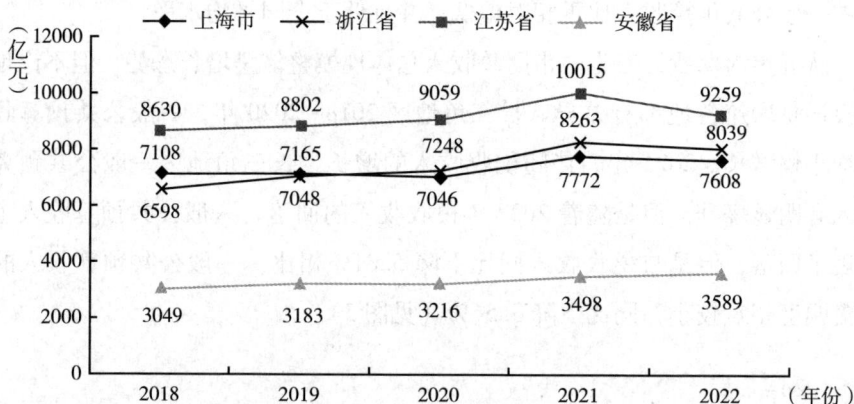

图 4　2018~2022 年长三角地区三省一市一般公共预算收入情况

头不再。在今后一段可预期的长时间内，税收收入增速可能仍会呈下降趋势，财政收入增长幅度也将大打折扣。政府要维持庞大的财政预算，除需要有可持续的税基和稳定的财源保证之外，更要在财政节支以及支出结构上进行优化和调整。

（三）税费支持政策落实情况

面对复杂严峻的国内外形势和多重超预期因素冲击，2022 年，党中央、国务院强化宏观政策跨周期和逆周期调节，部署实施新的组合式税费支持政策、稳经济一揽子政策和接续措施，减税降费、退税缓税缓费并举，加大减负纾困力度，增强市场主体活力。全年减税降费及退税缓税缓费超过 4.2 万亿元。新增减税降费及退税缓税缓费主要包括三部分：一是累计退到纳税人账户的增值税留抵退税款 2.46 万亿元，超过 2021 年全年办理留抵退税规模的 3.8 倍；二是新增减税降费超 1 万亿元，其中新增减税超 8000 亿元，新增降费超 2000 亿元；三是办理缓税缓费超 7500 亿元。① 在全年减税降费政

---

① 《2022 年新增减税降费及退税缓税缓费超 4.2 万亿元！一图了解哪些行业企业受益》，国家税务总局网站，2023 年 2 月 2 日，http：//www.chinatax.gov.cn/chinatax/n810214/c102374/c102380/c101729b/c5190408/content.html。

策落实中，作为助企纾困最有力的政策工具之一，增值税留抵退税是2022年一系列税费支持政策的"重头戏"。留抵退税，就是把期末未抵扣完的税额退还给纳税人。此举是国家综合考虑通过大力改进增值税留抵退税制度，对留抵税额提前实行大规模退税，为企业提供现金流支持、促进就业消费投资的重大制度举措。在国家政策实施过程中，税务、财政等部门统筹加快退税进度和加强风险防控，推动政策红利精准高效直达市场主体。

2022年，长三角地区三省一市坚决贯彻并持续推进国家相关税费支持政策落地，并且高质量地实施，以政府收入的"减"换取企业效益的"加"，以经济社会的"减负"带来市场主体的"活力"。在新的组合式税费支持政策中，既有增值税留抵退税，又有支持科技创新、扶持小微企业的税收优惠，还有降费缓缴措施。这些政策实施后，在短期内对长三角地区三省一市政府财政收入产生了较为明显的减收效应。但从长期看，有利于增强长三角地区经济增长后劲，培育和涵养未来税源，提升财政、税收及经济社会可持续发展能力。

2022年，上海市全面落实新的组合式税费支持政策，特别是不折不扣推进大规模增值税留抵退税政策落地见效，助力加快经济恢复和重振。1~10月，上海累计新增减税降费及退税缓税缓费超过2200亿元，[①] 补充了企业现金流，助力稳住宏观经济大盘。大规模增值税留抵退税政策从4月1日实施，截至8月31日已有1077.8亿元退税款退到纳税人账上，再加上第一季度继续实施此前出台的留抵退税老政策62.4亿元，已累计有1140.2亿元退税款退给纳税人，[②] 有效引导社会预期，激发市场主体活力，一系列税费支持政策有效落实，为推动上海经济高质量发展发挥了重要作用。2018~2022年，浙江省（不含宁波）累计办理新增减税降费超8000亿元。为稳住宏观经济大盘提供有力支撑，累计退到纳税人账户的增值税留抵退税款超

---

① 《上海：超2200亿元减税降费"送活水""增信心"》，中国政府网，2022年11月23日，https://www.gov.cn/xinwen/2022-11/23/content_5728437.htm。

② 《上海：今年已累计新增减税降费及退税缓税缓费超1700亿元》，澎湃新闻网站，2022年9月28日，https://www.thepaper.cn/newsDetail_forward_20093210。

1800 亿元，新增减税降费超 610 亿元，办理缓缴税费超 790 亿元，仅 2022 年一年，浙江省共新增减税降费及退税缓税缓费超过 3200 亿元，① 显著减轻市场主体负担，有效增强发展内生动力。江苏省紧盯企业和社会难点痛点，制定印发《"稳定经济运行，减负在行动" 2022 年全省减轻企业负担工作实施方案》，全面落实退税减税缓税、社保费优惠等惠企政策，截至 2022 年底，江苏省新增减税降费及退税缓税缓费超 4500 亿元，惠及 17.4 万家服务业小微企业和个体工商户，进一步减轻企业负担，激发市场活力。② 2022 年，安徽省累计新增减税降费及退税缓税缓费 1276.9 亿元，其中，增值税留抵退税 790.9 亿元、六税两费减征 73.6 亿元、小型微利企业所得税优惠 21.3 亿元、增值税加计抵减 15.8 亿元。③

总体来说，面对一系列超预期因素冲击，一系列税费支持政策成为宏观调控的关键性举措。2022 年，长三角地区三省一市坚决落实国家减税降费相关政策，减税降费举措有力，企业发展信心显著增强，税费收入量稳质优，营商环境持续优化，以政府财政收入的"减法"换取企业效益的"加法"、市场活力的"乘法"，为长三角一体化的发展储蓄了可持续的巨大动能。

二 2022年长三角三省一市经济发展情况

长三角地区是中国经济发展最活跃、开放程度最高、创新能力最强的区域之一，在国家现代化建设大局和全方位开放格局中的战略地位举足轻重。2022 年从各省市发布的经济数据可以看出，长三角三省一市具有较强的抗风险性。面对国内外风险挑战明显增多的复杂局面，长三角地区经济继续保

---

① 《浙江五年累计新增减税降费超 8000 亿元》，中国新闻网，2023 年 2 月 10 日，http：//www.zj.chinanews.com.cn/yw/2023-02-10/detail-ihckpnip8231693.shtml。

② 《截至 2022 年底江苏新增减税降费及退税缓税缓费超 4500 亿元 发放稳岗返还补助超 53 亿元》，人民网，2023 年 2 月 28 日，http：//m.people.cn/n4/2023/0228/c1545-20488013.html。

③ 《减负担 添动能 激活力——优化完善部分阶段性税费优惠政策调查》，中国财政部网站，2023 年 5 月 15 日，http：//www.mof.gov.cn/zhengwuxinxi/caijingshidian/zgcjb/202305/t20230515_3884506.htm#。

持增长势头，地区经济总量稳步扩大，占全国经济总量比重继续保持稳定态势，产业结构调整节奏加快，经济发展质量不断提高，进一步展现出其对全国经济发展的支撑和引领作用，但是从长三角地区内单个省市的情况来看，经济质量与数量的绝对差距仍较大，经济发展水平不均衡现象仍较明显。

（一）2022年长三角地区经济总量指标概况

2022年，长三角地区三省一市GDP合计29.03万亿元，同比增长5.15%（未考虑不变价格计算），约占当年度全国GDP的23.99%，当年全国GDP为121.02万亿元，按不变价格计算，同比增长3%。

分省市来看，江苏省2022年GDP为122876亿元，占全国GDP比重为10.15%，同时2022年为增长态势，增速为2.8%；浙江省GDP次之，为77715亿元，占全国GDP比重为6.42%，同样为增长态势，增速为3.1%；上海市与安徽省GDP大体相当，分别为44653亿元和45045亿元，两地占全国GDP比重分别为3.69%和3.72%，增速方面，上海市增速为-0.2%，安徽省增速则达3.5%（见表3）。从经济总量来看，江苏省的GDP最大，浙江省次之，上海市和安徽省在体量上总体相当。从经济总量增速来看，安徽省的增速最高，江苏省与浙江省与全国平均增速相近，上海市增速为负。

表3　2022年长三角地区经济发展情况

单位：亿元，%

地区	GDP	GDP增速	占全国GDP比重
全国	1210207	3.0	100.00
长三角地区	290288	5.15	23.99
上海	44653	-0.2	3.69
江苏	122876	2.8	10.15
浙江	77715	3.1	6.42
安徽	45045	3.5	3.72

注：全国和各省份GDP同比增速按照不变价格计算，长三角地区数据根据表4各省份年度数据直接计算。因四舍五入，存在误差。

资料来源：《中国统计年鉴2023》。

2018~2022 年，长三角地区经济实现了较快增长，GDP 复合年增长率约为 8.24%，比同期全国 GDP 复合年增长率高了 0.56 个百分点。五年来，长三角地区经济活跃，GDP 逐年增长。具体看，2018~2022 年，长三角地区 GDP 分别为 211479 亿元、237253 亿元、244714 亿元、276054 亿元及 290288 亿元。其中，2019 年、2021 年增速最为明显，分别达 12.2% 和 12.8%，2020 年增速放缓，但仍实现正增长，增速为五年最低，为 3.1%。在持续增长的带动下，2022 年长三角地区 GDP 扩大至 2018 年的 1.37 倍（见表 4）。

表 4　2018~2022 年长三角地区三省一市 GDP

单位：亿元

地区	2018 年	2019 年	2020 年	2021 年	2022 年
全国	900309	990865	1015986	1143670	1210207
长三角地区	211479	237253	244714	276054	290288
上海	32680	38155	38701	43215	44653
江苏	92595	99632	102719	116364	122876
浙江	56197	62352	64613	73516	77715
安徽	30007	37114	38681	42959	45045

资料来源：2019~2023 年《中国统计年鉴》。

2018~2022 年，长三角地区 GDP 年均增长 1.5 万亿元以上，占全国 GDP 比重总体呈上升趋势。2018 年，长三角地区 GDP 为 211479 亿元，占全国 GDP 比重为 23.49%。2021 年，经过 3 年的持续增长，长三角地区 GDP 为 276054 亿元，占全国 GDP 比重比 2018 年增长了 0.65 个百分点（见图 5）。但从趋势来看，近些年，长三角地区经济增速相对于我国经济平均增速的领先优势有所缩小，主要体现在 2018~2021 年长三角地区 GDP 占全国 GDP 比重虽然总体有所提升，但提升幅度趋于平缓。

随着长三角地区经济总量和份额的稳步提升，区域内部经济格局也发生微妙转变。从 2018~2022 年长三角各省市 GDP 占区域 GDP 比重趋势来看，2019 年是标志性的一年，三省一市的比重格局经历了明显震荡，江苏省和安徽省 GDP

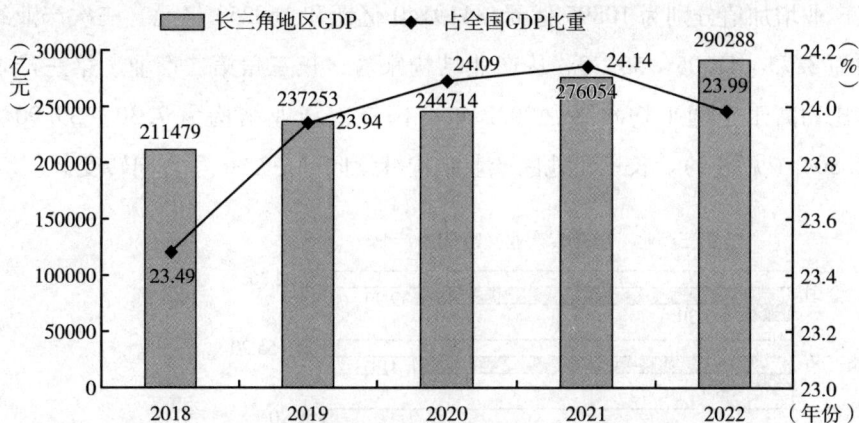

图5 2018~2022年长三角地区 GDP 及其占全国 GDP 比重

占区域 GDP 比重在这一年发生了明显变化，江苏省 GDP 占区域 GDP 比重下降了 1.8 个百分点，安徽省 GDP 占区域 GDP 比重上升了 1.4 个百分点。往后连续三年，三省一市 GDP 占区域 GDP 比重基本维持 2019 年的格局（见图6）。

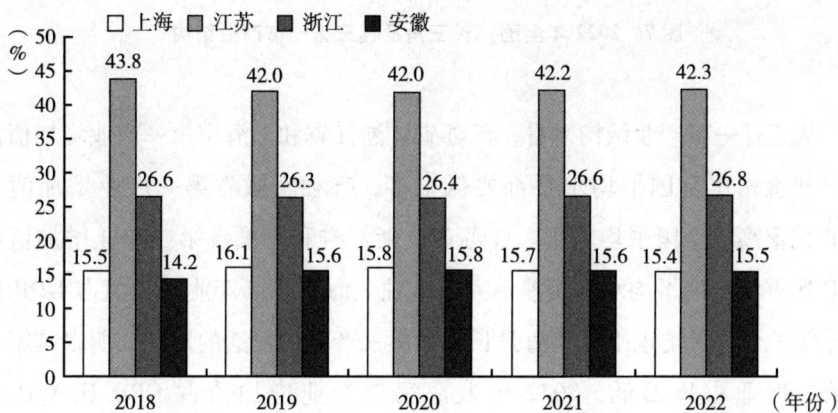

图6 2018~2022年长三角地区三省一市 GDP 占区域 GDP 比重

（二）2022年长三角地区三省一市产业发展情况

2022 年，长三角地区 GDP 为 290288 亿元。分产业看，第一、第二、第三产业增加值分别为 10895 亿元、119140 亿元和 160253 亿元，三次产业结构为 3.75∶41.05∶55.20。从产业结构来看，长三角第二产业、第三产业占比均高于全国平均水平（2022 年全国三次产业结构为 7.30∶39.90∶52.80）（见图 7）。长三角地区产业结构继续向"三二一"方向转变。

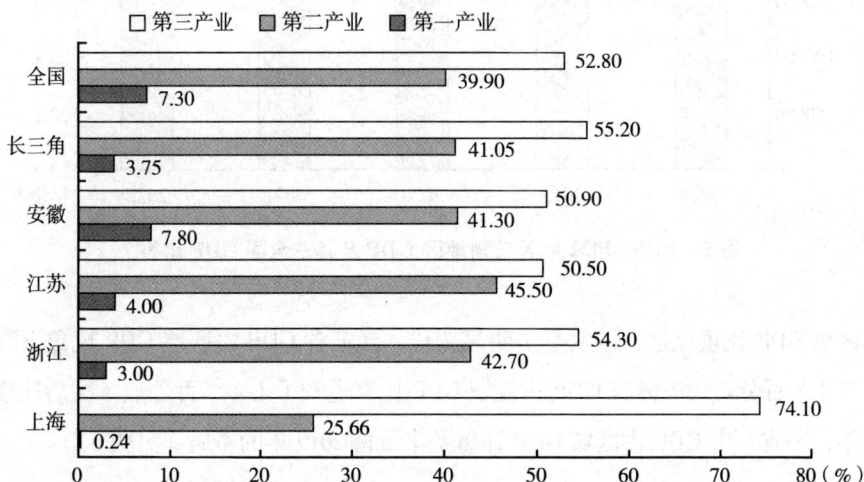

图7 2022 年全国、长三角及其三省一市产业结构

从三省一市产业结构来看，江苏省、浙江省和上海市第一产业增加值占 GDP 比重相比全国平均水平都要低很多，唯独安徽省第一产业增加值占 GDP 比重高于全国平均水平。江苏省、浙江省和安徽省第二产业增加值占 GDP 比重与全国平均水平相差不大，唯独上海市第二产业增加值占 GDP 比重远低于全国平均水平。上海是长三角第三产业最发达的地区，所以其第一和第二产业占比偏低，2022 年上海第三产业增加值占 GPD 比重达到 74.10%，第三产业增加值占 GDP 比重较第二产业高近 50 个百分点。自 2011 年以来，上海第三产业增速一直领先于第一、第二产业，服务经济主导的"三二一"产业结构特征显著。浙江省、江苏省、安徽省第三产业增加值占 GDP 比重只是略高于第二产业，形成了服务业和工业基本并重的"三二一"产业结构。

从三省一市的产业布局来看，制造业一直是长三角经济的重要支柱，江苏省的产业优势是电子设备、机电设备和化工行业；浙江省的重点行业是纺织、化工和医药。同时，作为中国电子商务中心，浙江省的数字经济也在飞速发展。安徽省的汽车业规模最大，紧随其后的是家电和电子设备制造业，上海是长三角地区的重要进出口枢纽，长三角三省一市的产业布局长期以来与全球供应链紧密相连。近年来内外部不确定因素给长三角地区产业发展带来的不仅有挑战，还有机遇。区域内产业发展需要寻找新的增长机会，并且要在这场变革中加快产业结构转型升级。

长三角一体化发展战略上升为国家战略之后，长三角地区三省一市以一体化的思路和举措打破行政壁垒，提高政策协同，让要素在更大范围内畅通流动，促进高质量发展。三省一市加强协同创新产业体系建设，深入实施长三角科技创新共同体联合攻关计划，促进 G60 科创走廊、沿沪宁产业创新带协同联动，促进传统产业升级转移，加强城市间优势互补和上下游协同，全面提升长三角产业链供应链韧性和安全水平，以创新驱动发展，一批世界级产业集群正在长三角加速崛起。2021 年，在第三届长三角一体化发展高层论坛上，长三角地区集成电路、生物医药、新能源汽车、人工智能四大产业链联盟揭牌，努力打造优势产业集群，不断提升在全球价值链中的地位。[①] 截至 2022 年 9 月，长三角地区集成电路产业规模占全国的近 60%，生物医药和人工智能产业规模均约占全国的 1/3，新能源汽车产量占全国的 38%。[②]

（三）2022年长三角三省一市经济发展概况

GDP 是最终需求，是投资、消费、净出口这三种需求之和，因此经济学上常把投资、消费、出口比喻为拉动 GDP 增长的"三驾马车"。2022 年，

[①] 《长三角四大产业链联盟揭牌》，国家发展和改革委网站，2021 年 5 月 30 日，https://www.ndrc.gov.cn/xwdt/ztzl/cjsjyth1/xwzx/202105/t20210530_1281883.html。

[②] 《长三角一体化发展不断取得新成效》，中国政府网，2022 年 9 月 19 日，https://www.gov.cn/xinwen/2022-09/19/content_5710557.htm

长三角地区三省一市投资和出口实现同比增长，消费方面同比出现微弱下跌。2022 年，长三角地区固定资产投资为 165303 亿元，占当年度全国全社会固定资产投资 579556 亿元的 28.52%，这一数据与长三角地区税收收入占全国税收收入比重相当；2022 年，长三角地区社会消费品零售总额为 111179 亿元，占当年度全国社会消费品零售总额 439733 亿元的 25.28%；2022 年，长三角地区出口额为 91039 亿元，占当年度全国出口额 239654 亿元的 37.99%（见表 5）。

表 5　2022 年长三角地区投资、消费和出口概况

单位：亿元，%

地区	经济数据			同比增长		
	全社会固定资产投资	社会消费品零售总额	出口额	全社会固定资产投资	社会消费品零售总额	出口额
上海	9458	16442	17134	-1.0	-9.1	9.0
浙江	46763	30467	34325	9.1	4.3	14.0
江苏	64425	42752	34816	3.8	0.1	7.0
安徽	44657	21518	4764	9.0	0.2	16.3
长三角	165303	111179	91039	6.3	-0.2	10.4
全国	579556	439733	239654	4.9	-0.2	10.5

2018~2022 年，长三角地区经济增长动力始终处于动态调整转换阶段。三大经济发展动力的规模体量虽然增速各有不同，但都呈现曲折上升走势。

从全社会固定资产投资情况来看，2018~2022 年长三角地区投资增长情况总体较好，逐年递增，平均增速为 5.58%。对比全国层面，长三角地区全社会固定资产投资占全国全社会固定资产投资的比重由 2018 年的 20% 提升到 2022 年的 28.52%。投资增长可以反映一个地方经济的后续发展动力，全社会固定资产投资保持高速增长，显示了长三角地区经济发展的吸引力。分省市来看，长三角地区各省市投资趋势都以上升为主，只是各省市之间增速略有不同。江苏省每年的全社会固定资产投资居三省一市之首，2022 年，其全社会固定资产投资达到了 64425 亿元，五年间平均增速为 3.15%；浙江省与安徽省全社会固定资产投资大体在一个数量级，但是两者之间的差距不

断放大，2018 年两者之间的差距在 700 亿元左右，但是到 2022 年，两者之间的差距超过 2000 亿元，浙江省和安徽省全社会固定资产投资五年平均增速分别为 8.05% 和 7.37%，使两省逐渐拉开差距。2022 年，上海市全社会固定资产投资为 9458 亿元，五年平均增速为 4.81%（见图 8）。长三角一体化建设的政策效应所带来的营商环境持续改善，提升了区域资本吸引力，其中，上海作为引领发展的"火车头"，具有更强的投资引力作用，能够赢得政策红利和投资聚集。相对而言，基础较为薄弱的安徽受益较大，其抓住长三角一体化机遇，在先进制造和高新技术领域发力，实现投资增长的加速，迎来了五年间平均 7.37% 的高速增长。

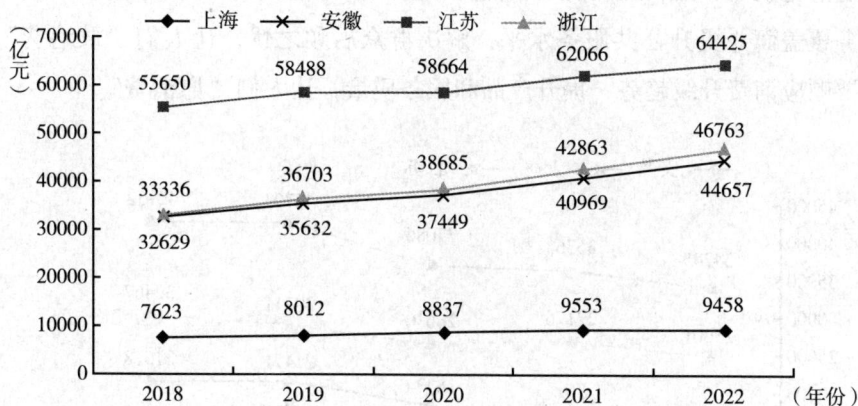

图 8 2018~2022 年长三角三省一市全社会固定资产投资

从社会消费品零售总额来看，2018~2022 年长三角地区消费增长情况良好，年均增速达 6.46%，但是各年之间增速差别大，呈现波动上升趋势。分省市看，三省一市消费规模和增速不尽相同，江苏省是三省一市中消费规模最大的省份，安徽省是三省一市中消费规模增速最快的省份。2022 年江苏省社会消费品零售总额实现 42752 亿元，五年间平均增速为 4.97%；2022 年浙江省社会消费品零售总额达到了 30467 亿元，五年间平均增速为 4.37%。安徽省是三省一市中社会消费品零售总额增速最快的地区，2018 年，安徽省社会消费品零售总额为 12096 亿元，小于上海市的消费规模。

2022 年，安徽省社会消费品零售总额为 21518 亿元，五年间平均增速为
15.58%。2022 年，上海市社会消费品零售总额为 16442 亿元，五年间平均
增速为 5.96%（见图 9）。消费是经济增长的重要引擎，也是人民对美好生
活需要的直接体现。2020 年以来，受疫情影响，餐饮、旅游等接触性聚集
性消费受到明显冲击。社会消费品零售总额作为内需消费的衡量指标，增长
呈现放缓趋势，为了提振内需消费，长三角三省一市出台了一系列稳主体、
保供应、促消费的政策，促进供给侧提质升级，以有效供给拉动需求，聚焦
健全消费品流通体系，破除限制消费的障碍壁垒，激发消费潜力。但是，从
更长远的角度看，扩大消费需求，核心是增加消费主体的收入，最根本的是
要通过稳就业、增收入提高消费能力，让人们"能消费"，要逐步扩大公共
服务覆盖面并提升公共服务水平，解决群众后顾之忧，让人们"敢消费"，
还要顺应消费升级趋势，提升产品和服务质量，让人们"愿消费"。

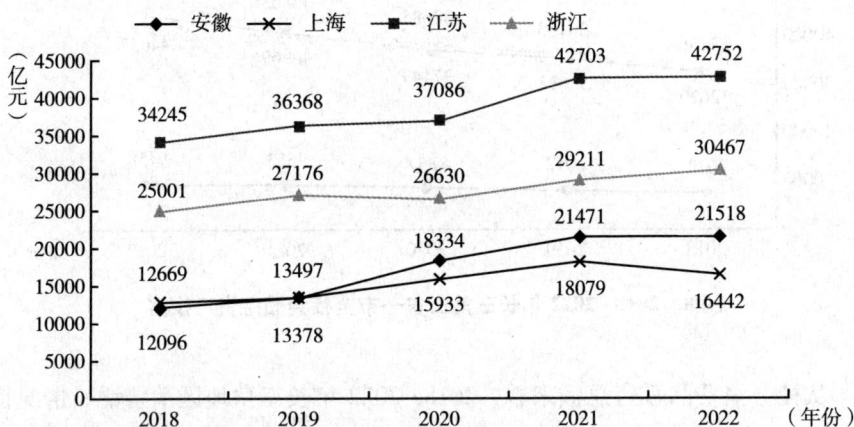

图 9　2018~2022 年长三角三省一市社会消费品零售总额

从出口额来看，2018~2022 年长三角地区出口增长情况良好，平均增速
为 8.50%，但是略微低于全国出口平均增速 9.19%。分省市看，三省一市
出口规模和增速都存在较大差异。安徽省是三省一市中出口规模最小，但也
是增速最快的一个省份，2022 年，安徽省出口额为 4764 亿元，相比 2018

年几乎翻倍，2018~2022 年平均增速为 19.76%；浙江省是三省一市中出口额绝对量增长最多的省份，2022 年，浙江省出口额为 34325 亿元，是 2018 年出口额的 1.62 倍，绝对量增长了 13160 亿元，平均增速为 12.44%，与江苏省的出口差距总体呈缩小趋势，并在 2022 年几乎追平，两者相差近 500 亿元。江苏省五年平均增速为 6.13%。上海市是三省一市中增速最小的地区，2018~2022 年平均增速为 5.07%（见图 10）。2020 年以来，长三角地区尽管受疫情冲击，但经济总体形势和趋势没有改变，经济发展的节奏也没有改变，长三角地区外贸出口形势的亮眼表现是三省一市高效统筹疫情防控和经济发展，一手抓疫情防控，一手抓复工复产和外贸订单，对外持续扩大改革开放，提高国际大循环的质量和水平的结果。

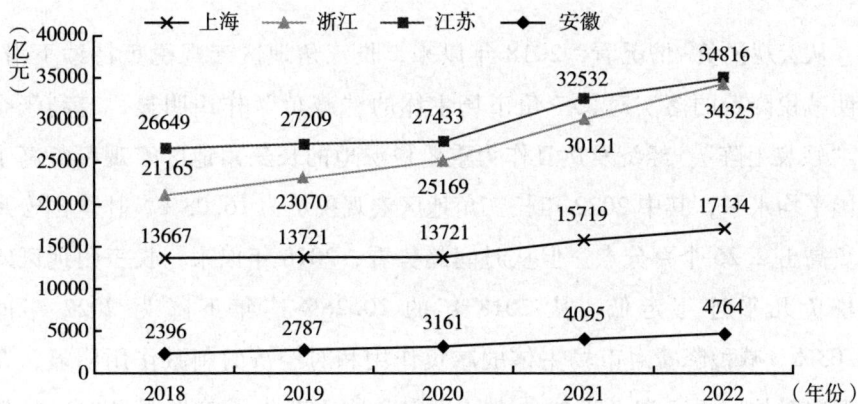

图 10　2018~2022 年长三角三省一市出口额

三　税收促进长三角一体化高质量发展的着力点分析

（一）税收助力长三角地区统一市场的建立，促进三省一市协调发展

2022 年 10 月，国家发展和改革委发布《长三角国际一流营商环境建设

三年行动方案》，提出到2025年，长三角地区资源要素有序自由流动，行政壁垒逐步消除，统一开放的市场体系基本建立，区域发展整体水平和效率进一步提升。长三角地区的战略地位是"一极三区一高地"，即全国发展强劲活跃增长极、高质量发展样板区、率先基本实现现代化引领区、区域一体化发展示范区、改革开放新高地，这一战略地位需要税收政策降低长三角地区内的要素流动成本，优化区域内的要素流动结构，扩大区域内的要素交易规模，增强区域市场的统一性、高质量发展的联动性和经济增长活跃性，切实发挥降低市场主体资源配置成本功能。

（二）税收助力长三角地区激发市场活力，促进三省一市市场主体减负发展

从宏观税负①情况看，2018年以来，长三角地区宏观税负持续下滑，说明减税降费的落实对长三角市场主体的"减负"作用明显，有利于企业"轻装上阵"。经济发达且作为重要税源地的长三角地区宏观税负高于全国平均水平，其中2022年长三角地区宏观税负为16.03%，比全国宏观税负高出2.26个百分点。但从时间趋势看，2018年以来，长三角地区宏观税负几乎连年走低，从2018年的20.26%连年下降为2022年的16.03%。减税降费对市场主体的减负作用和对经济的刺激作用明显，在短期内对长三角三省一市的地方政府财政收入产生了较为明显的减收效应，具体表现为2018~2020年税收收入增幅总体呈收窄趋势，从长期看，减税降费促进了新税源和优质税源的培育和涵养，这从2020年以来长三角地区GDP增长的表现中可以得到印证。正是前期税收数据的一"减"孕育了后期困境中的一"增"，说明了减税降费对经济发展发挥了正向激励作用，是推动长三角地区经济可持续增长和高质量发展的重要力量，在保持2018~2022年经济"稳中向好、稳中求进"的基本盘中发挥了重要作用。

---

① 宏观税负是指税收收入占GDP的比重。

（三）税收助力长三角地区营造良好营商环境，促进三省一市开放发展

从历史经验来看，优良的营商环境是长三角地区吸引内外资企业持续投资的重要竞争力。近年来，长三角三省一市都把不断完善营商环境看成长期任务来抓，以市场主体期待和需求为导向，围绕破解企业投资生产经营中的突出问题，不断降低企业外部性成本。通过营造更加公平、透明、可预期的营商环境，增强企业发展信心和竞争力。长三角地区税务部门切实推进税务领域的"放管服"改革，同时充分落实外商投资税收优惠政策，为长三角地区增强吸引力提供助力。各省市 2022 年国民经济和社会发展公报相关数据显示，按实际使用外商直接投资金额口径计算，2022年长三角三省一市实际使用外商直接投资金额为 759.16 亿美元，占当年全国实际使用外商直接投资金额 1891 亿美元的 40.15%。其中江苏省 2022 年新设立外商投资企业 3303 家，实际使用外资 305.0 亿美元，比上年增长 5.7%。浙江省 2022 年新设外商投资企业 2910 家，合同外资 434亿美元，比上年增长 12.7%，实际使用外资 193 亿美元，增长 5.2%。上海市 2022 年新设外商投资企业数量和合同金额出现大幅下滑。2022 年新设外商投资企业 4352 家，比上年下降 35.1%；合同金额 402.26 亿美元，下降 33.4%；外商直接投资实际到位金额 239.56 亿美元，增长 0.4%。安徽省 2022 年新设外商投资企业 475 家，合同外资 42.9 亿美元，实际使用外商直接投资 21.6 亿美元，增长 17.8%。长三角一体化发展战略实施以来，长三角地区优化营商环境成效明显，参与国际竞争合作新优势不断增强。另外，税收政策特别是国际税收政策在促进开放发展方面大有可为，可通过建立与更多国家和地区间的税收协定网络，完善和优化境外税收抵免规则，鼓励企业"走出去"；还可通过制定与国家经济发展战略相容、与国际税收秩序相称的税收优惠政策努力把外资"引进来"，从而发挥税收政策在对外开放吸引投资中的沟通桥梁作用。

（四）税收助力长三角地区市场要素自由流动，促进三省一市创新发展

我国一直致力于建设创新型国家，完善科技创新体制机制，建立以企业为主体、市场为导向、产学研深度融合的技术创新体系。在新型创新体系的构建过程中，尽管我国各类主体的创新能力和水平在不断提高，但许多关键性核心技术受制于人，如果不把创新作为第一动力，在未来的全球竞争中将处于不利之地。然而，创新活动往往风险较高且收益不确定，正外部经济效应较强，容易引发"搭便车"现象，从而导致企业创新发展积极性不足。税收通过弥补市场失灵、分担风险和不确定性助力创新发展。应在税收政策中融入各种激励创新发展的政策要素，并以税收政策直接或间接的传导机制激励企业的创新行为。近几年，长三角地区新兴产业整体规模实现较快增长，占 GDP 比重稳步提升。科技创新已成为长三角地区对冲经济下行压力、推动区域经济高质量发展的强大动能，长三角地区协同创新水平快速提升，资源共享程度不断深化，新兴产业发展展现出蓬勃生机。其中，上海市 2022年新能源、高端装备、生物、新一代信息技术、新材料、新能源汽车、节能环保、数字创意等工业战略性新兴产业完成规模以上工业总产值 17406.86 亿元，比上年增长 5.8%，占全市规模以上工业总产值比重达到 43.0%。江苏省先进制造业增势良好，规模以上工业中，高技术、装备制造业增加值分别比上年增长 10.8%、8.5%，新能源、新型材料、新一代信息技术相关产品产量较快增长，其中新能源汽车、锂离子电池、太阳能电池、工业机器人、碳纤维及其复合材料、智能手机、服务器产量分别增长 93.2%、23.4%、36.2%、11.3%、64.6%、49.5% 和 114.3%。浙江省 2022 年以新产业、新业态、新模式为主要特征的"三新"经济增加值占 GDP 的 28.1%，数字经济核心产业增加值为 8977 亿元，比上年增长 6.3%，高技术、战略性新兴、装备和高新技术产业增加值分别增长 11.5%、10.0%、6.2% 和 5.9%，分别拉动规模以上工业增加值增长 1.9 个、3.1 个、2.8 个和 3.9 个百分点。安徽省新兴动能不断增强，2022 年高技术制造业增加值比上年增长 10.3%，占规模以上工业增加值比重为 14.2%，装备制造业增加值增长 12.8%，占规模以上工业增加值比重为 35.2%，工业战略性新兴产业产值增长 13.8%，其中新能源产业、新能源汽车产业产值分别增长 59%和 33.6%。

（五）税收助力长三角地区财富均衡分配，促进三省一市共富发展

长三角地区在推动共同富裕实践方面，始终走在全国前列，浙江省被中央层面赋予"高质量发展建设共同富裕先行区"的重大使命，国家层面相继出台了相关支持意见。2022 年，长三角生态绿色一体化发展示范区理事会第六次全体会议审议通过《长三角生态绿色一体化发展示范区共同富裕实施方案》，在长三角共同富裕发展蓝图上留下浓厚的一笔，打破了共同富裕的省市边界，以更高站位、更大空间探索长三角共享发展的新路径。共同富裕是社会主义的本质要求。实现共同富裕需要两个维度：一是壮大经济做大"蛋糕"，二是合理分配分好"蛋糕"。在推动共同富裕的进程中，税收的作用发挥集中体现在筹集财政收入保障民生支出、提高经济效率做大共富蛋糕、调节收入分配缩小贫富差距，进而促进城乡融合发展和区域协调发展。发挥税收的调节作用，并辅之完善的相关制度和政策，可以合理调节城乡、区域、不同群体间的分配关系，保护合法收入，增加低收入者收入，扩大中等收入群体，调节过高收入，清理规范隐性收入，取缔非法收入。从人均可支配收入指标来看财富分配情况，近些年，三省一市居民人均可支配收入不断增加，2022 年，安徽省居民人均可支配收入为 32745 元，比上年增长 6%；[1] 江苏省居民人均可支配收入为 49862 元，比上年增长 5.0%；[2] 浙江省居民人均可支配收入为 60302 元，比上年增长 4.8%；[3] 上海市居民人

[1] 《安徽省 2022 年国民经济和社会发展统计公报》，安徽省人民政府网站，2023 年 3 月 24 日，https：//www.ah.gov.cn/zfsj/tjgblmdz/sjtjgb/564232991.html？eqid = 9056300200024e4b00000000006647d4ef6。

[2] 《2022 年江苏省国民经济和社会发展统计公报》，江苏省统计局网站，2023 年 3 月 3 日，http：//tj.jiangsu.gov.cn/art/2023/3/3/art_ 85275_ 10787011.html。

[3] 《2022 年浙江省国民经济和社会发展统计公报》，浙江省统计局网站，2023 年 3 月 16 日，http：//tjj.zj.gov.cn/art/2023/3/16/art_ 1229129205_ 5080307.html。

均可支配收入为 79610 元，比上年增长 2.0%。[①] 从城乡居民人均可支配收入来看，2022 年城乡居民人均可支配收入上海最高。安徽省城乡居民人均可支配收入指标低于全国平均水平。城镇居民可支配收入与农村居民可支配收入的比值被用以衡量城乡收入差距。2022 年，上海市、浙江省、江苏省、安徽省城乡收入倍差分别为 2.12、1.90、2.11、2.30，可见浙江省城乡收入差距最小，安徽省城乡收入差距最大。三省一市城乡收入倍差均低于全国平均水平，表明长三角地区三省一市城乡收入相对全国更为均衡，差距更小。

四　2023年长三角地区税收与经济情况展望

2023 年以来，我国经济整体呈现恢复向好的态势，主要经济指标企稳回升，经营主体活力增强，市场预期明显改善，为实现全年的发展预期目标奠定了较好的基础。当前我国经济增长的内生动力逐步增强，宏观政策显效发力。长三角地区是中国经济发展的重要增长极之一，三省一市也充分把握长三角地区一体化的历史机遇，不约而同地提出了"协同发展"和"求同存异"的实施规划。在新发展理念的引领下，长三角三省一市以"开放合作"推进改革创新，不断打破"行政区划"束缚，将释放出合作更全面、分工更科学的协同效应，为长三角地区整体经济和税收发展带来前所未有的机遇。

2023 年第一季度，长三角地区 GDP 名义增速达 5.59%，高出全国平均增速 1.09 个百分点，增至 69799 亿元，占全国同期 GDP 的 24.49%，[②] 这意味着长三角地区以不到 4.0% 的国土面积养育了全国 1/6 的人口且创造了近 1/4 的 GDP，经济引领性和带动性明显，贡献显著。2023 年上半年，上海

[①]《2022 年居民人均可支配收入及消费支出》，上海市人民政府网站，2023 年 1 月 20 日，https://www.shanghai.gov.cn/nw48810/20230210/2ef5be5ebe2447fbba9e1c42c2741d3e.html。

[②] 根据三省一市统计局公布的 2023 年第一季度经济运行数据与全国 2023 年第一季度国家统计局公布的 GDP 数据计算。

市实现 GDP 21390 亿元，按可比价格计算，同比增长 9.7%；浙江省实现 GDP 38717 亿元，按可比价格计算，同比增长 6.8%；江苏省实现 GDP 60465 亿元，同比增长 6.6%；安徽省实现 GDP 23073 亿元，按不变价格计算，同比增长 6.1%。[①] 三省一市第二季度经济增速明显比第一季度快，经济增速也比同期全国平均水平高出不少。

在税收方面也存在这样的现象。2023 年第一季度上海市实现税收收入 5490.1 亿元，同比下降 12.5%，到 2023 年上半年，上海市实现税收收入 8940.2 亿元，同比增长 7.5%；2023 年第一季度浙江省实现税收收入 4737.5 亿元，同比增长 0.26%，到 2023 年上半年，浙江省实现税收收入 8577.9 亿元，同比增长 10.9%；2023 年第一季度江苏省实现税收收入 4807.1 亿元，同比增长 5.9%，到 2023 年上半年，江苏省实现税收收入 8807.4 亿元，同比增长 24.68%；2023 年第一季度安徽省实现税收收入 1484.2 亿元，同比增长 2.9%，到 2023 年上半年，安徽省实现税收收入 2795 亿元，同比增长20.1%。[②]

一般来讲，我国经济走势是前低后高，这从以上经济和税收数据可见一斑，从第二季度开始，我国经济增长逐步加快。这种消费提振、预期改善往往会出现叠加效应。谨慎来看，长三角三省一市完成全年经济增长目标有望。但是也要看到所面临的困难与挑战。从国内形势看，尽管我国在短期内迅速推动了经济的复苏回暖，生产经营活动快速恢复常态化，居民收入持续增加，各地税收收入稳步增长，但全国经济复苏向好的基本面还不稳固，外加国际政治经济形势愈加复杂，贸易摩擦加剧，进一步加大了经济税源培育和发展的不确定性，尤其是外向型经济特征明显的长三角地区对国际经济形势的发展更为敏感。同时，上游企业面临原材料成本持续上涨的问题，中游企业则受能耗双控政策持续落实的影响，下游企业间同质化竞争激烈，全产业链企业的利润空间均难以有效扩大，特别是中小微

[①] 三省一市统计局公布的 2023 年上半年经济运行数据。
[②] 三省一市税务局公布的 2023 年第一季度税收收入数据。

制造业企业还面临生存危机。从国际形势看，一方面，世界经济格局仍处于巨大的发展变化之中，不确定性带来的形势预判难度较大。当前，由世界主要经济体政治环境、经济形势及国际贸易政策改变引发的不确定性、不稳定性因素仍在不断增多，贸易保护主义抬头，发达经济体与发展中国家的贸易分工矛盾进一步加剧，同时发达经济体之间的竞争日趋激烈，贸易全球化出现倒退迹象，外向型经济增速放缓，我国深度参与世界贸易的难度加大。另一方面，世界经济面临下行压力，在一定程度上带来了系统性经济衰退的风险。综合国内国际形势判断，在国内产业链尚存堵点、断点以及国际形势不稳定性持续增强的情况下，2023年，甚至在"十四五"期间，全球经济将继续保持弱势发展，并可能伴有一定程度的衰退，这将给对国际贸易依赖程度较高的长三角地区拓展国际经济发展空间和发展外向型经济带来一定的挑战和压力。

五 促进长三角地区税收及经济高质量发展的相关建议

（一）完善一系列财税制度矩阵设计，推进区域财税机制一体化

三省一市在推进区域一体化过程中需要一系列财税制度矩阵，国家层面的顶层设计构成纵向的制度阵列，包括税收征管协调政策、预算政策、税收优惠政策和转移支付政策；省际行政管理设计构成横向的制度阵列，包括协同财税征收管理机制、涉税争议协调机制、财税收益分配机制等一系列框架制度。另外，从时间跨度上来看，完善长三角一体化的财税政策要处理好短期财税政策和中长期财税政策的关系。短期财税政策是在现行的财税制度下进行阶段性的调整。中长期财税政策偏重制度性，涉及预算体制、税收制度的改革，中长期财税政策需要国家层面和长三角地区三省一市各级地方政府共同协调推进。

（二）突破各要素流动障碍，解决财政税收机制上制约一体化深入发展的关键性问题

长三角地区三省一市的资源配置差异导致省市间存在一定的财税差异，长三角一体化愿景实现的关键是做到全要素全流动，通过要素的自由流动来形成一个合理的产业结构优化调整模式。实现该模式的最大难点就是公共服务均等化供给与产业布局共构协调，解决这个问题的关键是在财税机制上率先贯彻新发展理念，解决财政税收体系和机制上制约一体化深入发展的关键性问题。正是这些关键性问题不断影响区域内要素流动，并引发区域内公共产品供给不均衡、扭曲地方政府行为、资金使用效率不高等一系列现象，使区域内要素配置达不到最优效率。近年来，长三角地区三省一市税务部门向着"一体化"的目标不断探索，在服务"通办"、执法统一等方面取得了卓有成效的成绩。为进一步促进长三角地区经济协同发展、产业结构持续优化和公共服务均等升级，建议深挖税收优惠政策的产业引导作用、税收分析的经济观测作用，将财税政策和管理机制优化作为长三角地区一体化发展的重要突破口，形成税收合计、财政分配的协调机制，通过协同高效的税收政策落实，促进产业结构调整和经济转型升级，引导并促进长三角地区经济向更高的产业能级和更优的产业层级进发。

（三）完善税收征管合作机制，持续优化区域营商环境

当前，长三角地区内部营商环境一体化已经进入深水区，要进一步提升能级，还需要结合长三角地区经济结构和发展特点，厘清营商环境优化的深层次问题，要从体制机制上加以探索完善，探索形成预期稳定、运转高效的一体化税收征管协作方案，不断推进优化营商环境建设。要以完善税收征管合作机制为切入点，在便利化上下功夫，持续扩大"通办"的业务范围，让市场主体跨区域经营实现"无感"承接；在国际化上下功夫，深化对"走出去"企业的协同服务；在法治化上下功夫，对条件成熟的试点举措和模式创新以制度的形式加以固化；在市场化上下功夫，紧密跟踪新经济新业

态发展情况，联合开展征管服务。通过深化税收征管合作机制，在区域内的机制协同创新、政策标准统一规范、管理服务便捷高效、税收优惠政策应享尽享等方面推陈出新，大胆试验，相信会带来"润物细无声"的营商春风，吹响长三角地区经济社会发展协作曲。

（四）鼓励省市间税务部门进行经验探索交流，构建共赢的征管协调和利益共享机制

长三角一体化是国家重大发展战略，建立适应长三角一体化发展的税收征管与合作机制，是构建区域一体化整体框架的重要组成部分。为促进长三角地区税收征管的一体化发展，国家税务总局结合长三角发展实际先后推出 26 项税收征管服务举措，为三省一市税务部门深化征管一体化指明了方向。2020 年以来，面对新冠疫情的冲击，长三角经济率先恢复，展现出强大的发展韧性。在税收征管上，三省一市税务部门在机制不断完善的预期效应下，秉持开放合作的原则，从税收利益分享、税收争端处理、税源流动调整等方面入手持续探索提出一系列"一体化"的税收征管服务举措，取得了一定的丰硕成果，为长三角各地税务部门持续加强税务领域的跨区域协作积累了丰富经验。未来，对照"一体化"的目标，围绕"征管与服务一体化"完善机制和制度建设，打破地域带来的经济藩篱，打造便捷高效的税收征管服务体系，三省一市税务部门更要发挥长三角所在地税务部门的优势，加强探索与合作交流，更大限度地释放"一体化"带来的征管质效提升效应。一是建议建立对相关政策措施落实过程的跟踪反馈机制，发现相关政策措施落实中的问题并提出针对性优化建议，促进一体化举措的迭代升级。二是建议加强"基层创新"，在具体落实的方式方法上不断推陈出新，对具有借鉴意义和推广价值的举措及时进行复制推广，形成三省一市税收征管"互相成就"的良好局面。三是建议强化"数字管税"，长三角地区数字经济发达，三省一市税务部门也可借助数字经济发展带来的技术优势，在一体化税收征管平台、标准化税收数据共享、常态化税收协同监测等方面加强技术攻坚，借助数字技术降低

各地税收征管方面的信息不对称，为提供标准统一、便捷高效的税收征管服务打牢基础。

（五）进一步优化产业结构，提升长三角地区产业能级

从历年发展情况看，长三角地区在诸多领域走在全国前列，面对国内国际的新挑战，长三角地区也可顺应新发展理念的需求，扛旗争先，夯实基础，补齐短板，大力发展产业经济，扎实推进共同富裕。一是结合碳中和碳达峰的时代背景和机遇，大力发展节能降碳技术，积极推动新能源产业发展，走出低碳绿色发展之路。二是借助数字经济高速发展的东风，深化5G、物联网、人工智能等高新技术的应用，不断强化数字治理，做好数字化改革新篇章，同时以治理的提效升级促进新经济新业态的创新发展，打造数字治理和数字经济相融互促的生动场景。三是推动制造业高质量发展，长三角地区三省一市不断发挥比较优势，在各自优势领域持续升级，同时打通长三角地区的产业链堵点，补齐短板，强韧产业链、供应链，共同提升产业能级，加速推动全域制造时代向智造时代转变。

参考文献

韩曙：《建立财税合作分配机制，促进长三角一体化发展》，《团结》2019年第5期。

王振、刘亮主编《长三角区域经济发展报告（2021~2022）》，社会科学文献出版社，2022。

鞠铭、宫映华、张双鹏：《促进长三角一体化高质量发展的税收政策研究》，《税务研究》2021年第3期。

丁国峰、王兰兰：《长三角区域税收一体化制度的构建与完善》，《南海法学》2021年第5期。

欧阳天健、陈少英：《长江三角洲区域高质量一体化的税收法治保障》，《中南民族大学学报》（人文社会科学版）2022年第6期。

朱杰、王超、郝庆娴：《税收服务长三角一体化发展的比较研究——基于全球城市

群发展的案例分析》,《国际税收》2022 年第 9 期。

顾晨亮:《2022 年前三季度长三角区域经济形势分析》,《统计科学与实践》2022 年第 12 期。

叶童:《浅谈长三角区域一体化背景下区域经济社会发展中的阻力及对策》,《商业文化》2022 年第 11 期。

B.4
2021~2022年东北地区税收发展报告

李 晶 李施雨*

摘 要： 研究东北地区的税收发展状况，有助于推动东北地区经济增长。首先，本报告分析了东北三省2021年税收发展概况、2021~2022年税收收入与财政收入的关系，并对东北三省主要税种收入进行对比分析，在此基础上分析了东北三省减税降费实施情况。其次，对2021~2022年东北三省经济发展情况进行简要分析，涵盖了东北三省GDP发展情况和产业结构，并通过人均GDP、人均可支配收入、社会消费品零售总额、出口额和固定资产投资五个指标分析东北三省经济发展状况。再次，本报告从东北三省宏观税负对比分析和税收弹性的角度，分析了东北三省税收收入增长与经济增长的协同关系。最后，本报告对东北三省2023年税收及经济走势进行了展望，提出营商环境更加优质、科技创新有望突破等四项美好愿景，并通过分析振兴东北发展的必要性，提出促进产业升级、促进产业集群发展、吸纳人才聚集的税收政策，从而推动东北地区经济高质量发展。

关键词： 减税降费 高质量发展 财税体制 东北地区

---

* 李晶，东北财经大学财政税务学院教授、博士生导师，中国大企业税收研究所研究员，主要研究方向为税收理论与实践等；李施雨，东北财经大学财政税务学院博士研究生，主要研究方向为税收理论与政策等。

一 2021~2022年东北地区税收基本情况

本报告所指东北地区按国家统计局地区划分标准，包括辽宁省、吉林省和黑龙江省。东北三省地处我国东北部，东北地区东邻朝鲜，北邻俄罗斯，南接河北省，与山东半岛隔海相望。东北地势平坦，人均耕地面积较大，土地肥沃，农作物生长周期长，口感良好。2021年，东北地区约占全国国土面积的13%，常住人口为9729万人，约占全国总人口的6.9%。2021年东北三省税务部门组织收入8638.61亿元，占全国税收收入的4.58%，东北三省全年GDP为55698.8亿元。[①] 东北地区税收收入增长率和财政收入增长率均低于全国平均水平。调整和升级东北三省产业结构，同时发挥税收政策的正向引导作用，能够促进东北地区税源增长。

（一）东北地区税收概况

1. 2021年东北地区税收基本情况

2021年新冠疫情趋于稳定，各地区逐步有序恢复生产。如表1所示，2021年东北地区实现税收收入8638.61亿元，较上年增加708.75亿元，占全国税收收入的4.58%，较上年下降0.2个百分点。其中，辽宁省税收收入4967.95亿元，同比增长10.98%，占全国税收收入的2.63%；吉林省税收收入1824.84亿元，同比增长4.34%，占全国税收收入的0.97%；黑龙江省税收收入1845.82亿元，同比增长8.28%，占全国税收收入的0.98%。

从税收收入来看，辽宁省税收收入在东北地区仍处领先地位，黑龙江省税收收入与吉林省税收收入差距不大。辽宁省与吉林省、黑龙江省税收收入差距逐渐加大，但相较2020年，相对数变化不大。2021年辽宁省税收收入是吉林省的2.72倍，是黑龙江省的2.69倍；2020年辽宁省

[①] 国家统计局网站。

税收收入是吉林省的 2.56 倍，是黑龙江省的 2.63 倍。从税收收入增长速度看，2021 年东北地区税收收入增长速度低于全国平均水平 4.76 个百分点。

从 2018~2021 年东北地区税收收入来看，东北地区税收收入整体呈缓慢上升趋势。受疫情和大规模减税降费影响，2020 年东北地区税收收入呈负增长态势，全国税收收入也首次出现下降。为尽快恢复经济，东北地区积极复工复产，认真贯彻各项减税政策，激发各市场主体生产积极性。与 2020 年相比，2021 年东北地区的经济恢复较好，税收收入增长幅度较大。总体而言，东北地区税收收入占全国税收收入比重呈小幅下降趋势，税收收入增长速度低于全国平均水平。

表1 2020~2021年全国及东北地区各省税收收入情况

单位：亿元，%

地区	2021 年				2020 年			
	税收收入	税收收入增量	增长率	占全国比重	税收收入	税收收入增量	增长率	占全国比重
辽宁省	4967.95	491.55	10.98	2.63	4476.40	-368.71	-7.61	2.70
吉林省	1824.84	75.98	4.34	0.97	1748.86	-34.71	-1.95	1.05
黑龙江	1845.82	141.22	8.28	0.98	1704.60	-272.89	-13.80	1.03
东北地区	8638.61	708.75	8.94	4.58	7929.86	-676.31	-7.86	4.78
全国	188737.61	22738.06	13.70	100.00	165999.55	-6114.07	-3.55	100.00

资料来源：《2022 中国税务年鉴》《2021 中国税务年鉴》。

2. 2022年前三季度东北地区税收概况

2022 年国内疫情趋于稳定，但国际环境不确定性因素增加，东北地区经济发展面临诸多挑战。2022 年 1~9 月东北地区税收收入为 5109.93 亿元，较 2021 年同期减少 1004.42 亿元，下降 16.4%。其中，辽宁省税收收入 2859.6 亿元，较 2021 年同期减少 496.27 亿元，下降 14.8%；吉林省税收收入 997.41 亿元，较 2021 年同期减少 434.68 亿元，下降 30.4%；黑龙江省税收收入 1252.92 亿元，较 2021 年同期减少 73.47 亿元，下降5.5%。① 税收收入下降的重要原因是2022年3月21日财政部和国家税务总局联合发布了《财政部　税务总局关于进一步加大增值税期末留抵退税政策实施力度的公告》（财政部　税务总局公告2022年第14号），该公告规定了对小微企业和制造业等行业的留抵退税政策，调整了留抵退税规定并提高了退税比例，进一步缓解了企业的资金压力，降低了企业实际税收负担，同期国家税收收入出现下降。

（二）东北地区税收收入占财政收入比重

2021年全国经济复苏效果良好，全国一般公共预算收入为202539.0亿元，比上年增长10.7%，其中税收收入172731.0亿元。2022年受增值税留抵退税政策影响，全国一般公共预算收入为203703.0亿元，同比增长0.6%，增长幅度不大，扣除留抵退税因素后同比增长率为9.1%。2021年东北地区一般公共预算收入为5210.1亿元，其中税收收入3650.5亿元，税收收入占一般公共预算收入的比重为70.07%。2022年东北地区一般公共预算收入为4665.9亿元，税收收入为3028.0亿元，税收收入占一般公共预算收入比重为64.9%（见表2）。

表2　2021～2022年全国及东北地区各省财政收入情况

单位：亿元，%

地区	2022年				2021年		
	一般公共预算收入	增长率	扣除留抵退税增长率	税收收入	一般公共预算收入	增长率	税收收入
辽宁	2524.3	−8.7	−0.4	1664.1	2765.6	4.1	1970.9
吉林	851.0	−25.6	−16.5	570.6	1144.0	5.4	809.4
黑龙江	1290.6	−0.8	9.3	793.3	1300.5	12.8	870.2
东北地区	4665.9	−10.4	−1.5	3028.0	5210.1	6.5	3650.5
全国	203703.0	0.6	9.1	166614.0	202539.0	10.7	172731.0

注：全额退还留抵退税额的政策是2022年发布的，2021年各省国民经济和社会发展统计公报没有扣除留抵退税增长率数据。

资料来源：2021年、2022年东北各省国民经济和社会发展统计公报。

---

① 辽宁省、大连市、吉林省和黑龙江省税务局网站。

从区域一般公共预算收入增长率看，东北地区一般公共预算收入整体增长率低于全国平均水平，其中黑龙江省一般公共预算收入增速最快，2021年增长速度高于全国平均水平，吉林省两年增长速度均低于全国平均水平。2021年黑龙江省一般公共预算收入为1300.5亿元，较上年增长12.8%，高于全国平均水平2.1个百分点；2022年黑龙江省一般公共预算收入为1290.6亿元，扣除留抵退税因素增长9.3%，高于全国平均水平0.2个百分点。2021年和2022年辽宁省的一般公共预算收入分别为2765.6亿元、2524.3亿元，增长率分别为4.1%、−0.4%（扣除留抵退税因素）。2021年、2022年吉林省一般公共预算收入分别为1144.0亿元、851.0亿元，增长率分别为5.4%和−16.5%（扣除留抵退税因素）。

2022年东北地区各省税收收入占一般公共预算收入比重下降较为明显（见图1），说明2022年留抵退税新政切实降低了企业税收负担。留抵退税新政主要针对小微企业和部分行业，其针对的税种为增值税，由于辽、吉、黑三省产业结构和行业分布的不同，三省留抵退税比例有所不同，而税收收入又是三省的主要一般公共预算收入来源，因此2022年东北三省一般公共预算收入增长率差距较大。

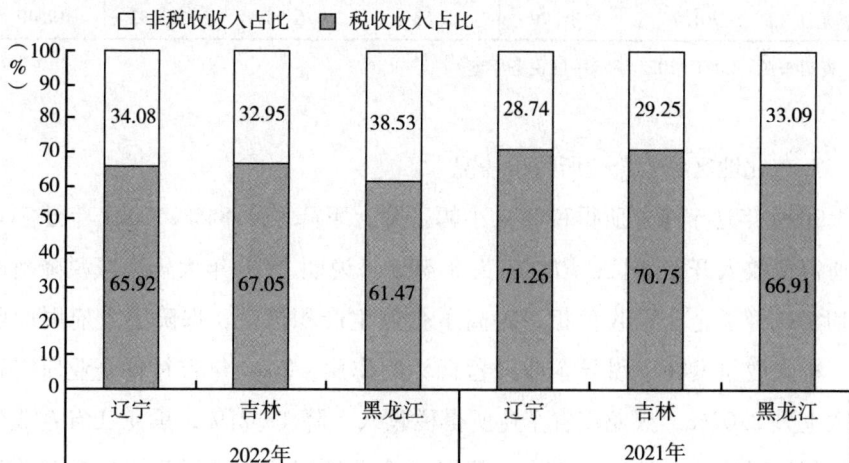

图1　2021~2022年东北地区各省税收收入占一般公共预算收入比重

资料来源：2021年、2022年东北各省国民经济和社会发展统计公报。

（三）主要税种收入分析

1.东北地区各省增值税情况

2020年东北地区各省增值税收入降幅较大，辽宁、吉林、黑龙江下降幅度分别为8.81%、10.01%、19.40%，2021年各省增值税收入小幅回升，上述三省增值税增长率分别为7.71%、1.20%、12.53%（见表3）。东北地区增值税收入回升但增速不高的主要原因有两点，一是2020年东北地区经济受疫情影响较大，经济发展速度放缓；2021年部分地区疫情反复，经济发展不稳定。二是施行大规模减税降费政策，各地区实行增值税税收优惠政策，2020年增值税收入减少，2021年增值税收入增速不高。

表3 2020~2021年东北地区各省增值税收入及其增加额与增长率

单位：亿元，%

地区	2021年			2020年		
	增值税收入	增加额	增长率	增值税收入	增加额	增长率
辽宁	2234.89	160.01	7.71	2074.88	-200.54	-8.81
吉林	664.71	7.88	1.20	656.83	-73.05	-10.01
黑龙江	761.73	84.79	12.53	676.94	-162.92	-19.40

资料来源：2021~2022年《中国税务年鉴》。

2.东北地区各省企业所得税情况

2020年辽宁企业所得税收入小幅下降，下降了1.84%；2021年辽宁企业所得税收入开始增长，增长率为8.49%。说明2020年大规模减税降费政策切实减轻了企业税收负担，提高了企业生产积极性，保障了政府财政收入。税收政策发挥了引导企业经营行为的作用。2020年吉林省企业所得税收入上升2.02%，黑龙江省企业所得税收入下降17.21%，黑龙江省企业生产恢复情况略差。2021年东北地区各省企业所得税收入增长率提升较明显（见表4）。

表4　2020~2021年东北地区各省企业所得税收入及其增加额与增长率

单位：亿元，%

地区	2021年			2020年		
	企业所得税收入	增加额	增长率	企业所得税收入	增加额	增长率
辽宁	863.48	67.58	8.49	795.90	−14.90	−1.84
吉林	381.83	56.12	17.23	325.71	6.45	2.02
黑龙江	259.03	10.74	4.33	248.29	−51.63	−17.21

资料来源：2021~2022年《中国税务年鉴》。

3. 东北地区各省个人所得税情况

2019年个人所得税的调整大幅降低了东北地区各省个人所得税收入，下降幅度均超30%，切实降低了个人所得税税负。2020年疫情虽导致东北地区税收收入大幅降低，但是个人所得税收入降幅较小。一方面因为疫情期间税收优惠政策未涉及个人所得税，个人收入又较固定，未发生政策性减收现象；另一方面仍有部分行业因疫情收入减少，东北地区各省个人所得税收入出现小幅下降。随着疫情稳定，经济复苏节奏加快，个人收入得到保障，2021年东北地区各省个人所得税收入均超过2020年（见表5）。

表5　2020~2021年东北地区各省个人所得税收入及其增加额与增长率

单位：亿元，%

地区	2021年			2020年		
	个人所得税收入	增加额	增长率	个人所得税收入	增加额	增长率
辽宁	182.99	19.73	12.09	163.26	−0.53	−0.32
吉林	103.21	19.31	23.02	83.90	−0.31	−0.37
黑龙江	83.35	5.85	7.55	77.50	−4.22	−5.16

资料来源：2021~2022年《中国税务年鉴》。

（四）减税降费实施情况

2016 年我国全面实行"营改增"政策，释放大幅度的减税红利，随后针对小微企业、科技型中小企业、个人所得税相继出台税收优惠政策，尤其是在 2019 年实施了更大规模的减税降费政策，切实减轻了市场经济主体，特别是制造业和小微企业的税收负担，全年累计新增减税降费超过 2.3 万亿元，占 GDP 比重超过 2%。[①]

为支持疫情防控和稳定经济发展，2020 年推出 7 批 28 项税收优惠政策，助力经济复苏。东北地区坚持落实各项减税政策，加强线上办税服务，加大税收政策宣传力度，落实国家税务总局党委提出的"四力"要求，全力护航"六稳""六保"政策落地实行，2020 年辽宁省市场经济主体减税降费达 720 亿元，[②] 吉林省减税降费超 200 亿元，黑龙江省实现新增减税降费 336.91 亿元。[③]

2021 年是经济复苏的重要一年，辽宁省采用"减税降费+缓税缓费"双重发力，激发市场主体的生产积极性，进一步提升涉税便利性，减少办税缴税负担，全年新增减税降费 180 多亿元。[④] 吉林省"非接触式"办税已达 214 项，税费业务基本实现网上办理，采用"专班专管"机制宣传辅导纳税人，推出 30 类 95 项 150 条优化服务，确保减税红利精准惠民，2021 年吉林省新增减税降费 116.7 亿元。黑龙江省从本省实际出发新增 17 条省级扶持政策，推出 10 类 33 条 110 项便民办税缴费措施，提高办税效率，优化税收

① 《退税减税降费助力稳定中国经济大盘》，中国新闻网，2022 年 8 月 19 日，http://www.chinanews.com.cn/cj/2022/08-19/9831677.shtml。

② 《辽宁 2020 年疫情期间为各类市场主体减税降费 720 亿元》，中国新闻网，2021 年 6 月 3 日，http://www.chinanews.com.cn/cj/2021/06-03/9491902.shtml。

③ 《2020 年黑龙江新增减税降费 336.91 亿元》，"人民资讯"百家号，2021 年 3 月 31 日，https://baijiahao.baidu.com/s?id=1695745128098746530&wfr=spider&for=pc。

④ 《降低实体经济企业成本 | 辽宁省"减税降费+缓税缓费"双轮驱动减轻市场主体负担》，国家发展改革委网站，2022 年 3 月 28 日，lhttp://www.ndrc.gov.cn/fzggw/jgsj/yxs/sjdt/202203/t20220328_1320538.html。

营商环境，全年新增减税降费 86.46 亿元。[①]

2022 年留抵退税新政进一步降低东北地区社会主体税收负担。辽宁省"便民办税春风行动"拓展了网上办税服务范围，进一步提升税务服务质量，优化税收优惠法规库，全年退税减税降费超 900 亿元。[②] 吉林省最大力度地执行了减税降费政策，全年共为市场主体减负 711 亿元。[③] 黑龙江省税务局开展 233 项"非接触式"办税、33 项"自助办"业务及"十四税两费"合并申报业务，缩短企业办税时间；梳理税费优惠政策，让各类税收政策直达市场主体；税收政策宣传方式多样化，多途径开展税收政策宣传工作。2022 年黑龙江省合计新增减税降费及退税缓税缓费 393.2 亿元，其中增值税留抵退税 214 亿元，减税降费 101.4 亿元，缓税缓费 77.8 亿元。[④]

二 2021~2022年东北地区经济发展情况

东北地区科学组织抗疫，认真落实减税降费政策，激活市场主体，体现了东北经济较强的韧劲。本报告对比东北地区 GDP、产业结构和主要经济指标，分析东北地区经济复苏情况，探讨东北地区产业结构对经济发展的影响。东北三省经济发展不均衡，在产业布局、人民生活质量和经济发展程度等方面存在一定差距。

（一）东北地区 GDP 发展情况

1. 东北地区 GDP 概况

2020 年面对突如其来的疫情和多变的国际形势，我国面临前所未有的

---

① 《百余项纳税服务举措落地　黑龙江税收营商环境再上新台阶》，人民网，2022 年 2 月 17 日，http://hlj.people.com.cn/n2/2022/0217/c220024-35138719.html。

② 《2022 年全省退税减税降费超 900 亿元》，国家税务总局辽宁省税务局网站，2023 年 2 月 9 日，http://liaoning.chinatax.gov.cn/art/2023/2/9/art_1921_96933.html。

③ 《吉林：持续释放减税降费红利　优惠直达经营主体》，人民网，2023 年 4 月 14 日，http://jl.people.com.cn/n2/2023/0414/c349771-40376987.html。

④ 《2022 年黑龙江省合计新增减税降费及退税缓税缓费 393.2 亿元》，腾讯网，2023 年 4 月 2 日，https://new.qq.com/rain/a/20230402A04R9B00。

挑战。我国及时组织人力、物力、财力应对疫情，调配资源生产防疫物资，经济发展已初见复苏景象。2021 年全国疫情趋于平稳，各地区生产持续稳定恢复，经济发展和疫情防控效果良好，全年 GDP 为 1143670 亿元，按不变价格计算，比上年增长 8.1%。2022 年全国 GDP 为 1210207 亿元，按不变价格计算，较上年增长 3.0%。

受疫情和东北地区产业结构等因素的影响，东北地区经济发展压力较大，辽宁省仍处于东北地区领先地位，吉林省 2022 年出现负增长。从长期看，2018~2022 年东北地区 GDP 占全国比重呈下降趋势，GDP 占比从 2018 年的 6.30% 下降至 2022 年的 4.79%。从短期看，2021 年东北地区各行业有序恢复生产，东北三省 GDP 为 55698.8 亿元，较上年增加 4574.0 亿元，约占同期全国 GDP 比重为 4.87%。其中，辽宁省全年 GDP 为 27584.1 亿元，按不变价格计算，较上年增长 5.8%，占东北地区 GDP 比重为 49.5%，占全国 GDP 比重为 2.41%，低于全国 GDP 增长率 2.3 个百分点。吉林省全年 GDP 实现 13235.5 亿元，按不变价格计算，较上年增长 6.6%，占东北地区 GDP 比重为 23.8%，占全国 GDP 比重为 1.16%，低于全国 GDP 增长率 1.5 个百分点。黑龙江省全年 GDP 为 14879.2 亿元，按不变价格计算，较上年增长 6.1%，占东北地区 GDP 比重为 26.7%，占全国 GDP 比重为 1.30%，低于全国 GDP 增长率 2 个百分点。

2022 年东北地区 GDP 为 57946.3 亿元，较上年增加 2247.5 亿元，占全国 GDP 比重为 4.78%，较上年 GDP 占比下降 0.08 个百分点。其中，辽宁省全年 GDP 为 28975.1 亿元，按不变价格计算，较上年增长 2.1%，低于全国 GDP 增长率 0.9 个百分点，占东北地区 GDP 比重为 50.0%，占全国 GDP 比重为 2.39%。吉林省全年 GDP 总额为 13070.2 亿元，按不变价格计算，较上年降低 1.9%，低于全国 GDP 增长率 4.9 个百分点，占东北地区 GDP 比重为 22.6%，占全国 GDP 比重为 1.08%。黑龙江省全年 GDP 为 15901.0 亿元，按不变价格计算，较上年增长 2.7%，低于全国 GDP 增长率 0.3 个百分点，占东北地区 GDP 比重为 27.4%，占全国 GDP 比重为 1.31%（见图 2、图 3、表 6）。

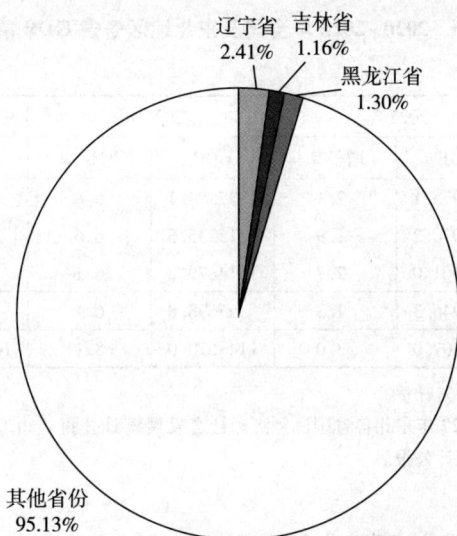

图 2 2021 年东北地区各省 GDP 占全国比重

资料来源：2021 年东北各省国民经济和社会发展统计公报、《中华人民共和国 2021 年国民经济和社会发展统计公报》。

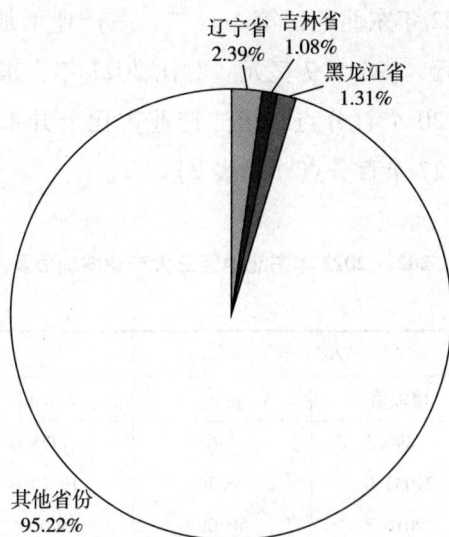

图 3 2022 年东北地区各省 GDP 占全国比重

资料来源：2022 年东北各省国民经济和社会发展统计公报、《中华人民共和国 2022 年国民经济和社会发展统计公报》。

表6 2020~2022年全国及东北地区各省GDP情况

单位：亿元，%

地区	2022年		2021年		2020年	
	GDP	增长率	GDP	增长率	GDP	增长率
辽宁省	28975.1	2.1	27584.1	5.8	25115.0	0.6
吉林省	13070.2	-1.9	13235.5	6.6	12311.3	2.4
黑龙江省	15901.0	2.7	14879.2	6.1	13698.5	1.0
东北地区	57946.3	1.3	55698.8	6.1	51124.8	1.1
全国	1210207.0	3.0	1143670.0	8.1	1015986.0	2.3

注：增长率按不变价格计算。

资料来源：2020~2022年东北各省国民经济和社会发展统计公报、2020~2022年中华人民共和国国民经济和社会发展统计公报。

2.东北地区各产业GDP分布

从区域产业结构上看，东北地区呈"三二一"产业结构，产业结构较为稳定。2021年东北地区恢复生产后，第三产业增长速度最快。2021年东北地区第一、二、三产业增加值分别为7478.6亿元、19618.8亿元、28601.4亿元。2022年东北地区第一、二、三产业增加值分别为7896.5亿元、21033.0亿元、29016.7亿元。对比2021年，东北地区2022年第一产业占比上升0.20个百分点，第二产业占比上升1.08个百分点，第三产业占比下降1.27个百分点（见表7）。

表7 2021~2022年东北地区三大产业增加值及占比

单位：亿元，%

产业	2022年		2021年	
	增加值	占比	增加值	占比
第一产业	7896.5	13.63	7478.6	13.43
第二产业	21033.0	36.30	19618.8	35.22
第三产业	29016.7	50.08	28601.4	51.35

注：因四舍五入，存在误差。

资料来源：2021~2022年东北地区各省国民经济和社会发展公报。

从产业结构上看，各省产业结构差距较大，各省的第一产业占比均有提高，吉林省和黑龙江省产业结构变化较大。辽宁省 2018 年三大产业结构为8.0：39.6：52.4，2022 年三大产业结构为 8.9：40.6：50.5。吉林省 2018年三大产业结构为 7.7：42.5：49.8，2022 年三大产业结构为 12.9：35.4：51.7。黑龙江省 2018 年三大产业结构为 18.3：24.6：57.1，2022 年三大产业结构为 22.7：29.2：48.1（见表8）。

表8   2022 年东北地区各省三大产业增加值

单位：亿元，%

地区	第一产业增加值	同比增长	第二产业增加值	同比增长	第三产业增加值	同比增长
辽宁	2597.6	2.8	11755.8	−0.1	14621.7	3.4
吉林	1689.1	4.0	4628.3	−5.1	6752.8	−1.2
黑龙江	3609.8	2.4	4648.9	0.9	7642.2	3.8

注：同比增长按不变价格计算。

资料来源：2021~2022 年《吉林省国民经济和社会发展统计公报》《辽宁省国民经济和社会发展统计公报》《黑龙江省国民经济和社会发展统计公报》。

由于各省产业基础和自然资源禀赋不同，各省中辽宁省的产业结构最稳定，是典型的"三二一"产业结构；2018 年吉林省第二、三产业占比差距不大，形成工业和服务业双头并重的"三二一"产业结构，2022 年吉林省产业结构调整为典型的"三二一"产业结构；黑龙江省第一产业和第二产业占比差距较小，形成以服务业为主的"三二一"产业结构。

（二）地区经济指标分析

1. 东北地区人均 GDP 稳定上涨

人均 GDP 指一个国家或地区平均每人生产的经济价值，是衡量一个国家或地区经济发展水平的重要指标。从人均 GDP 来看，2021 年全国人均GDP 为 80976 元，较 2020 年增加 8976 元，按不变价格计算，比上年增长 8.0%。

2021 年辽宁省人均 GDP 为 65026 元，较上年增加 6154 元，按不变价格计算，增长率 6.4%，比全国人均水平低了 15950 元，排全国第 16 位；吉林省人均 GDP 为 55450 元，较上年增加 4650 元，按不变价格计算，较上年增长 8.3%，比全国人均水平低了 25526 元，排全国第 26 位；黑龙江省人均 GDP 为 47266 元，较上年增加 4631 元，按不变价格计算，较上年增长 8.2%，比全国人均水平低了 33710 元（见表 9），排全国第 30 位。

面对疫情，全球经济放缓，东北地区人均 GDP 不高，东北三省人均 GDP 除辽宁省处于中位区外，吉林和黑龙江省均处于下位区，排名较靠后，三省人均 GDP 均低于全国平均水平，主要是因为东北地区高科技、高附加值产业较少，产业结构仍有提升空间。2020 年、2021 年吉林省和黑龙江省人均 GDP 增长率高于全国平均水平，主要是因为吉林和黑龙江两省农业发展较好，疫情对农业经济影响较小。

表 9　2020~2021 年全国及东北地区各省人均 GDP 情况

单位：元，%

地区	2021 年		2020 年	
	人均 GDP	增长率	人均 GDP	增长率
辽宁	65026	6.4	58872	1.1
吉林	55450	8.3	50800	4.1
黑龙江	47266	8.2	42635	3.4
全国	80976	8.0	72000	2.1

注：人均 GDP 按当年价格计算，增长率按不变价格计算。

资料来源：《中国统计年鉴 2022》《中国统计年鉴 2021》。

2. 东北地区区域城乡收入较为均衡但人均可支配收入增长缓慢

居民人均可支配收入是指居民扣除须向政府缴纳的税费后，可用于居民消费支出的收入余额，居民人均可支配收入可直接反映一个国家或地区的生活水平。2021 年全国人均可支配收入为 35128.1 元，较上年上涨 2939.3 元，城镇居民人均可支配收入为 47411.9 元，农村居民人均可支配收入为 18930.9 元，城镇居民人均可支配收入是农村居民人均可支配收入的 2.50 倍。

2021 年东北地区居民人均可支配收入为 30517.7 元，略低于全国平均水平，城镇居民人均可支配收入为 38224.6 元，农村居民人均可支配收入为 18280.4 元，东北地区城镇居民人均可支配收入是农村居民人均可支配收入 2.09 倍。东北地区的城乡居民人均可支配收入差距小于全国平均水平，东北地区收入更为均衡。其中，辽宁省居民人均可支配收入最高，吉林省和黑龙江省居民人均可支配收入差距不大。2021 年辽宁省、吉林省、黑龙江省城镇居民人均可支配收入与农村居民人均可支配收入比分别为 2.24、2.02、1.88，其中黑龙江省的城乡居民人均可支配收入差距最小，辽宁省差距最大，但各省均低于全国平均水平，东北各省城乡居民人均可支配收入都较为均衡（见表 10）。

表 10　2021 年全国及东北地区各省人均可支配收入

单位：元

地区	居民人均可支配收入	城镇居民人均可支配收入	农村居民人均可支配收入	城镇居民人均可支配收入与农村居民人均可支配收入比
辽宁	35111.7	43050.8	19216.6	2.24
吉林	27769.8	35645.8	17641.7	2.02
黑龙江	27159.0	33646.1	17889.3	1.88
东北地区	30517.7	38224.6	18280.4	2.09
全国	35128.1	47411.9	18930.9	2.50

资料来源：《中国统计年鉴 2022》。

3. 东北地区消费水平整体提高但消费市场仍旧低迷

为帮助因疫情受到影响的企业复工复产，税务部门采取多种方式宣传税收优惠政策，确保各市场主体可以享受政策红利，降低企业税收压力，增强消费者的信心。2021 年全国消费市场明显回暖，全国社会消费品零售总额为 440823.0 亿元，比 2020 年上涨 12.5%。但疫情对部分居民收入冲击较大，居民消费行为更加谨慎，消费意愿降低，因此 2022 年消费市场回暖程度不敌疫情对消费意愿的影响程度，全国社会消费品零售总额为 439733.0

亿元，小幅下降了 0.2%。

从东北地区各省社会消费品零售总额情况来看，2021 年虽然东北三省的社会消费品零售总额增长率均低于全国平均水平，但是东北地区各省社会消费品零售总额都有明显提高，辽宁省、吉林省、黑龙江省的社会消费品零售总额增长率分别为 9.2%、10.3% 和 8.8%。2022 年全国消费市场低迷，其中辽宁省消费市场恢复较好，社会消费品零售总额为 9526.2 亿元，降幅为 2.6%（见表 11）。疫情期间，受疫情防控政策等因素的限制，居民更倾向于线上消费。除此之外，东北地区各省实物商品网上零售占比也在增加，网上销售具有诸多好处：新增的线上消费平台增加了消费的可选择渠道；平台对商品的监管更加严格，产品质量得到保障，提高了产品的消费者黏性；线上销售降低了企业的销售成本，更具价格优势。

表 11　2021~2022 年全国及东北地区各省社会消费品零售总额情况

单位：亿元，%

地区	2022 年			2021 年		
	社会消费品零售总额	实物商品网上零售	社会消费品零售总额增长率	社会消费品零售总额	实物商品网上零售	社会消费品零售总额增长率
辽宁	9526.2	1818.1	-2.6	9783.9	1361.1	9.2
吉林	3807.7	408.4	-9.7	4216.6	367.4	10.3
黑龙江	5210.0	618.0	-6.0	5542.9	484.3	8.8
全国	439733.0	119642.0	-0.2	440823.0	108042.0	12.5

资料来源：2021~2022 年《吉林省国民经济和社会发展统计公报》《辽宁省国民经济和社会发展统计公报》《黑龙江省国民经济和社会发展统计公报》。

4. 东北地区固定资产投放更加精准

投资是拉动经济增长的重要动力，是地区经济发展的催化剂。2022 年全国固定资产投资加快，固定资产投资增长率为 5.1%，增速高于 2021 年（见表 12）。2021 年东北地区固定资产投资加快，吉林省、黑龙江省固定资产投资增长率高于全国固定资产投资增长率；2022 年，东北三省固定资产投资增长率均低于全国固定资产投资增长率。具体来看，2021年吉林省第一、三产业固定资产投资增长率高于全国平均水平，黑龙江省第二、三产业固定资产投资增长率高于全国平均水平；2022年吉林省固定资产投资增长率下降，但东北三省第一产业固定资产投资增长率均高于全国平均水平（见表12）。

表12 2021～2022年东北三省固定资产投资增长情况

单位：%

地区	2022 年				2021 年			
	增长率	第一产业	第二产业	第三产业	增长率	第一产业	第二产业	第三产业
辽宁	3.6	1.4	6.1	2.4	2.6	−5.6	5.1	1.7
吉林	−2.4	63.0	14.1	−9.6	11.0	13.7	10.9	11.0
黑龙江	0.6	13.1	10.6	−6.3	6.4	5.6	14.5	2.2
全国	5.1	0.2	10.3	3.0	4.9	9.1	11.3	2.1

资料来源：2021～2022 年《吉林省国民经济和社会发展统计公报》《辽宁省国民经济和社会发展统计公报》《黑龙江省国民经济和社会发展统计公报》。

从东北地区各省全年固定资产投资增长率来看，2022 年吉林省和黑龙江省更加重视第一产业和第二产业的发展，固定资产投资增长率均高于全国平均水平，第三产业固定资产投资明显下降。2022 年东北三省第一产业固定资产投资增长率均高于全国平均水平，这与乡村振兴战略高度相关。东北地区土地肥沃、地势平坦且土地面积大，有利于开展大面积机械化耕作，作为我国粮食大省的吉林省、黑龙江省，2022 年大量增加对第一产业的投资。其中，吉林省 2022 年第一产业固定资产投资增长率最高，达到 63.0%。吉林省近年对高标准农田项目、牛头建设项目给予大量投资，为建设全国"大粮仓""大肉库"打下坚实基础。2021～2022 年辽宁省三次产业固定资产投资都有所增加，2022 年第二产业固定资产投资增长率最高。二十大报告指出，推动制造业高端化、智能化、绿色化发展。结合自身优势，进行制造业升级转型是辽宁省经济发展的新突破。东北三省固定资产投资摒弃了原来的盲目化、均衡化，更加突出自身特色，充分发挥了自身资源优势。

5. 东北地区出口总量小但趋势向好

受疫情影响，全球很多国家和地区采取防疫措施，进出口贸易需求下降，全球供应链断裂。由于我国产业体系完整，生产恢复迅速，因此疫情对我国出口影响不大，2021 年和 2022 年我国贸易出口增速较为显著。东北地区各省出口额较小，但增长趋势有所好转。2020 年黑龙江省对外出口成绩优异，是东北地区唯一实现正增长的省份，接近全国平均水平。这得益于东北三省产业升级，我国农产品生产加工链条更加完善，我国出口竞争力得到提升。同时 2021 年全球经济复苏，贸易需求不断增加，东北各省出口增幅均超过全国平均水平，且已恢复到疫情之前的水平。其中，辽宁省、吉林省、黑龙江省出口总额分别为 3312.6 亿元、353.5 亿元、447.7 亿元，增长率分别为 24.9%、21.6%、24.1%。2022 年辽宁省对外贸易增速较为缓慢，吉林省和黑龙江省对外贸易均表现出强劲增长势头，辽宁省、吉林省、黑龙江省出口总额分别为 3584.6 亿元、502.3 亿元、545.6 亿元，增长率分别为 8.2%、42.1%、21.9%（见图 4、图 5）。

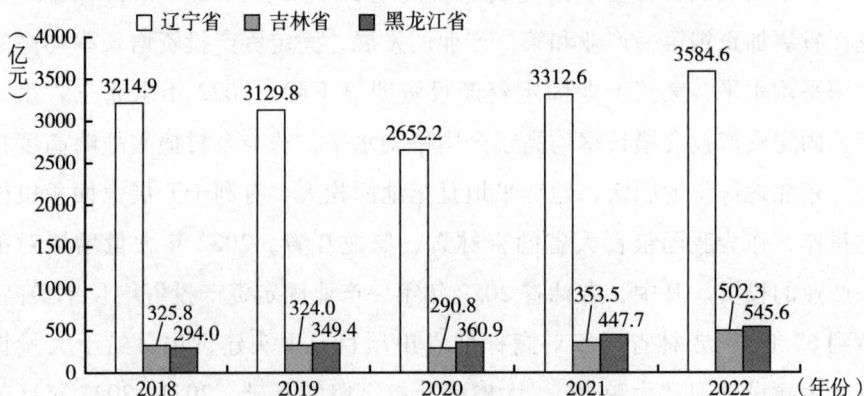

图 4　2018~2022 东北地区各省出口额

资料来源：2018~2022 年《辽宁省国民经济和社会发展统计公报》《吉林省国民经济和社会发展统计公报》《黑龙江省国民经济和社会发展统计公报》。

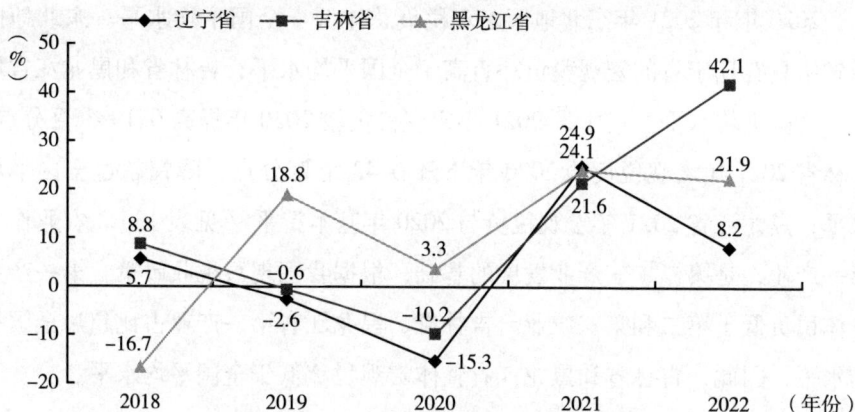

图5 2018~2022年东北地区各省出口总额增长率

资料来源：2018~2022年《辽宁省国民经济和社会发展统计公报》《吉林省国民经济和社会发展统计公报》《黑龙江省国民经济和社会发展统计公报》。

三 2021~2022年税收与经济增长协同运行分析

税收是政府履行行政职能的基础，稳定增长的税收收入为东北地区提供了财力保障。2019年大规模的减税降费政策降低了政府的财政收入，当税收优惠政策趋于稳定时，税收弹性系数又回归较为合理区间。现通过对东北地区宏观税负和税收弹性系数的分析，探讨东北三省税收收入和经济发展的关系。

（一）东北地区各省宏观税负对比分析

经济是税收的基础，一个地区的经济发展水平决定该地区宏观税负的高低。从经济内涵来看，宏观税负有两层含义，第一层含义可以反映税收负担的高低；第二层含义可以体现每百元GDP的含税量。从度量方式来看，宏观税负可用大、中、小三个口径衡量，即政府收入、财政收入、税收收入占GDP的比重。本部分所指宏观税负为小口径的宏观税负，即税收收入占GDP的比重。

2020 年和 2021 年东北地区宏观税负总体低于全国平均水平。东北地区各省中只有辽宁省的宏观税负一直高于全国平均水平，吉林省和黑龙江省均低于全国平均水平。辽宁省 2021 年宏观税负较 2020 年提高 0.19 个百分点；吉林省 2021 年宏观税负较 2020 年下降 0.42 个百分点，降幅超过全国平均水平；黑龙江省 2021 年宏观税负与 2020 年基本持平（见表 13）。农业作为第一产业，是第二、三产业发展的基础，根据我国现行税收政策，第一产业整体税负低于第二和第三产业。吉林省、黑龙江省第一产业占比超过全国平均水平，因此，吉林省和黑龙江省整体宏观税负低于全国平均水平。

表 13 2020~2021 年东北地区各省宏观税负对比

单位：%，个百分点

地区	2021 年	2020 年	同比增长
辽宁	18.01	17.82	0.19
吉林	13.79	14.21	-0.42
黑龙江	12.41	12.44	-0.03
东北地区	15.51	15.51	0.00
全国	16.50	16.34	-0.16

注：根据表 1 和表 6 表计算得出。

（二）东北地区各省税收弹性对比分析

税收弹性是指税收收入变动率与 GDP 变动率的比值，它是衡量一个地区税收收入与经济增长关系的指标之一。经济发展是税收收入增长的条件，税收弹性可以反映经济增长对税收收入的决定性作用。在经济增长速度一定的条件下，产业结构、税收政策等因素，会影响税收弹性的高低。相关学者认为，合理的税收弹性系数应在 0.8~1.2。税收弹性系数表达式为：

$$E_T = \frac{(\Delta T/T)}{\Delta Y/Y}$$

其中，E_T 表示税收弹性系数，T 代表当年税收收入，Y 代表当年 GDP，

ΔT 代表当年税收收入增量，ΔY 代表当年 GDP 增量。2019~2021 年全国与东北三省税收弹性系数如表 14 所示。

2019~2021 年东北地区各省税收弹性系数波动较大。2018 年底，我国提出了减税降费政策，2019~2021 年减税降费规模扩大。2019 年我国税收弹性系数低于合理范围，这是税收政策调整的结果，因为税收政策对经济的调节具有时滞性，而减税降费与企业自身利益相关，所以社会对税收政策的反应要快于经济增长速度。2019 年东北地区各省和全国的税收弹性系数均偏低。为降低企业税收负担，更好地涵养税源，激活企业生产复工积极性，进而加快经济复苏，我国在 2019 年大规模推出减税降费政策后，于 2020 年相继颁布了一系列税收优惠政策。2020 年东北地区各省和全国税收弹性系数均为负。随着全国范围内经济复苏步伐加快，2021 年东北地区各省税收弹性系数基本回归合理范围，只有吉林省税收弹性系数偏低。

表 14　2019~2021 年全国与东北地区各省税收弹性系数对比

地区	2021 年	2020 年	2019 年
辽宁	1.12	-9.22	-1.51
吉林	0.58	-0.39	0.43
黑龙江	0.96	-21.89	0.38
东北地区	1.00	-4.51	0.21
全国	1.09	-1.40	0.13

资料来源：2019~2021 年《吉林省国民经济和社会发展统计公报》《辽宁省国民经济和社会发展统计公报》《黑龙江省国民经济和社会发展统计公报》。

四　2023年东北地区税收及经济走势展望

2023 年是贯彻二十大精神的开局之年，也是"十四五"承前启后之年。未来东北三省税务系统在领悟"两个确立"的基础上，要坚决做到"两个维护"，增强"四个意识"，坚定"四个自信"，继续优化营商环境，认真落实退税减税降费政策，服务好微观主体。同时，税务机关要坚守底线，常态化监控收入分析，加快建设税费服务新体系，提高税收服务精准性，深化"一带一路"税收征管合作机制。

（一）营商环境将更优质

不断优化营商环境。东北三省税务系统把服务作为税收工作第一重点，服务质量与服务稳定并行，同时辅以优质的法制环境、良好的信用体系、优质的金融服务，认真落实退税减税降费政策。推进数字政务的建设，提高政府服务的便捷性。厚植廉洁从税的思想，坚决查处乱收费、乱罚款等不良现象。构建税企良性互动关系，充分尊重并服务好有投资意向的企业家，让企业家在东北地区感受到家的温馨。

（二）科技创新有望突破

在科技振兴东北的理念下，东北地区高度重视科技对产业的引领作用。东北地区加大对基础学科科研的支持力度，联合区域内高校，围绕企业需求，深化"政产学研用金"，实现资源优化配置，助力科技创新。加快资源整合，通过创新服务平台整合资源，提供创新科技、人才培养、金融服务一站式服务。东北地区以产业聚集人才，以政策吸引人才，以投入扶持人才留住人才，以人才实现科技创新，突破东北地区产业技术瓶颈，实现东北地区技术优势。同时，强调企业在创新中的主体地位，加快科技成果孵化转化，为创业者提供办公场地和知识产业服务。

（三）消费需求得以重振

消费是经济发展的驱动力，代表着人民对美好生活的向往。2022年中央经济工作会议把恢复和扩大消费摆在政府工作的优先位置。针对不同消费渠道，要做到线上消费与线下消费双管齐下，利用线上消费的热潮，激发居民线上消费热情，并充分发挥城市商业街、夜市经济引导作用，引导城市居民终端消费。同时深挖农村消费市场潜力，完善城乡物流枢纽，加快智慧物流的建设步伐。

引导居民消费质量的提高，高质量的消费需求是经济高质量发展的基础。扩大居民对传统商品的消费需求，鼓励绿色经济发展，引导居民绿色消费需求，营造良好的居民生活环境。提高医疗、家政、养老服务等产业的发展，促进服务业的升级改造，提高人民的生活质量。

（四）产业布局力求合理

东北地区 GDP 不断提高，但产业结构合理性却在下降。党的十八大以来，习近平总书记多次强调要加快推进东北振兴,[①] 东北地区产业升级是东北经济发展的关键。东北三省可进一步深化机制改革，推动国有企业改革，增加产业科技附加值，引导产业升级和转型，在"十四五"时期重新构建东北三省产业竞争力，促进产业结构更加合理。通过东北地区协调发展，提升省际产业关联度，增强高新技术企业的带动作用。传统产业和新兴产业两手抓，鼓励区域优势传统产业升级，提高优势产业的竞争力，同时抓住高新技术产业的窗口期。

五 税收政策支持东北地区区域发展的必要性

随着新兴产业的发展，国内外技术的升级，东北传统工业优势大幅降低，这也是近年来东北地区主要经济指标呈下滑趋势的主要原因。十八大以来，以习近平同志为核心的党中央高度重视东北地区的发展。2016 年，《中共中央 国务院关于全面振兴东北地区等老工业基地的若干意见》开启了东北地区振兴的新征程。

---

① 《习近平在东北三省考察并主持召开深入推进东北振兴座谈会》，中国政府网，2018 年 9 月 28 日，https：//www.gov.cn/xinwen/2018－09/28/content_5326563.htm？eqid＝9d1e956b0013dce 1000000036486a264；《习近平在辽宁考察时强调　在新时代东北振兴上展现更大担当和作为　奋力开创辽宁振兴发展新局面》，求是网，2022 年 8 月 18 日，http：//www.qstheory.cn/yaowen/2022－08/18/c_1128925955.htm；《新时代东北全面振兴，习近平总书记这样谋划》，新华网，2023 年 9 月 11 日，http：//www.news.cn/2023－09/11/c_1129855971.htm。

（一）东北振兴的比较优势

1. 战略优势

2018 年习近平总书记在东北考察时指出，东北地区是我国重要的工业和农业基地，具有维护国家国防安全、粮食安全、生态安全、能源安全、产业安全的重要战略意义，关乎国家发展大局。[①] 东北地区的发展是国家五大安全的保障，也是新时代东北地区的政治使命。

东北地区与俄罗斯接壤，与朝鲜半岛为邻，与韩国、日本隔海眺望，也拥有众多优秀的产业。东北地区军工产业较为发达，新中国的第一架飞机就诞生于东北，在外部环境不确定性不断增加的情况下，东北地区军工产业的发展是保障国防安全的有力支撑。东北地区粮食生产持续稳定高产，东北地区拥有最肥沃的黑土地，人均耕地面积大，粮食产量丰厚。近十年，东北三省的粮食产量约占全国粮食产量的 20% 以上，其中黑龙江省更是我国第一产粮大省，到 2022 年已连续 13 年粮食产量位居全国第一。[②] 长白山、大小兴安岭等拥有我国重要的森林资源，可以很好地含蓄和调节乌苏里江、松花江、牡丹江、鸭绿江等流域的水源。在能源方面，东北地区拥有丰富的煤炭和石油资源，依托地域优势，加强与周边国家的能源和资源开发合作。2019 年中俄开展能源合作，不仅惠及东北地区，还对环渤海地区和长三角地区具有较强的辐射作用。东北地区制造业较为完善，产业结构的转型升级离不开新设备、新技术。先进装备制造业和高新技术的发展是产业发展的前提。因此，振兴东北经济对我国产业安全十分重要。

2. 政策优势

2003 年 10 月，《中共中央 国务院关于实施东北地区等老工业基地振兴

[①] 《奋力书写东北振兴的时代新篇——习近平总书记调研东北三省并主持召开深入推进东北振兴座谈会纪实》，新华网，2018 年 9 月 30 日，http://www.xinhuanet.com//politics/2018-09/30/c_1123505812.htm? baike&wd=&eqid=8df9852c000f1ac800000006646484b1。

[②] 《1552.6 亿斤！黑龙江粮食总产连续 13 年全国第一》，光明网，2022 年 12 月 12 日，https://m.gmw.cn/baijia/2022-12/12/1303222239.html。

战略的若干意见》规定了振兴东北的指导思想、任务目标和政策措施。2009年，《国务院关于进一步实施东北地区等老工业基地振兴战略的若干意见》提出调整经济结构和建设现代产业。2003年和2009年的振兴战略重视投资对地区经济的拉动，促进了东北地区经济的快速发展，由于产业结构、国有企业等深层次问题没有得到解决，东北经济出现下滑。2016年出台的《中共中央 国务院关于全面振兴东北地区等老工业基地的若干意见》是东北地区振兴之路新的启明灯。同年11月，《国务院关于深入推进实施新一轮东北振兴战略加快推动东北地区经济企稳向好若干重要举措的意见》将东北振兴规划细分至各省。十八大以来，习近平总书记多次深入东北考察调研，对东北振兴的发展策略进行部署，二十大报告更是强调要推动东北全面振兴。

3. 基础设施优势

在交通运输方面，东北不仅有发达的陆路运输和空中运输条件，还具有海上运输能力。东北地区共有机场10座、海港港口6个，丹东港更是我国"一带一路"建设的北方起点。在人才培养方面，东北地区高校众多，涵盖的门类较为齐全，涵盖工科、理科、财经、军事、农业、医学等各类学科，为东北地区的振兴提供全学科人才。在产业基础方面，东北地区是我国工业发展的摇篮，以重工业为主，新中国的第一架飞机、第一艘万吨轮船、第一桶原油都出自东北。在产业布局上，东北地区有钢铁、石油化工、船舶制造、重型机器、汽车生产、飞机研制、军事工业等，工业基础较为完善。

（二）东北地区发展的困境

1. 老工业基地优势逐渐减退

作为我国重要的老工业基地，东北地区曾为新中国的发展立下汗马功劳。新中国成立之初，全国除东北拥有部分重工业基础外，其他地区基本以轻工业为主，缺乏重工业基础。加上东北地区自然资源较为丰富，拥有煤、铁、石油等重要工业资源，因此东北地区早在"一五"时期就成为我国重要的重工业基地，东北的石油化工、石油冶炼、钢铁制造、煤炭开采、汽车制造等行业都在新中国发展初期做出了不可磨灭的贡献。但随着我国经济战略的调整，国内外技术的升级换代，我国经济由高速发展向高质量发展转变，东北传统老工业的弊端也逐渐显现出来。东北地区传统工业以高耗能、高污染工业为主，东北地区早期的高速发展是以环境污染为代价的，尤其是为支持我国其他省份的发展，东北地区过度开采资源，造成资源枯竭。同时东北地区的老工业企业中国企占比较大，改革的任务很重。在东北老工业优势逐渐减退后，东北地区经济出现普遍下滑。当前，我国构建"双循环"新发展格局，以税收政策支持东北地区进行产业升级，构建完整的工业链条，是东北地区未来发展难得的契机。同时，东北地区工业的转型升级是中国未来成为制造业强国的关键一环。

2. 农业生产税收贡献度低，无法有效促进区域经济增长

2018年习近平总书记在东北考察时强调要加快推进农业现代化，中国人的饭碗要牢牢端在自己手中。[1] 农业是基础产业，农业现代化是中国式现代化的重要组成部分，粮食的安全与国计民生息息相关。东北地区土地肥沃，地势平坦，适合大面积现代化农业生产和推广，加上东北的气候条件使得农业生产周期较长，粮食口感优于其他地区，深受全国人民的喜爱，良好的农业发展产生了较强的正外部性。但是农业生产为东北地区带来的经济利益较少，税收贡献度低，无法有效促进区域经济增长。这也是东北地区经济增速较低的制约因素。因此，给予东北地区更加优惠的税收政策扶持可以减少因区域属性差异而产生的经济效应的差异，刺激东北地区更好地进行农业生产。

3. 东北高技术人才流失严重

区域经济竞争的核心是人才的竞争。东北地区拥有众多高校，可为东北地区产业发展和经济发展提供各类优质人才。但东北人才流失较为严重，服务东北经济的毕业生占比较低。主要是东北地区经济发展和社会环境对人才吸引力较低，产业格局限制了东北经济的整体发展，工资薪酬整体低于中部

---

[1] 《习近平总书记考察东北三省做出的指示在当地干部群众中引发强烈反响》，央广网，2018年10月2日，http://china.cnr.cn/news/20181002/t20181002_524375957.shtml。

和东部地区，在人才吸引方面没有天然优势。在中国人口增长率下降和人口老龄化加剧的趋势下，东北人口自然增长率全国最低，人口老龄化较为严重，东北人口近十年一直呈下降趋势，[①] 人口外流较为严重，进一步加重了东北地区人才的紧缺。税收优惠政策可以有效增加人们的实际工资，调剂人力资本，助力东北地区创新产出和产业升级，促进东北地区产业结构高级化。

东北地区的振兴是实现我国共同富裕目标的关键环节，也是推进中国式现代化的助燃剂。税收是调节经济的重要杠杆，是国家履行职能的重要基础。税收政策可以调节社会供求关系，可以缩小区域间经济差距、缩小省际收入差距和城乡收入差距，可以更好地在全国范围内调配资源供给，补齐东北地区经济和政策的短板。因此，利用税收政策可以助力东北地区产业结构的转型升级，促进东北地区创新产出，吸引人才聚集，更好地涵养东北税源，有助于促进东北地区的经济增长，是我国建设社会主义现代化强国的必经之路。

六　充分发挥税收职能促进东北地区经济发展的政策建议

2018 年习近平总书记在东北振兴座谈会上对东北地区经济发展提出了六个方面的要求，即优化营商环境、培育壮大新动能、构建协调发展新格局、更好支持生态建设和粮食生产、深度融入共建"一带一路"、补齐民生领域短板。[②] 因此未来东北地区应集中优势升级改造传统老工业，优化东北地区产业结构；推进农业生产，构建生态农业和现代农业，以科技赋能农业，实现东北地区农业全产业链的开发；保障民生，不断缩小省际、城乡收入差距，确保养老金正常发放。

---

① 《中国统计年鉴 2022》。
② 《习近平在东北三省考察并主持召开深入推进东北振兴座谈会》，中国政府网，2018 年 9 月 28 日，https://www.gov.cn/xinwen/2018-09/28/content_5326563.htm?eqid=9d1e956b0013dce1000000036486a264。

（一）促进东北地区产业集群发展的税收政策

产业集群是指某一行业内的企业与其相互联系的企业在地理上靠近，分工协作形成某一产业链。集群内的企业可以共享基础设施，节省同一产业链上企业之间的运输成本，缩短交易时间，提高产业整体竞争力。产业集群是现代产业发展的产物，产业集群有助于各地区集中优势资源，优先发展优势产业，形成比较优势，促进产业发展。东北地区产业基础较好，辽宁省有船舶制造、石油化工、精密机械、半导体、机器人、软件产业，吉林省有汽车制造、粮食和肉类生产及加工产业，黑龙江省的粮食生产、机械制造及电子信息产业都具有各自的优势。因此，东北三省构建产业集群应突出自己的优势产业，避免省际发展趋同。

2016 年和 2018 年，国家先后在辽宁省和黑龙江省设立了两个自贸区。辽宁自贸区涵盖沈阳、大连、营口三个片区，黑龙江自贸区涵盖哈尔滨、黑河及绥芬河三个片区。两大自贸区虽已成立多年，但税收优惠政策较少。如辽宁自贸区原则上可参照上海、广东税收优惠政策，但实际操作中辽宁自贸区允许企业申请税收奖励，并无给予区内企业税收减免的明确文件，黑龙江自贸区的情况也基本相同。

上海自贸区和海南自贸区对产业集群的税收政策引导主要从成本控制和所得收入两个方面降低企业税负。在降低企业生产成本方面，针对区内企业生产经营所需设备给予减税或免税政策。《财政部 海关总署 国家税务总局关于中国（上海）自由贸易试验区有关进口税收政策的通知》（财关税〔2013〕75 号）规定在上海自贸区内生产企业和生产性服务企业进口所需的机器、设备等货物免税。《财政部 海关总署 税务总局关于海南自由贸易港自用生产设备"零关税"政策的通知》（财关税〔2021〕7 号）规定海南自贸港封关运作前，企业进口自用的生产设备，除法律法规规定不许免税的，免征关税、进口环节增值税和消费税。《财政部 海关总署 税务总局关于调整海南自由贸易港自用生产设备"零关税"政策的通知》（财关税〔2022〕4 号）又在财关税〔2021〕7 号基础上增加八项文体旅游业生产设备。在对企业经营所得给予企业所得税和增值税优惠方面，《财政部 海关总署 国家税务总局关于中国（上海）自由贸易试验区有关进口税收政策的通知》（财关税〔2013〕75号）规定上海自贸区内注册国内租赁或其项目设立的子公司，向航空公司租赁符合要求的飞机可享受《财政部 国家税务总局关于调整进口飞机有关增值税政策的通知》（财关税〔2013〕53号）和《海关总署关于调整进口飞机进口环节增值税有关问题的通知》（署税发〔2013〕90号）有关增值税优惠政策。《财政部 税务总局关于中国（上海）自贸试验区临港新片区重点产业企业所得税政策的通知》（财税〔2020〕38号）规定在临港新片区内从事集成电路、人工智能、生物医药、民用航空等关键领域核心环节相关产品（技术）业务，并开展实质性生产或研发活动的符合条件的法人企业，自设立之日起5年内减按15%的税率征收企业所得税。

参考海南自贸区和上海自贸区的税收优惠政策的特点，东北自贸区税收政策要符合各省产业集群发展特点，政策要有侧重，体现不同片区不同功能的特点。根据《中国（辽宁）自由贸易试验区总体方案》对三大片区的定位，大连片区和沈阳片区可分别建设船舶制造业产业集群和航空产业集群。大连片区同时发展高新技术产业、先进装备制造业和物流产业，沈阳片区同时发展装备制造业、汽车零部件和现代服务业，营口片区应侧重发展战略性新兴产业和现代服务业。根据《中国（黑龙江）自由贸易试验区总体方案》对三大片区的定位，哈尔滨片区可建设医药制造产业集群，黑河可建设生态旅游和生态农业产业集群。绥芬河地处中俄边界，连接蒙古国等国家，可集中发展国际贸易产业集群，并以此为依托发展木材贸易和粮食加工产业。吉林省虽暂无自贸区，但是吉林省是我国粮仓和肉库，还有长春一汽，因此可据此建立产业园区，发展汽车产业集群和粮肉农业产业集群。

在税收政策上，可以对各省自贸区或产业园区重点发展的产业、行业进口生产所用的设备免征关税、增值税和消费税。鼓励企业技术引进，对东北地区核心发展产业引进的关键技术，属于《中国鼓励引进技术目录》的可免征企业所得税、增值税、印花税。对于东北自贸区或产业园区内企业转让专利技术所得，建议 2000 万元以下免征企业所得税，超过部分减半征收企业所得税。对于在东北自贸区实质性经营重点产业和关键环节的企业，自经营之日起 5 年内减按 15% 征收企业所得税。在东北自贸区和产业园内实质经营地区鼓励类行业的企业，取得的境外直接投资收入建议免征企业所得税。

（二）推进产业升级的增值税政策

在增值税政策方面，增值税留抵退税政策是 2022 年组合式减税降费的重头戏，有效缓解了企业资金压力。为更进一步缓解制造业升级时期的资金压力，可考虑对东北地区试行制造业当期销项税不足以抵扣进项税时，直接退还未抵扣进项税部分。虽然留抵退税涉及制造业全行业，但该政策对新办企业不适用，而新办企业恰是留抵退税需求较大的企业。可考虑在东北地区试行允许新办企业申请留抵退税，缓解新办企业初创期的资金压力，但此办法仅适用于符合东北地区发展急需的制造业和农产品加工业，不宜全行业推广。同时要加强对新办企业申请留抵退税的监管，利用大数据和票据监管监督企业行为，防止新办企业的骗税行为，加大对骗税企业的惩罚力度。针对企业自主研发形成的专利技术转让所得，由于转让专利技术需缴纳增值税，可实行增值税即征即退 50% 的优惠政策。

（三）促进人才向东北地区流动的个人所得税政策

东北地区的发展离不开人才的汇集，区域经济的竞争最终是人力资本的竞争。辽宁自贸区和黑龙江自贸区普遍采用税收奖励的办法吸引人才，税收优惠政策吸引力不强。《财政部 税务总局关于海南自由贸易港高端紧缺人才个人所得税政策的通知》（财税〔2020〕32 号）规定对在海南自由贸易港工作的高端人才和紧缺人才，其个人所得税实际税负超过 15% 的部分，予以免征。《关于粤港澳大湾区个人所得税优惠政策的通知》（财税〔2019〕31 号）对在大湾区工作的境外高端人才和紧缺人才，按内地与香港个人所得税税负差额给予补贴且补贴部分免征个人所得税。中共中央、国务院印发的《横琴粤澳深度合作区建设总体方案》也明确规定，对在横琴粤澳深度合作区工作的境外高端人才和紧缺人才税负超过15%的部分免征个人所得税。人才是流动的，个人实际税负会影响人才的就业地点。建议东北各地区首先编制高端人才和紧缺人才清单，对属于清单范围的人员，与东北地区相关企业签订一年以上劳动合同，且社保缴纳超过6个月的，个人所得税减按15%进行征收。鼓励境外高层次人才服务东北地区发展，在自贸区或产业园区工作的境外人才个人所得税减按15%征收。对在东北自贸区或产业园工作的个人转让专利技术所得减半征收个人所得税。

参考文献

李万军主编《中国东北地区发展报告（2019）》，社会科学文献出版社，2020。

张明斗、翁爱华：《东北地区产业结构优化与城市土地集约利用协调性》，《自然资源学报》2022年第3期。

杜威：《政府干预、所有制结构与产业结构迟滞——来自2003~2013年东北三省地级市面板数据的证据》，《财经问题研究》2016年第8期。

吕越等：《税收激励会促进企业污染减排吗——来自增值税转型改革的经验证据》，《中国工业经济》2023年第2期。

刘中军、程鑫、孟勇：《绿色税收对经济增长与产业升级的影响》，《统计与决策》2022年第19期。

王士君、顾萌、常晓东：《东北振兴政策体系解构及区域经济响应研究》，《地理学报》2022年第10期。

孙久文、陈超君：《"十四五"时期东北区域经济转型路径探索》，《经济纵横》2021年第10期。

B.5
2021~2022年西南地区税收发展报告

鄢 杰*

摘 要： 本报告研究了西南五省（区、市）2021~2022年的税收发展情况，2022年西南地区税收收入总量为6747亿元，比2021年下降了12.51%，西南五省（区、市）税收收入占全国税收收入的比重为4.05%，较上年下降了0.41个百分点，西南地区各省（区、市）税收收入总量呈现先上升后波动下降的趋势，2022年五省（区、市）税收收入增速均为负增长且低于全国平均增速。通过税收数据分析，本报告发现西南地区各省（区、市）之间以及内部不同县域之间税收发展空间分布不均衡，认为各级地方政府应着力发展经济扩展税源税基，要在坚持生态优化的前提下统筹经济和税收发展，重视推动区域经济和税收的整体协同发展，加强省域内部不同地区和县域之间的经济合作和税收政策协调，进一步优化地方税收（制）结构，积极改善和优化地方营商环境，不断加强税务（收）信息化管理和税务管理。

关键词： 区域经济　税收发展　西南地区

一　西南地区税收总体运行情况

西南地区包括四川、重庆、云南、贵州、西藏五个省（区、市），总面

---

* 鄢杰，西南财经大学财税学院副教授、博士生导师，经济学博士，中国人民大学长江经济带研究院高级研究员，主要研究方向为区域经济与地方财政、税制改革等。

积达 234.06 万平方公里，占中国陆地面积的 24.5%，具体包括青藏高原东南部、四川盆地和云贵高原大部分地区，地理位置在东经 97°21′~110°11′，北纬 21°08′~33°41′。2021 年，西南地区五省（区、市）人口总数为 2.05 亿人，占全国总人口的 14.53%，其中四川省 8367.5 万人，云南省 4720.9 万人，贵州省 3856.2 万人，重庆市 3205.4 万人，西藏自治区 364.8 万人，分别占全国人口的 5.93%、3.34%、2.73%、2.27% 和 0.26%。[1] 2022 年，西南地区五省（区、市）GDP 合计 137130.25 亿元，占全国 GDP 的 11.33%。[2] 西南地区民族以汉族为主，并分布着大量少数民族，如藏族、白族、傣族、水族、佤族、苗族、怒族、门巴族、珞巴族、彝族、纳西族、哈尼族、土家族等。

（一）2022年西南地区税收收入发展总体情况

从税收收入绝对数来看，2022 年全国税收收入合计 166614 亿元，西南五省（区、市）税收收入为 6747 亿元，占全国税收收入的比重为 4.05%，其中重庆 1271 亿元，四川 3151 亿元，贵州 1022 亿元，云南 1197 亿元，西藏 106 亿元。2021 年，重庆、四川、贵州、云南、西藏税收收入分别为 1543 亿元、3335 亿元、1177 亿元、1514 亿元、142 亿元，相比于 2021 年，2022 年西南地区各省（区、市）税收收入均有所下降。从西南地区各省（区、市）的税收收入绝对数来看，四川省的税收收入最高，其次是重庆和云南，西藏的税收收入最低。

2022 年，西南各省（区、市）税收收入与上年相比均为负增长，重庆、四川、贵州、云南、西藏税收收入增速分别为 -17.66%、-5.51%、-13.21%、-20.94%、-25.34%，西南地区税收收入比上年降低 12.50%，同期全国税收收入增速为 -3.54%。

---

[1] 人口数据均来自 2021 年发布的各省（区、市）第七次全国人口普查公报。

[2] 根据 2022 年各省（区、市）统计局和国家统计局公布的当年国民经济和社会发展统计公报的 GDP 数据计算所得。四川、云南、贵州、重庆、西藏和全国 GDP 分别为 56749.8 亿元、28954.20 亿元、20164.58 亿元、29129.03 亿元、2132.64 亿元和 1210207 亿元。

从各地占比来看，2022 年，重庆、四川、贵州、云南、西藏税收收入占西南地区税收收入的比重分别为 18.84%、46.70%、15.15%、17.74%、1.57%（见表 1）。

表 1　2022 年西南地区各省（区、市）税收收入增长及占比情况

单位：亿元，%

区域	2022 年			
	税收收入	增加额	同比增长	占西南地区税收收入的比重
重庆	1271	−272	−17.66	18.84
四川	3151	−184	−5.51	46.70
贵州	1022	−155	−13.21	15.15
云南	1197	−317	−20.94	17.74
西藏	106	−36	−25.34	1.57
合计	6747	−964	−12.51	—

注：因四舍五入，存在误差，下同。

资料来源：中国经济信息统计网。

（二）西南地区税收收入规模发展趋势分析

从西南地区税收收入总规模的变化情况来看，西南地区税收收入从 2013 年的 5345 亿元增长到了 2022 年的 6747 亿元，增长了 26%。从西南地区税收收入占全国税收收入的比重来看，从 2013 年的 4.83% 下降到了 2022 年的 4.05%，总体呈现下降趋势。

其中，重庆市税收收入从 2013 年的 1113 亿元增长到 2022 年的 1271 亿元，增长了 14%；四川省税收收入从 2013 年的 2104 亿元增长到 2022 年的 3151 亿元，增长了 50%；贵州省税收收入从 2013 年的 840 亿元增长到 2022 年的 1022 亿元，增长了 22%；云南省税收收入从 2013 年的 1216 亿元下降到 2022 年的 1197 亿元，下降了 2%；西藏税收收入从 2013 年的 72 亿元增长到 2022 年的 106 亿元，增长了 47%（见表 2）。

表2　2013~2022年西南地区税收收入

单位：亿元，%

地区	2013年	2014年	2015年	2016年	2017年	2018年	2019年	2020年	2021年	2022年
重庆	1113	1282	1451	1438	1476	1603	1541	1431	1543	1271
四川	2104	2312	2354	2329	2430	2820	2889	2967	3335	3151
贵州	840	1027	1126	1120	1180	1266	1204	1086	1177	1022
云南	1216	1233	1211	1174	1234	1423	1451	1453	1514	1197
西藏	72	86	92	99	123	156	158	143	142	106
西南地区	5345	5940	6234	6160	6443	7268	7243	7080	7711	6747
全国	110531	119175	124922	130361	144370	156403	158000	154312	172736	166614
占比	4.83	4.98	4.99	4.73	4.46	4.65	4.58	4.59	4.46	4.05

资料来源：根据中经网数据整理。

2013~2018年，西南地区税收收入总体呈上升的趋势，2019年和2020年略微下降，2021年略有上升，2022年出现较大幅度下降，下降了964亿元。

分省（区、市）来看，2013~2019年各省（区、市）税收收入整体呈现上升趋势，2019~2022年，除了四川省的税收收入继续整体表现为上涨趋势以外，其他4个省（区、市）税收收入都有所下降。

（三）西南地区税收收入增长速度变动趋势分析

从西南地区税收收入的增长速度来看，2013~2022年西南地区税收收入增长速度波动较大，且整体呈现下降的趋势。2013~2022年，西南地区五（省、区）市税收收入的增长速度分别为15.83%、11.17%、4.93%、−1.16%、4.58%、12.81%、−0.36%、−2.23%、8.92%、−12.51%，同期全国税收收入增长速度分别为9.86%、7.82%、4.82%、4.35%、10.75%、8.33%、1.02%、−2.33%、11.94%、−3.54%。西南地区税收收入增长速度与全国税收收入增长速度的变化趋势在多数年份基本一致，总体上呈现较大幅度的向下波动趋势。

分省（区、市）税收收入增速变动情况来看，2013~2022年西南五省（区、市）税收收入增速波动幅度较大，且均整体呈现下降趋势。其中西藏税收增速波动最大。2015 年以前，除云南以外其余 4 个省（区、市）税收收入均为正增长；2016 年除了西藏以外，其余 4 个省（区、市）税收收入均为负增长；2020 年除四川、云南外，其余省（区、市）税收收入均为负增长；2021 年除了西藏外，其余省（区、市）为正增长；2022 年西南各省（区、市）税收收入增速全部为负，除了四川外，其余省（区、市）增速下降幅度均在 2 位数以上，其中西藏、云南下降幅度超过了 20%，重庆增速为-17.66%，贵州为-13.21%，四川为-5.51%，下降幅度均超过全国 3.54%的水平（见表 3）。

表 3   2013 年~2022 年西南地区税收收入增长速度情况

单位：%

地区	2013 年	2014 年	2015 年	2016 年	2017 年	2018 年	2019 年	2020 年	2021 年	2022 年
重庆	14.68	15.21	13.19	-0.86	2.63	8.58	-3.86	-7.17	7.88	-17.66
四川	15.13	9.93	1.78	-1.03	4.34	16.02	2.45	2.72	12.39	-5.51
贵州	23.18	22.27	9.67	-0.50	5.29	7.31	-4.90	-9.80	8.39	-13.21
云南	14.26	1.45	-1.84	-3.06	5.14	15.35	1.92	0.17	4.21	-20.94
西藏	2.10	20.02	7.15	7.66	23.88	27.08	1.02	-9.07	-0.75	-25.34
西南地区	15.83	11.17	4.93	-1.16	4.58	12.81	-0.36	-2.23	8.92	-12.51
全国	9.86	7.82	4.82	4.35	10.75	8.33	1.02	-2.33	11.94	-3.54

资料来源：根据中经网和各省区市官方网站数据计算整理。

（四）西南地区税收弹性变动趋势分析

税收弹性是指税收收入增长速度和 GDP 增长速度的比值，该指标反映了税收收入增长与经济增长的协同性，当税收弹性大于 1 时说明税收收入的增长速度高于 GDP 增长速度，会出现税收的超分配问题。一般认为税收弹性在 0.8~1.2 比较合理。

从西南地区税收弹性来看，西南地区税收弹性整体呈现下降趋势。2013 年、2014 年和 2018 年西南地区税收弹性大于 1，分别为 1.51、1.31 和 1.22；2015 年、2017 年和 2021 年西南地区税收弹性大于 0 小于 0.8，分别为0.70、0.40和0.67；2016年、2019年、2020年和2022年税收弹性均为负数，分别为-0.14、-0.05、-0.82和-2.36。与全国的税收弹性相比，西南地区的税收弹性在2015年前高于全国的税收弹性，在2016年、2017年、2019年、2021年、2022年低于全国的税收弹性。尤其是2022年，西南地区税收弹性为-2.36，大幅低于全国-0.67的税收弹性。

分省（区、市）来看，西南地区各省（区、市）税收弹性均整体呈现下降趋势，其中贵州、云南和西藏的税收弹性多数年份小于1。2020~2022年，除了四川省在2021年税收弹性大于1外，其他省（区、市）税收弹性均小于1，尤其在2022年五省（区、市）税收弹性均在-1以下，其中重庆、云南、西藏税收弹性在-3以下，分别为-4.71、-3.17和-10.05（见表4），表明西南地区各省（区、市）税收发展与本区域经济发展的同步性较低。

表4　西南地区及全国税收弹性变化情况

地区	2013年	2014年	2015年	2016年	2017年	2018年	2019年	2020年	2021年	2022年
重庆	1.19	1.24	1.36	-0.07	0.23	1.13	-0.41	-1.18	0.65	-4.71
四川	1.39	1.11	0.35	-0.11	0.30	1.22	0.30	0.59	1.08	-1.12
贵州	0.47	0.59	0.29	-0.02	0.17	0.28	-0.24	-0.63	0.34	-1.28
云南	0.92	0.15	-0.28	-0.32	0.40	1.19	0.17	0.03	0.40	-3.17
西藏	0.13	1.49	0.65	0.61	1.59	1.83	0.11	-0.75	-0.08	-10.05
西南地区	1.51	1.31	0.70	-0.14	0.40	1.22	-0.05	-0.82	0.67	-2.36
全国	0.98	0.92	0.69	0.52	0.94	0.79	0.14	-0.85	0.89	-0.67

资料来源：根据中经网和各省（区、市）官方网站数据计算整理。

（五）西南地区税收负担变动趋势分析

税收负担反映的是税收规模和经济规模的对比关系，税收负担可以反映百元GDP所含的税收数量。一般而言，税收负担有大、中、小三个口径指标，这里采用小口径税收负担指标反映税收和经济的对比关系。

2022 年西南地区税收负担水平为 4.92%，低于全国平均水平 13.77%，不到全国水平的 1/2。分省（区、市）来看，西南地区各省（区、市）税收负担水平总体差异不大。2022 年重庆、四川、贵州、云南、西藏的税收负担水平分别为 4.36%、5.55%、5.07%、4.13%、4.98%，税收负担水平最高的是四川省，然后依次是贵州、西藏、重庆、云南，最高的四川省和最低的云南仅相差 1.42 个百分点，但均低于全国平均水平，也不到全国平均水平的 1/2（见表5）。

表5　2015~2022 年西南地区及全国税收负担变动情况

单位：%

地区	2015 年	2016 年	2017 年	2018 年	2019 年	2020 年	2021 年	2022 年
重庆	9.05	7.98	7.36	7.43	6.53	5.71	5.50	4.36
四川	7.76	7.03	6.41	6.57	6.23	6.12	6.17	5.55
贵州	10.68	9.50	8.67	8.25	7.18	6.08	6.05	5.07
云南	8.09	7.17	6.67	6.82	6.25	5.92	5.57	4.13
西藏	8.82	8.44	9.10	10.07	9.28	7.53	6.83	4.98
西南地区	8.55	7.65	7.05	7.11	6.49	6.01	5.89	4.92
全国	18.13	17.47	17.35	17.01	16.02	15.22	15.03	13.77

数据来源：根据中经网和各省（区、市）官方网站数据计算整理。

从西南地区税收负担的变化趋势来看，2015~2022 年西南地区税收负担水平整体呈现下降趋势。2015 年西南地区税收负担水平为 8.55%，到 2022 年降为 4.92%，下降了 3.63 个百分点。

分省（区、市）看，2015~2022 年，各省（区、市）的税收负担水平均整体呈现下降的趋势。其中，重庆从 9.05% 下降到 4.36%，四川从 7.76% 下降到 5.55%，贵州从 10.68% 下降到 5.07%。云南从 8.09% 下降到 4.13%，西藏从 8.82% 下降到 4.98%，分别下降 4.69 个百分点、2.21 个百分点、5.61 个百分点、3.96 个百分点、3.84 个百分点。西南地区税收负担水平的变动趋势与全国税收负担水平的变动趋势基本一致。

二 西南地区各税种发展情况①

西南地区目前开征的各税种主要包括国内增值税、企业所得税、个人所得税、资源税、城市维护建设税、房产税、印花税、城镇土地使用税、土地增值税、车船税、耕地占用税、契税、烟叶税等。

（一）2021年西南地区各税种发展情况

1. 2021年各税种收入情况

2021年西南地区税收收入总计7689.27亿元，比上年增长8.92%。其中，国内增值税收入为2874.43亿元，同比增长7.18%；企业所得税收入为1359.61亿元，同比增长14.85%；个人所得税收入为358.06亿元，同比增长15.15%；资源税收入为182.72亿元，同比增长21.13%；城市维护建设税收入为543.70亿，同比增长9.53%；房产税收入为325.68亿元，同比增长19.67%；印花税收入为160.04亿元，同比增长14.86%；城镇土地使用税收入为253.73亿元，同比增长9.29%；土地增值税收入为542.18亿元，同比增长4.05%；车船税收入为111.77亿元，同比增长6.13%；耕地占用税收入为129.25亿元，同比下降28.5%；契税收入为763.40亿元，同比增长8.06%；烟叶税收入为81.64亿元，同比增长8.66%；其他税收收入为3.06亿元（见图1）。

从各税种收入占比情况来看，国内增值税和企业所得税是最主要的税收收入来源。其中，国内增值税占比最高，达到37.38%，企业所得税占比第二，达到17.68%，其余各税种收入占比都在10%以下，个人所得税占比为4.64%，资源税占比2.37%，城市维护建设税占比7.05%，房产税收入占比为4.22%，印花税收入占比为2.08%，城镇土地使用税收入占比为3.29%，土地增值税收入占比为7.03%，车船税收入占比为1.45%，耕地占用税收

———————————

① 本部分数据来自国家统计局数据库。

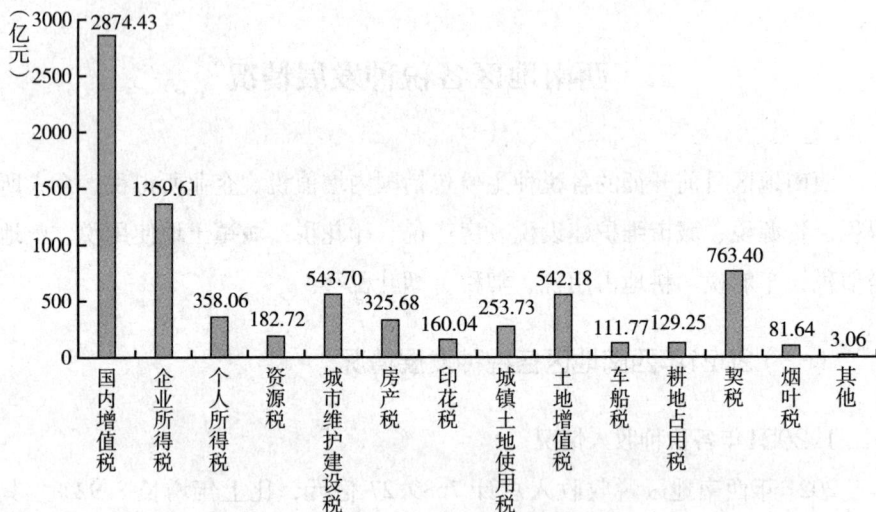

图1　2021年西南地区各税种收入情况

入占比为1.68%，契税收入占比为9.90%，烟叶税收入占比为1.06%。

从2021年西南地区税收收入增长情况来看，增长较快的是资源税、房产税、个人所得税、企业所得税和印花税，增速都在两位数以上，尤其是房产税和资源税增速都在20%左右；增速较低的是土地增值税、国内增值税和车船税等，增速在4%~8%；增速最低的是耕地占用税，2021年为负增长，增速为-28.5%。

2.2021年分省（区、市）各税种发展情况

2021年西南地区税收收入为7689.27亿元，从五省（区、市）各税种收入情况看，除了烟叶税是云南最高以外，其他各税种收入四川最高。国内增值税收入最高的是四川，国内增值税收入达到1200.71亿元，其次是重庆市、云南、贵州和西藏，国内增值税收入分别是573.68亿元、563.83亿元、453.77亿元和82.44亿元。企业所得税收入最高的是四川（596.53亿元），最低的是西藏（13.69亿元）。个人所得税收入最高的仍然是四川（162.89亿元），最低的仍是西藏（14.20亿元）。此外，云南的资源税、城市维护建设税、土地增值税和车船税居第2位；重庆的企业所得税、个人所

得税、房产税、印花税、城镇土地使用税和契税等居第 2 位；西藏的各税种
收入均为最低值（见表6）。

表6 2021 年西南地区各省（区、市）各税种收入情况

单位：亿元

税种	重庆	四川	云南	贵州	西藏	合计
国内增值税	573.68	1200.71	563.83	453.77	82.44	2874.43
企业所得税	268.38	596.53	229.30	251.71	13.69	1359.61
个人所得税	78.66	162.89	57.21	45.10	14.20	358.06
资源税	13.25	83.06	41.11	39.20	6.10	182.72
城市维护建设税	99.86	207.03	133.57	91.44	11.80	543.70
房产税	86.11	143.29	57.38	38.90	0.00	325.68
印花税	34.26	70.34	29.05	22.83	3.56	160.04
城镇土地使用税	85.42	92.82	42.01	33.32	0.16	253.73
土地增值税	70.86	283.59	128.88	54.21	4.64	542.18
车船税	17.76	46.47	27.48	18.19	1.87	111.77
耕地占用税	22.69	71.54	20.09	11.89	3.04	129.25
契税	186.09	358.42	120.33	98.30	0.26	763.40
烟叶税	2.53	9.89	56.41	12.81	0.00	81.64
其他税收收入	0.72	1.48	1.00	-0.37	0.23	3.06
合计	1540.27	3328.06	1507.65	1171.30	141.99	7689.27

3. 各税种收入占各省（区、市）市税收收入的比重情况

在西南地区各省（区、市）税收收入总量中，国内增值税占比最高，
其中西藏的国内增值税收入占比高达 58.06%，其他四省（市）国内增值税
占比也在 36%~39%；企业所得税占比最高的是贵州，达到 21.49%，最低
的是西藏，为 9.64%；个人所得税中西藏占比最高，达到了 10.00%，较低
的是云南和贵州，分别为 3.79% 和 3.85%；资源税中西藏占比最高，为
4.30%，其次是贵州、云南和四川，占比分别是 3.35%、2.73%、2.50%，
最低的是重庆，只有 0.86%；城市维护建设税占比较高的是云南和西藏，

127

四川和重庆相对较低；契税占比最高的是重庆，达到12.08%，其次是四川和贵州，最低的是西藏，仅有0.18%（见表7）。

表7　2021年西南地区各省（区、市）各税种收入占该省区市税收收入比重

单位：%

税种	重庆	四川	云南	贵州	西藏
国内增值税	37.25	36.08	37.40	38.74	58.06
企业所得税	17.42	17.92	15.21	21.49	9.64
个人所得税	5.11	4.89	3.79	3.85	10.00
资源税	0.86	2.50	2.73	3.35	4.30
城市维护建设税	6.48	6.22	8.86	7.81	8.31
房产税	5.59	4.31	3.81	3.32	0.00
印花税	2.22	2.11	1.93	1.95	2.51
城镇土地使用税	5.55	2.79	2.79	2.84	0.11
土地增值税	4.60	8.52	8.55	4.63	3.27
车船税	1.15	1.40	1.82	1.55	1.32
耕地占用税	1.47	2.15	1.33	1.02	2.14
契税	12.08	10.77	7.98	8.39	0.18
烟叶税	0.16	0.30	3.74	1.09	0.00
其他税收收入	0.05	0.04	0.07	-0.03	0.16

4. 2021年西南地区各省（区、市）各项税收占税种收入的比重情况

从西南地区开征的主要税种来看，在国内增值税中，四川的国内增值税收入占比最高，达到41.77%，其次是重庆和云南，其国内增值税收入占西南地区国内增值税收入的比重均接近20%，再次是贵州，其国内增值税占西南地区国内增值税的比重为15.79%，最低的是西藏。除了烟叶税云南占比最高外，企业所得税、个人所得税等税种均是四川占比最高，云南资源税收入占比仅次于四川，房产税、印花税、契税等税种重庆占比仅次于四川，西藏各项税收收入占比均最低（见表8）。

表8　2021年西南地区各省份（区、市）各税种收入占该税种收入的比重

单位：%

税种	重庆	四川	云南	贵州	西藏	合计
国内增值税	19.96	41.77	19.62	15.79	2.87	100
企业所得税	19.74	43.88	16.87	18.51	1.01	100
个人所得税	21.97	45.49	15.98	12.60	3.97	100
资源税	7.25	45.46	22.50	21.45	3.34	100
城市维护建设税	18.37	38.08	24.57	16.82	2.17	100
房产税	26.44	44.00	17.62	11.94	0.00	100
印花税	21.41	43.95	18.15	14.27	2.22	100
城镇土地使用税	33.67	36.58	16.56	13.13	0.06	100
土地增值税	13.07	52.31	23.77	10.00	0.86	100
车船税	15.89	41.58	24.59	16.27	1.67	100
耕地占用税	17.56	55.35	15.54	9.20	2.35	100
契税	24.38	46.95	15.76	12.88	0.03	100
烟叶税	3.10	12.11	69.10	15.69	0.00	100

（二）西南地区各税种整体发展趋势分析

为研究西南地区各个税种整体的变动趋势，本报告选取2013～2021年西南地区各税种的数据进行分析。

1.西南地区各税种收入变动趋势分析

从三大税种来看，国内增值税、企业所得税、个人所得税均整体呈现增长的趋势。其中，国内增值税从2013年的2591.88亿元增长到了2021年的2874.43亿元，企业所得税从2013年的664.70亿元增长到2021年的1359.61亿元，个人所得税从2013年的212.53亿元增长到2021年的358.06亿元，资源税、印花税、房产税、契税、车船税也均整体呈现增长趋势。总体来看，除了耕地占用税和烟叶税外，其他各税种税收收入均整体呈现上升趋势（见表9）。

表9 2013~2021年西南地区各税收入变动情况

单位：亿元

税种	2013年	2014年	2015年	2016年	2017年	2018年	2019年	2020年	2021年
国内增值税	2591.88	2800.90	2839.91	2695.98	2571.82	2908.00	2876.32	2681.96	2874.43
企业所得税	664.70	745.39	761.02	767.71	875.32	1020.93	1135.12	1183.85	1359.61
个人所得税	212.53	230.58	245.41	287.56	361.79	449.57	296.02	310.96	358.06
资源税	70.42	73.69	84.34	78.95	102.45	130.89	143.87	150.84	182.72
城市维护建设税	349.60	382.69	383.69	393.24	424.74	501.36	499.35	496.41	543.70
房产税	130.34	164.13	191.75	205.10	234.13	256.43	269.38	272.15	325.68
印花税	68.09	82.95	81.67	93.09	110.63	120.64	119.00	139.34	160.04
城镇土地使用税	135.97	167.05	239.07	264.95	294.27	267.32	250.04	232.17	253.73
土地增值税	284.28	356.31	387.49	386.01	416.74	510.03	553.41	521.06	542.18
车船税	43.93	52.24	61.68	69.26	78.66	89.37	96.35	105.31	111.77
耕地占用税	298.61	323.93	385.40	376.18	355.71	255.77	200.30	180.78	129.25
契税	397.95	468.68	477.14	458.25	541.17	668.36	702.20	706.47	763.40
烟叶税	94.69	91.55	94.41	84.41	75.49	75.24	76.87	75.13	81.64
其他税收收入	0.02	0.00	0.02	0.00	0.00	0.00	3.44	3.30	3.06
合计	5343.01	5940.09	6233.00	6160.69	6442.92	7254.09	7221.67	7059.73	7689.27

2. 西南地区各税种收入增速整体变动趋势分析

从各税种收入增速来看，各税种收入增速总体表现为波动起伏的变动趋势，每个税种收入的增速都不稳定。从三大税种来看，2013年国内增值税和企业所得税增长速度都在两位数以上，但国内增值税增长速度在2014~2016年出现了较大幅度的下降，2018年恢复到了13.07%，2019年和2020年转变为负增长，2021年恢复到了7.18%的增速；就企业所得税而言，2015~2016年增速也出现明显下降，2017年开始上涨，2019年增速有所下降，到2021年企业所得税增速上升到了14.85%；个人所得税在2013年以后表现为波动上升的趋势，2017年达到了最高点（25.81%），2018年略有下降，2019年大幅下降到-34.15%，2020年和2021年恢复上涨，涨幅分别为5.05%或15.15%（见表10）。

其他税种增速在2013年以后大都表现为波动下降的趋势。值得注意的是，2016年国内增值税、资源税、土地增值税、耕地占用税、契税、烟叶税等税种出现负增长现象，到2021年除了耕地占用税为负增长以外，其余各税种收入均为正增长。

表10　2013~2021年西南地区各税种收入增速变动情况

单位：%

税种	2013年	2014年	2015年	2016年	2017年	2018年	2019年	2020年	2021年
国内增值税	16.24	8.06	1.39	-5.07	-4.61	13.07	-1.09	-6.76	7.18
企业所得税	10.87	12.14	2.10	0.88	14.02	16.64	11.18	4.29	14.85
个人所得税	6.49	8.49	6.43	17.18	25.81	24.26	-34.15	5.05	15.15
资源税	8.24	4.64	14.45	-6.39	29.77	27.76	9.92	4.84	21.13
城市维护建设税	13.06	9.47	0.26	2.49	8.01	18.04	-0.40	-0.59	9.53
房产税	19.61	25.92	16.83	6.96	14.15	9.52	5.05	1.03	19.67
印花税	18.11	21.82	-1.54	13.98	18.84	9.05	-1.36	17.09	14.86
城镇土地使用税	17.46	22.86	43.11	10.83	11.07	-9.10	-6.53	-7.15	9.29
土地增值税	18.92	25.34	8.75	-0.38	7.96	22.39	8.51	-5.85	4.05
车船税	22.61	18.92	18.07	12.29	13.57	13.62	7.81	9.30	6.13
耕地占用税	9.69	8.48	18.98	-2.39	-5.44	-28.10	-21.69	-9.75	-28.50
契税	34.82	17.77	1.81	-3.96	18.09	23.50	5.06	0.61	8.06
烟叶税	11.33	-3.32	3.12	-10.59	-10.57	-0.33	2.17	-2.26	8.66

3. 西南地区各税种收入占比的整体变动趋势分析

从2013~2021年西南地区各税种收入占比的变动情况来看，国内增值税收入占整个西南地区全部税收收入的比重总体呈现下降趋势，从2013年的48.51%下降到了2021年的37.38%；企业所得税占比呈现波动上升的趋势，从2013年的12.44%上升到了2021年的17.68%；个人所得税占比呈现波动上升趋势，从2013年的3.98%上升到2021年的4.66%。资源税、城市维护建设税、房产税、印花税、契税等总体呈现上升趋势（见表11）。

表11　2013~2021年西南地区各税种税收占比变动情况

单位：%

税种	2013年	2014年	2015年	2016年	2017年	2018年	2019年	2020年	2021年
国内增值税	48.51	47.15	45.56	43.76	39.92	40.09	39.83	37.99	37.38
企业所得税	12.44	12.55	12.21	12.46	13.59	14.07	15.72	16.77	17.68
个人所得税	3.98	3.88	3.94	4.67	5.62	6.20	4.10	4.40	4.66
资源税	1.32	1.24	1.35	1.28	1.59	1.80	1.99	2.14	2.38
城市维护建设税	6.54	6.44	6.16	6.38	6.59	6.91	6.91	7.03	7.07
房产税	2.44	2.76	3.08	3.33	3.63	3.53	3.73	3.85	4.24
印花税	1.27	1.40	1.31	1.51	1.72	1.66	1.65	1.97	2.08
城镇土地使用税	2.54	2.81	3.84	4.30	4.57	3.69	3.46	3.29	3.30
土地增值税	5.32	6.00	6.22	6.27	6.47	7.03	7.66	7.38	7.05
车船税	0.82	0.88	0.99	1.12	1.22	1.23	1.33	1.49	1.45
耕地占用税	5.59	5.45	6.18	6.11	5.52	3.53	2.77	2.56	1.68
契税	7.45	7.89	7.66	7.44	8.40	9.21	9.72	10.01	9.93
烟叶税	1.77	1.54	1.51	1.37	1.17	1.04	1.06	1.06	1.06
其他税收	0.00	0.00	0.00	0.00	0.00	0.00	0.05	0.05	0.04
合计	100	100	100	100	100	100	100	100	100

（三）分省（区、市）各税种收入变动趋势分析

1. 重庆市各税种收入变动趋势分析

2013~2021年，重庆市超过100亿元的较大税种主要是国内增值税、企业所得税和契税。这三大税种收入呈现波动增长趋势。重庆市国内增值税从2013年的107.25亿元增长到2021年的573.68亿元；企业所得税总体呈现上升趋势，只在2019年和2020年略有下降，2021年达到268.38亿元。契税在2018年达到200.69亿元的最高点后略有下降，2021年小幅上升至186.09亿元。

在其他税种中，个人所得税由2013年的37.54亿元稳步上升到2018年的89.03亿元，2019年显著下降后缓慢上升，2019年、2020年、2021年个人所得税分别为63.26亿元、65.38亿元和78.66亿元。城市维护建设税、

车船税和房产税等基本整体呈上升趋势，城镇土地使用税和土地增值税在 2019 年以后呈现比较明显的下降趋势（见表 12）。

表 12　2013~2021 年重庆市各税种收入变动情况

单位：亿元

税种	2013 年	2014 年	2015 年	2016 年	2017 年	2018 年	2019 年	2020 年	2021 年
国内增值税	107.25	153.29	175.92	367.76	537.05	584.52	572.20	514.31	573.68
营业税	424.31	444.09	468.82	215.75	—				
企业所得税	135.82	157.72	179.42	187.71	203.34	235.08	228.95	221.06	268.38
个人所得税	37.54	43.24	50.36	58.54	72.73	89.03	63.26	65.38	78.66
资源税	8.40	9.71	11.76	11.34	14.78	13.70	14.42	13.79	13.25
城市维护建设税	65.62	74.35	78.79	81.49	83.55	95.42	90.43	89.18	99.86
房产税	31.40	40.37	52.46	56.88	64.90	67.33	73.15	71.74	86.11
印花税	17.50	20.68	20.56	23.80	31.95	30.71	27.43	29.42	34.26
城镇土地使用税	44.21	63.36	121.31	139.14	147.00	110.32	99.13	81.66	85.42
土地增值税	80.73	96.22	94.36	102.77	83.55	121.06	129.03	104.44	70.86
车船税	6.41	8.33	10.03	11.00	12.70	13.87	15.32	16.72	17.76
耕地占用税	36.93	38.26	48.80	48.67	43.41	36.18	30.87	34.79	22.69
契税	112.40	128.96	134.48	129.84	178.57	200.69	190.64	182.67	186.09
烟叶税	4.10	3.25	3.84	3.76	2.39	2.97	2.56	2.00	2.53
其他税收	—						0.94	0.86	0.72
合计	1112.62	1281.83	1450.93	1438.45	1476.33	1603.03	1541.22	1430.72	1543.40

2. 四川省各税种收入变动趋势分析

从 2013~2021 年四川省各类税收收入发展情况来看，近年来收入规模最大的税种是国内增值税，在 1000 亿元以上，从 2017 年的 1010.19 亿元上升到了 2021 年的 1200.71 亿元，呈现小幅波动整体上升的趋势。四川省较大的税种还包括企业所得税、个人所得税、城市维护建设税、土地增值税、契税、房产税，这些税种收入在 2018~2021 年均超过 100 亿元（见表 13）。

表13 2013～2021年四川省各税种收入变动情况

单位：亿元

税种	2013年	2014年	2015年	2016年	2017年	2018年	2019年	2020年	2021年
国内增值税	235.45	306.45	324.48	638.30	1010.19	1126.50	1126.33	1104.00	1200.71
营业税	812.08	805.24	780.26	436.30	—	—	—	—	—
企业所得税	266.57	286.06	295.31	299.48	359.38	415.79	472.44	523.25	596.53
个人所得税	88.10	97.20	109.14	128.40	152.74	178.59	126.30	135.84	162.89
资源税	26.97	29.10	28.72	26.18	30.41	52.52	63.31	73.59	83.06
城市维护建设税	119.81	126.55	126.30	137.55	150.59	174.98	180.34	181.39	207.03
房产税	52.95	65.80	73.91	79.79	88.66	106.78	111.86	112.48	143.29
印花税	26.73	31.69	30.03	32.14	38.25	46.41	48.03	56.12	70.34
城镇土地使用税	54.05	61.11	64.64	65.10	72.05	81.66	79.18	78.08	92.82
土地增值税	127.40	150.53	149.14	143.98	172.19	215.52	244.10	244.38	283.59
车船税	19.49	22.46	26.63	29.82	32.88	38.22	40.57	43.47	46.47
耕地占用税	87.42	107.95	121.96	118.36	105.12	89.11	90.67	91.19	71.54
契税	174.97	211.83	213.10	184.14	209.95	280.99	289.24	308.80	358.42
烟叶税	11.54	10.49	9.87	9.69	7.90	7.85	8.16	7.71	9.89
其他税收	0.00	0.00	0.02	0.00	0.00	0.00	2.16	1.05	1.48
合计	2103.53	2312.46	2353.51	2329.23	2430.31	2814.92	2882.69	2961.35	3328.06

3.云南省各税种收入变动趋势分析

从2013～2021年云南省各类税收收入发展情况来看，国内增值税呈波动上升趋势，在2018年达到611.66亿元最高点后开始下降，2021年国内增值税收入为563.83亿元；企业所得税总体呈现上升趋势，从2013年的146.65亿元增长到了2021年229.30亿元的高点；城市维护建设税在小幅波动中从2013年的105.74亿元增长到了2021年的133.57亿元；资源税、房产税、印花税、城镇土地使用税、土地增值税、车船税、契税等税收也总体呈现增长趋势；耕地占用税总体呈现下降趋势；烟叶税基本稳定（见表14）。

表14 2013～2021年云南省各税种收入变动情况

单位：亿元

税种	2013年	2014年	2015年	2016年	2017年	2018年	2019年	2020年	2021年
国内增值税	158.22	186.11	190.25	369.93	527.91	611.66	606.35	563.05	563.83
营业税	418.84	396.31	367.68	167.23	0.00	0.00	0.00	0.00	0.00
企业所得税	146.65	159.63	147.44	148.76	161.19	180.67	200.68	217.62	229.30
个人所得税	40.76	48.18	44.16	52.54	69.15	87.44	48.91	49.96	57.21
资源税	18.75	17.13	18.23	17.24	24.56	29.43	29.62	31.54	41.11
城市维护建设税	105.74	118.42	112.10	103.65	112.32	131.67	132.79	129.97	133.57
房产税	28.86	34.53	35.90	37.92	41.96	46.96	47.49	50.55	57.38
印花税	14.34	17.29	16.04	16.56	19.55	21.51	23.24	31.02	29.05
城镇土地使用税	21.28	23.98	25.04	30.39	37.11	38.82	39.80	42.83	42.01
土地增值税	46.10	43.86	56.34	42.63	50.53	71.93	86.92	103.57	128.88
车船税	11.57	13.39	15.49	17.54	20.07	22.18	23.79	26.38	27.48
耕地占用税	76.03	55.35	67.06	61.28	52.99	35.72	33.32	25.19	20.09
契税	69.16	60.96	56.16	52.35	63.36	90.57	118.66	120.74	120.33
烟叶税	59.35	58.08	58.65	57.55	53.16	52.53	53.42	53.20	56.41
其他税收收入	0.02	0.00	0.00	0.00	0.00	0.00	0.67	1.58	1.00
合计	1215.67	1233.22	1210.54	1173.52	1233.86	1421.09	1445.66	1447.20	1507.65

4. 贵州省各税种税收变动趋势

从2013～2021年贵州省的三大税种收入情况来看，个人所得税近年来虽然也有上涨，但涨幅不大，从2013年的34.65亿元增长到了2021年的45.10亿元。另外，在各税种中，目前仅有国内增值税和企业所得税收入超过了200亿元，契税收入接近100亿元。2017～2021年，土地增值税和耕地占用税收入的下降幅度较大，分别从2017年最高的108.66亿元和153.10亿元下降到2021年的54.21亿元和11.89亿元；印花税、资源税、房产税等总体呈现增长趋势，烟叶税出现小幅下降（见表15）。

表15　2013~2021年贵州省各税种收入变动情况

单位：亿元

税种	2013年	2014年	2015年	2016年	2017年	2018年	2019年	2020年	2021年
国内增值税	96.06	117.03	120.47	256.28	417.73	486.39	474.21	417.54	453.77
营业税	300.78	344.49	353.08	179.92	—	—	—	—	—
企业所得税	103.15	123.84	127.35	127.12	146.67	184.46	215.41	206.39	251.71
个人所得税	34.65	32.52	33.27	35.08	48.55	69.31	40.32	42.26	45.10
资源税	15.33	17.05	24.67	23.15	30.77	32.60	34.00	29.57	39.20
城市维护建设税	53.71	57.64	59.80	61.93	67.26	85.53	82.79	83.80	91.44
房产税	17.13	23.43	29.48	30.51	38.61	35.36	36.88	37.38	38.90
印花税	8.40	11.64	13.08	17.88	17.31	18.10	17.24	19.54	22.83
城镇土地使用税	16.18	18.44	27.91	30.12	37.90	36.49	31.75	29.42	33.32
土地增值税	29.41	64.64	86.57	95.01	108.66	98.34	89.23	62.89	54.21
车船税	5.81	7.30	8.64	9.91	11.84	13.71	15.07	16.95	18.19
耕地占用税	97.94	122.03	146.26	146.15	153.10	93.14	44.71	28.13	11.89
契税	41.42	66.93	73.40	91.92	89.29	96.11	103.66	94.26	98.30
烟叶税	19.70	19.73	22.05	15.46	12.04	11.89	12.73	12.22	12.81
其他税收	0.00	0.00	0.00	0.00	0.00	0.00	-0.33	-0.23	-0.37
合计	839.67	1026.71	1126.03	1120.44	1179.73	1261.43	1197.67	1080.12	1171.30

5. 西藏各税种收入变动趋势

从2013~2021年西藏各税种收入发展情况来看，西藏各税种收入规模都比较小，近年来收入规模最大的税种为国内增值税，其收入也没有超过100亿元，2018年增长到98.93亿元，达到最高，之后逐渐下降到2021年的82.44亿元；企业所得税和个人所得税2019年以来也总体呈现下降趋势，2021年收入均不足15亿元；城市维护建设税从2013年的4.72亿元增长到2018年的13.76亿元，而后逐渐下降到2021年的11.80亿元。其他各税种收入规模虽然大多有所增长但大多在5亿元以下（见表16）。

表16 2013~2021年西藏自治区各税种收入变动情况

单位：亿元

税种	2013年	2014年	2015年	2016年	2017年	2018年	2019年	2020年	2021年
国内增值税	10.77	15.91	17.34	48.77	78.94	98.93	97.23	83.06	82.44
营业税	28.12	31.98	41.61	15.74	0.00	0.00	0.00	0.00	0.00
企业所得税	12.51	18.14	11.50	4.64	4.74	4.93	17.64	15.53	13.69
个人所得税	11.48	9.44	8.48	13.00	18.62	25.20	17.23	17.52	14.20
资源税	0.97	0.70	0.96	1.04	1.93	2.64	2.52	2.35	6.10
城市维护建设税	4.72	5.73	6.70	8.62	11.02	13.76	13.00	12.07	11.80
房产税	0.00	0.00	0.00	0.00	0.00	0.00	0.00	0.00	0.00
印花税	1.12	1.65	1.96	2.71	3.57	3.91	3.06	3.24	3.56
城镇土地使用税	0.25	0.16	0.17	0.20	0.21	0.21	0.18	0.18	0.16
土地增值税	0.64	1.06	1.08	1.62	1.41	3.18	4.13	5.78	4.64
车船税	0.65	0.76	0.89	0.99	1.17	1.39	1.60	1.79	1.87
耕地占用税	0.29	0.34	1.32	1.72	1.09	1.62	0.73	1.48	3.04
契税	0.00	0.00	0.00	0.00	0.00	0.00	0.00	0.00	0.26
烟叶税	0.00	0.00	0.00	0.00	0.00	0.00	0.00	0.00	0.00
其他税收	0.00	0.00	0.00	0.00	0.00	0.00	0.00	0.04	0.23
合计	71.52	85.87	92.01	99.05	122.70	155.77	157.32	143.04	141.99

三 西南地区县域税收发展情况

（一）重庆市县域税收发展情况

2022年，重庆市38个县域中，除了九龙坡区、石柱县、巫溪县、酉阳县和秀山县5个县域的税收收入有所增长外，其余33个县域的税收收入均呈现下降趋势。2022年税收收入超过50亿元的县域只有1个，为江北区；税收收入为40亿~50亿元的县域有2个，分别是涪陵区和渝北区；税收收入为30亿~40亿元的县域有6个，分别是南岸区、九龙坡区、万州区、江津区、永川区和渝中区；税收收入为20亿~30亿元的县域有3个，分别是长寿区、沙坪坝区和巴南区；税收收入为 10 亿~20 亿元的县域有 15 个，分别是璧山区、合川区、黔江区、大渡口区、北碚区、綦江区、大足、梁平区、铜梁区、开州区、南川区、垫江县、荣昌区、秀山县和忠县；云阳县、武隆区、潼南区、丰都县、石柱县、酉阳县、奉节县、巫溪县、巫山县、城口县，其税收收入均在 10 亿元以下，其中最低的城口县税收收入仅有 2.1 亿元。总体来看，重庆市 38 个区县中，有 26 个县域的税收收入在 20 亿元以下，占全部县域的 68.42%；税收收入最高的是江北区，税收收入最低的是城口县，江北区的税收收入是城口县的 28 倍，各县域税收收入情况差距较大（见表 17）。

表 17　2022 年重庆市各县域税收收入情况

单位：亿元

县域	税收收入	县域	税收收入	县域	税收收入	县域	税收收入	县域	税收收入
万州	38.1	北碚	14.7	合川	18.5	梁平	13.6	巫山	3.5
涪陵	48.1	綦江	14.5	永川	31.1	武隆	8.6	巫溪	3.9
渝中	30.7	渝北	46.8	南川	11.9	城口	2.1	石柱	8.0
大渡口	14.9	巴南	22.1	璧山	19.9	丰都	8.0	秀山	11.0
江北	58.4	大足	14.1	铜梁	13.5	垫江	11.6	酉阳	7.6
沙坪坝	22.1	黔江	15.7	潼南	8.5	忠县	10.7	彭水	—
九龙坡	39.1	长寿	24.2	荣昌	11.5	云阳	9.0		
南岸	39.5	江津	34.0	开州	12.6	奉节	6.7		

资料来源：根据中经网数据计算整理。

（二）四川省县域税收发展情况

从 2021 年的数据情况来看，四川省县域税收收入超过 100 亿元的仅有双流区 1 个县域，为 143.90 亿元，80 亿~100 亿元的有武侯区、青羊区，60 亿~80 亿元的有金牛区、锦江区、龙泉驿区、成华区等 4 个县域，40 亿~60 亿元的有新都区、涪城区、温江区等 3 个县域，20 亿~40 亿元的有仁寿县、郫都区、彭州市、青白江区、简阳市、都江堰市、崇州区等 7 个县域，其余县域在 20 亿以下（见表 18）。在四川省的 180 多个县域中税收收入在 20 亿元以下的有 166 个，占比约为 90%，78% 左右的县域税收收入在 10 亿元以下，约 54% 的县域税收收入在 5 亿元以下。数据表明四川省县域税收收入分布不均衡，且县域之间税收发展水平差距较大。

表 18　2021 年四川省部分县域税收收入情况

单位：亿元

县域	税收收入	县域	税收收入	县域	税收收入	县域	税收收入	县域	税收收入
双流区	143.90	绵竹市	19.92	游仙区	9.49	中江县	5.95	峨边县	2.94
武侯区	95.60	广汉市	19.67	蒲江县	8.37	犍为县	5.91	马边县	2.92
青羊区	82.90	翠屏区	19.60	泸县	8.30	西充县	5.89	万源市	2.80
金牛区	75.30	新津区	18.90	合江县	8.30	隆昌市	5.83	青神县	2.79
温江区	40.31	船山区	14.02	岳池县	7.82	高县	5.20	旺苍县	2.36
仁寿县	37.70	江阳区	13.91	珙县	7.75	嘉陵区	5.17	天全县	2.34
郫都区	37.50	彭山区	13.37	叙永县	7.60	渠县	5.10	剑阁县	2.29
彭州市	29.67	江油市	13.28	阆中市	7.20	夹江县	4.51	丹棱县	2.13
青白江区	28.46	达川区	13.00	三台县	6.52	乐至县	3.61	朝天区	1.57
简阳市	26.33	峨眉山市	12.79	汉源县	6.35	沙湾区	3.47	九龙县	1.41
都江堰市	22.99	叙州区	12.37	石棉县	6.33	平昌县	3.42	金口河	1.37
崇州市	20.82	东坡区	12.22	南溪区	6.15	南江县	3.34	九寨沟	1.30

资料来源：根据中经网数据计算整理。

（三）云南省县域税收发展情况

云南省 100 多个县域的税收情况来看，近年来云南县域税收收入普遍较低，绝大部分县域税收收入在 10 亿元以下，一些少数民族县域税收收入甚至不足 2 亿元。从绝对规模来看，官渡区、盘龙区和呈贡区收入超过了 30 亿元，2021 年分别为 47.52 亿元、38.32 亿元、37 亿元（估计数），2022 年官渡区税收收入下降到了 34.94 亿元，富源县、水富市税收收入分别增长到 13.31 亿元、11.36 亿元，较低的县如威信县、南涧县、双柏县 2022 年税收收入分别仅有 1.86 亿元、1.45 亿元、1.75 亿元（见表 19）。

从发展趋势来看，2020~2022 年大部分县域税收收入呈现下降趋势，最高县域和最低县域之间的差距也较大，基本上在 20 倍左右。

表 19　2020~2022 年云南省部分县域税收收入情况

单位：亿元

县域	2020 年	2021 年	2022 年	县域	2020 年	2021 年	2022 年
官渡区	43.85	47.52	34.94	武定县	2.54	2.78	2.87
石林县	4.61	5.12	4.22	麻栗坡县	1.80	2.18	2.38
嵩明县	10.38	9.82	1.86	马关县	3.85	4.76	5.02
寻甸县	5.00	5.97	4.29	广南县	3.78	3.27	3.10
富源县	9.83	12.67	13.31	广南县	3.78	3.27	3.10
红塔区	15.85	17.15	8.60	勐海县	3.86	4.00	3.40
通海县	3.10	3.52	3.28	祥云县	6.10	5.61	5.91
易门县	4.45	5.31	3.42	巍山县	4.33	4.01	3.37
峨山县	3.09	2.87	2.81	南涧县	—	1.63	1.45
威信县	1.45	1.92	1.86	剑川县	4.24	4.91	—
水富市	7.93	9.69	11.36	鹤庆县	8.62	11.45	—
永胜县	3.03	2.89	0.99	梁河县	1.13	1.08	—
双柏县	1.91	2.27	1.75	维西县	1.19	1.37	—
姚安县	2.26	2.43	2.61	蒙自市	11.46	10.17	—

资料来源：根据中经网数据计算整理。

（四）贵州省县域税收发展情况

2021 年贵州省县域税收收入普遍较低，其中税收收入排名靠前的县域是怀仁市、盘州市、金沙县，分别为 74.78 亿元、67.83 亿元和 39.27 亿元，大部分县域税收收入在 20 亿元以下，最低的丹寨县仅有 0.89 亿元（见表20）。各县域税收收入发展水平差距明显。

表20 2021年贵州省部分县域税收收入情况

单位：亿元

县域	税收收入	县域	税收收入	县域	税收收入	县域	税收收入
仁怀市	74.78	钟山区	9.62	大方县	3.91	独山县	1.95
盘州市	67.83	西秀区	9.04	岑巩县	3.87	荔波县	1.93
金沙县	39.27	息烽县	8.30	平塘县	3.78	普安县	1.90
福泉市	20.94	平坝区	8.22	镇宁县	3.66	黎平县	1.89
开阳县	17.69	绥阳县	8.14	贞丰县	3.61	江口县	1.66
威宁县	16.35	黔西市	6.39	三都县	3.26	长顺县	1.48
七星关区	16.26	天柱县	6.21	松桃县	2.91	黄平县	1.37
织金县	15.81	桐梓县	4.75	沿河县	2.72	三穗县	1.07
汇川区	14.04	印江县	4.59	玉屏县	2.45	丹寨县	0.89

资料来源：根据中经网数据计算整理。

四 研究结论与政策建议

（一）西南地区税收发展研究结论

根据对西南地区税收发展情况的分析可以得出以下基本结论。一是西南地区税收收入偏低。无论是从整个西南地区的税收收入，还是从各省（区、市）的税收收入来看，西南地区的税收收入相对于其他地区而言都较低，且近年来总体呈现下降趋势。2022年西南地区税收收入为6747亿元，占全国税收收入的比重只有4.05%，分别比2020年和2021年下降了0.54个百分点和0.41个百分点。

二是增长速度不稳定。西南地区近年来税收收入增速非常不稳定，各税种税收收入的波动幅度较大，甚至在2022年西南五省（区、市）的税收收入增速均为负增长，税收收入增速远低于全国平均水平。重庆、四川、贵州、云南、西藏税收收入增速分别为－17.66%、－5.51%、－13.21%、－20.94%、－25.34%，整个西南地区税收收入比上年增长了－12.50%，同期全国税收收入增速为－3.54%。

三是各省（区、市）税收发展不均衡且发展差异大。西南地区各省（区、市）顺势发展，差距较大，呈现不均衡的空间分布特征。2022 年，四川税收收入为 3151 亿元，相当于重庆税收收入的 2 倍多，是贵州税收收入的 3 倍。

四是各税种收入占税收总收入的比值不均衡，地方税体系结构不合理。西南地区各税种发展不均衡，西南地区开展的 14 个税种中，国内增值税、企业所得税规模较大，2021 年西南地区国内增值税和企业所得税分别达到了 2874.43 亿元和 1359.61 亿元；其次是契税、城市维护建设税、土地增值税；其他税种如房产税、印花税、车船税、耕地占用税等，税收收入规模则较小。

五是西南地区税收省（区、市）内的县域税收发展差距突出，县域税收发展低水平不均衡的空间分异现象凸显。以重庆市 38 个县域为例，其中税收收入最高的江北区税收收入是最低的城口县的 28 倍，云南省内税收收入最高的县域是税收最低县域的 20 倍左右，其他省（区、市）内的县域税收发展差距也比较大。

六是西南地区总的税收弹性表现为波动下降的趋势，在 2022 年达到了最近几年的最低点。2013~2015 年，西南地区税收弹性分别为 1.51、1.31、0.70，分别比全国税收弹性水平高了 0.53、0.39、0.01，2015 年后在波动中逐步走低，大部分年份低于全国水平。2021 年，除了四川以外，其余各省（区、市）税收弹性均低于全国水平，2022 年重庆、四川、贵州、云南、西藏五省（区、市）的税收弹性分别为 -4.71、-1.12、-1.28、-3.17、-10.05，全部低于全国 -0.67 的水平。税收弹性大于 1 时说明税收收入增速超过了经济增长速度，近年来西南地区税收弹性逐步降低并转化为负值，表明西南地区税收表现为负增长，政府税收参与国民收入的分配力度逐年降低。

七是从税收负担来看，西南地区整体税收负担以及各省（区、市）的税收负担都表现为下降趋势。西南地区整体税收负担水平从 2015 年的 8.85%下降到了 2022 年的 4.92%，重庆、四川、贵州、云南、西藏的税收负担分别从 2015 年的 7%~11% 下降到 2022 年的 4%~6%。西南地区总的税收负担水平和各省（区、市）的税收负担水平均低于全国平均税收负担水平，2022 年低于全国税负水平 8~10 个百分点。

（二）政策建议

第一，各级地方政府应着力发展经济扩展税源税基。西南地区各省（区、市）经济发展相对滞后于东中部地区，经济总量相对较小，税源相对不足，税基也相对不够宽广，客观上导致了西南地区税收发展的经济基础相对薄弱，税源不足，税基不厚，制约了税收收入的增长，税收收入偏低，难以满足经济发展和民生需要。因此，西南地区各级地方政府应该始终把发展经济、扩展税源税基作为当前的一项重要工作。

第二，要在坚持生态优化的前提下统筹经济和税收发展。西南地区地理地形复杂，大多为高原山地或丘陵，自然条件较差，生态环境脆弱，很多地区属于限制开发区和禁止开发区，是重要的水源涵养区和生态保护区，因此，西部地区各级地方政府在发展经济、涵养税源的同时必须坚持生态优先的原则。尤其是重庆、四川、贵州、云南都属于长江经济带上游区域，要在遵从习近平总书记"共抓大保护，不搞大开发"指示精神的前提下发展经济。西藏作为长江、黄河的发源地更要在坚持生态优先的前提下谋划经济和税收发展。

第三，应重视推动区域经济和税收的整体协同发展。加强西南地区省际区域经济合作和税收合作，避免恶性经济竞争和税收竞争，在税收政策、税收征管等方面加强协作，通过区域税收协作引导西南地区区内资源的合理配置，推动整个西南地区区域经济协同发展，进而助推西南地区区域税收整体协调发展。要坚持和突出税收法定和税收法治的理念，尽量避免税收竞争带来的资源配置错位以及西南地区内部经济和税收发展水平差距的进一步拉大。

第四，加强省域内部不同地区和县域之间的经济合作和税收政策协调。统一省域内部税收政策，避免省域内部区域经济和税收政策竞争。在加强省域内部区域经济和税收合作时，要从全省域层面着手制定相关税收政策，合理划分不同地区之间、县域之间的利益分配，避免要素和资源的过度集聚导致经济和税收发展的过度不均衡。

第五，各省（区、市）要进一步优化地方税收（制）结构。在稳定发展流转税的基础上，积极规划和培育发展直接税，建立和完善规范省以下分税制。从西南地区税收结构看，长期以来，西南地区税收结构中流转税占了较大比重，2016年营改增后更是形成了增值税一税独大的局面，地方税体系中缺乏明显的主体税种，加剧了地方税体系的脆弱性，尤其是典型的少数民族地区，更是增强了对中央共享税和转移支付的依赖。

第六，积极改善和优化地方税收营商环境，降低税收征管成本，强化税收服务工作。根据世界银行发布的《2019年营商环境报告》，我国营商环境改善总体上虽然成效显著，但"纳税"指标与主要发达国家依然存在较大差距。良好的税收营商环境有助于提升微观经济主体活力、增强纳税主体获得感，西南地区地理区位条件较差，经济地理条件、社会环境、政策环境等相对不够完善，税收营商环境还有较大提升空间，各级地方税务部门还需要进一步深化"放管服"改革，缩短纳税时间、减少纳税次数、提升纳税服务水平。进一步推动税收征管服务从"线下服务为主"转变为"线上和线下服务并重"，更加注重个性化服务，为纳税人提供更便捷、更规范、更有感的服务。

第七，积极利用信息化技术不断加强税务（收）信息化管理和税务监管，着力推进智慧税务建设。西南地区各级地方政府和税务管理部门要充分运用大数据、云计算、人工智能、移动互联网等现代信息技术提高税收管理的智能化水平，从过去的"以人治税"转变为"以数治税"。进一步健全完善税务监管体系，进一步加强"双随机、一公开"监管，着力构建"信用+风险"动态监管体系，加强对经济运行中的新业态、新情况、新问题的跟进监管，严厉打击"假企业""假出口""假申报"行为，进一步加强对重点行业、重点领域、重点人群的税收监管；对平台经济实施常态化监管，完善常态长效"打三假"工作机制，坚决打击团伙式、暴力虚开发票等严重违法犯罪行为，着力维护国家税收安全。

参考文献

国家税务总局湖北省税务局课题组：《世界银行营商环境报告纳税指标及我国得分情况分析》，《税务研究》2019 年第 1 期。

马海涛、郝晓婧：《现代化经济体系建设与税制改革》，《税务研究》2018 年第 2 期。

杨森平、陈丽敏：《高质量发展、税收竞争与税收可持续增长——基于广东的证据》，《产经评论》2022 年第 3 期。

范子英、高跃光：《如何推进高质量发展的税制改革》，《探索与争鸣》第 2019 年第 7 期。

省 域 篇
Provincial Reports

B.6
2021~2022年浙江省税收发展报告

李思存　喻万芹　沈月妹*

摘　要： 2021年，浙江省经济与税收收入均实现较快增长，全省税收总收入（含海关代征）为15041.1亿元，同比增长18.53%，增速高于全国平均水平，总量居全国第5位；GDP为73516亿元，按可比价格计算，比上年增长8.5%，经济运行展现出强劲的发展韧性。2022年，在大规模留抵退税等政策落实下，全省组织税收收入（不含海关代征）13254.4亿元，同比下降3.51%。税收收入稳居全国第5位，在东部五大省市中居第2位；全省实现GDP 77715亿元，按可比价格计算，增长3.1%，经济运行总体回弹态势稳固。2023年以来，风险挑战犹存，发展任务依然艰巨，全省推进三个"一号工程"实施，持续推动经济回升向好、

---

* 李思存，国家税务总局浙江省税务局税收科学研究所研究人员，主要研究方向为税收理论与实践、税制改革跟踪研究等；喻万芹，国家税务总局杭州市滨江区税务局办公室（党委办公室）副主任，主要研究方向为税收理论与实践、税收经济分析；沈月妹，国家税务总局杭州市临平区税务局管理四科副科长，注册会计师，主要研究方向为税制理论与实践、税会差异分析。

稳进提质，第一季度实现 GDP 18925 亿元，同比增长 4.9%，但稳步回升仍然承压，建议多措并举促进税收与经济发展持续协调增长，以高质量发展为全国经济发展勇挑大梁、多做贡献。

关键词： 区域经济　税收收入　浙江

一　2021年浙江省税收发展状况

2021 年，浙江省税收总收入为 15041.1 亿元（含宁波，下同），同比增长 18.53%，其中：税务部门组织收入 13736.7 亿元，同比增长 16.87%；全省办理出口退税 2823.3 亿元（见图 1），同比增长 26.84%。税收收入增速高出全国平均水平，收入规模稳居全国第 5 位。

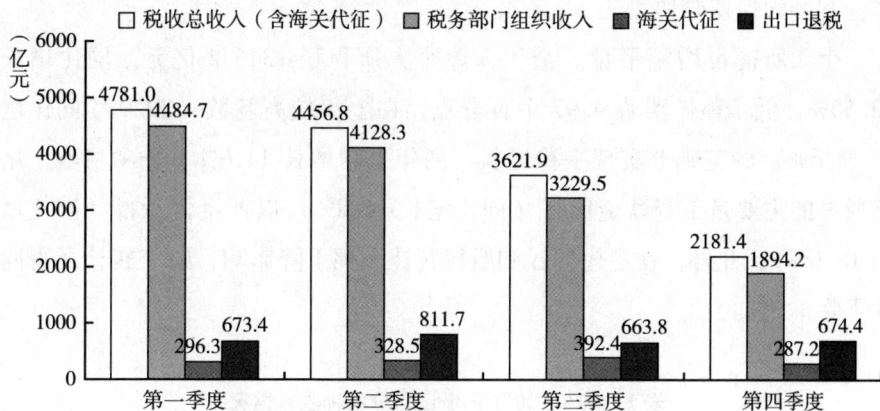

图 1　浙江省 2021 年分季度税收收入情况

资料来源：浙江省税务局网站公开数据。

（一）税收增速冲高后回落

按季度看，2021 年浙江省四个季度单季税收收入分别增长 26.58%、21%、16.65% 和 2.68%，增速呈现梯度式下滑。从月度看，1 月开局平稳；2~4 月受上年同期基数较低影响，增速冲高后回落；5月以后除个别月份外，基本保持平稳增长。从全年情况看，税收收入和增速总体呈现冲高回落的态势。

（二）主体税种增势良好

增值税快速回升。如表1所示，全年入库国内增值税5185.3亿元，同比增长16.89%，增速与整体税收增速基本持平，较2020年回升25.6个百分点。从应征税源看，同比增长17.9%，保持较快增幅，主要原因为上年同期基数较低（-7.2%）和经济基本面回升拉动。2021年1~11月，全省规模以上工业增加值同比增长14%，对制造业税收拉动作用明显。

企业所得税较快增长。2021年全省企业效益稳步提升，利润保持较快增长，全年入库企业所得税3572.6亿元，同比增长27.47%。企业所得税应征税收同比增长21.1%，生产经营持续改善，营业费用持续下降。2021年1~11月，全省规模以上工业企业利润总额同比增长24%，传统企业和新兴产业利润均保持较快增长。

个人所得税增幅平稳。全年入库个人所得税1346.2亿元，同比增长13.56%，低于整体税收4.97个百分点，在上年较高基数（2020年同比增长15.6%）的基础上实现平稳增长，两年平均增长14.6%。分项目看，增速较高的主要是工资薪金所得（同比增长16.8%）以及经营所得（同比增长18.6%）；此外，受房屋转让和股权转让大幅下降影响，财产转让所得同比下降1.3%。

表1　2020~2021年浙江省分税种收入情况

单位：亿元，%

项目	2021年	2020年	同比增长率
一、税收总收入	15041.1	12689.7	18.53
（一）税务部门组织收入	13736.7	11753.9	16.87
1. 国内增值税	5185.3	4436.2	16.89
2. 国内消费税	836.1	680.0	22.96
3. 企业所得税	3572.6	2802.8	27.47
4. 个人所得税	1346.2	1185.5	13.56

项目	2021 年	2020 年	同比增长率
5. 资源税	14.0	12.8	9.37
6. 城镇土地使用税	99.5	110.6	-10.04
7. 城市维护建设税	422.4	363.5	16.20
8. 印花税	121.8	102.7	18.60
9. 土地增值税	698.8	515.6	35.53
10. 房产税	249.8	234.1	6.71
11. 车船税	65.1	60.2	8.14
12. 车辆购置税	278.2	308.8	-9.91
13. 耕地占用税	72.9	93.3	-21.86
14. 契税	767.3	838.2	-8.46
15. 环境保护税	3.2	3.3	-3.03
16. 其他税收	3.5	6.3	-44.44
（二）海关代征	1304.4	935.8	39.39
二、出口退税	-2823.3	-2225.9	26.84

注：其中税收总收入包含海关代征收入且未扣除出口退税，税务部门组织收入不含海关代征收入。

资料来源：浙江省税务局网站公开数据。

（三）税源结构持续优化

收入结构进一步优化。第二产业和第三产业齐头并进，分别增长18.5%和16.1%，其中第二产业税收收入增速略高于第三产业，这也是第二产业税收收入增速近5年来首次超过第三产业，主要是受制造业等实体经济快速恢复、房地产业受调控影响增速回落等多重因素推动。

制造业税收恢复明显。2021年全省制造业入库税收收入3070.7亿元，同比增长22.6%，增速高于2020年29.2个百分点，占全年税收收入比重较2020年提升1.3个百分点，回升态势明显。从基本面看，2021年1~11月全省规模以上工业企业营业收入同比增长25.9%，利润总额同比增长24%，拉动税收收入快速增长。

软件信息业高位增长。2021年软件信息业实现税收收入943.5亿元，同比增长25.3%，在2020年高基数（增速为37.7%）的基础上，仍实现较快增长，占全年税收收入比重较上年同期提高0.5个百分点，经济创新发展势头依旧强劲。

房地产业增速趋缓。2021年房地产业全年入库税收收入2287.9亿元，同比增长10.2%，低于2020年3.8个百分点，较上半年和前三季度分别回落18.8个和6.3个百分点，回落态势明显。房地产业税收收入占比低于上年1.4个百分点。特别是2021年下半年以来，随着房地产市场趋冷，房地产业应征税收和入库税收均出现明显下降。

（四）中央级税收收入增速快于地方级

2021年，全省入库中央级税收收入5090亿元，同比增长20%；地方级税收收入5578.8亿元，同比增长14.3%。从增长情况看，中央级税收收入增长快于地方级，这也是近三年来中央级税收收入增速首次超过地方级，主要是受消费税（同比增长41.9%）、企业所得税（同比增长27.47%）等税种的快速增长带动。但从总量规模看，地方级税收收入依然高于中央级税收收入，高出488.8亿元，占全年税收收入总额的52.3%，对地方财力增长的贡献依然突出。

（五）地区间增幅大体均衡

全省各市税收收入基本保持两位数增长，全省税收收入增速为16.46%，除了增幅最大的舟山（46.84%）外，各地税收收入增幅均在10%~20%，各地收入增幅差距进一步缩小（见表2）。

表2　2020~2021年浙江省分地市税务部门组织税收收入情况

单位：亿元，%

地市	2021年	2020年	同比增长率
宁波市	3067.9	2634.8	16.44
杭州市	4312.7	3600.8	19.77
温州市	1000.3	905.2	10.51
嘉兴市	1094.7	991.0	10.46
湖州市	654.2	569.2	14.93

地市	2021 年	2020 年	同比增长率
绍兴市	863.4	770.5	12.06
金华市	794.0	679.9	16.78
衢州市	255.9	214.7	19.19
舟山市	309.4	210.7	46.84
台州市	732.5	654.7	11.88
丽水市	253.4	221.8	14.25
合计	13338.4	11453.3	16.46

注：其中税收收入指税务部门组织的税收收入，不含海关代征收入。此表合计数为浙江省各地市税务部门组织的税收收入，实际全省税务部门还有省税务局三分局2020年组织税收收入300.6亿元、2021年组织税收收入398.3亿元。

资料来源：浙江省税务局网站公开数据。

（六）科学统筹"减"与"收"

面对复杂严峻的组织收入形势，浙江省税务部门科学处理"减"与"收"、"当前"与"长远"的关系，做到落实减税降费不折不扣、组织税费收入依法依规。全省各级税务机关借助直达快享机制全面落实减税降费政策和各项税费优惠政策，充分发挥税收调节经济的杠杆作用，全力帮助企业爬坡过坎，积极培育涵养优质税源，促进经济高质量发展。2021年1~11月，全省新增减税降费858.6亿元，其中税收减免749亿元，社保降费99亿元，非税收入减免10.6亿元。大规模的减税降费，有效减轻了企业负担，激发了市场活力。

二 2021年浙江省经济与税收协调发展分析

2021年，面对我国经济社会发展的新阶段新特征新要求，浙江坚持以习近平新时代中国特色社会主义思想为指导，完整准确全面贯彻新发展理念，忠实践行"八八战略"，在统筹疫情防控和经济社会发展中奋力争创社会主义现代化先行省，扎实推进高质量发展建设共同富裕示范区，经济运行展现出强劲的韧性和活力，交出了高质量发展的靓丽成绩单，为"十四五"赢得了良好开局。

（一）2021年浙江省经济发展总体情况

经济保持较快增长，经济总量跨上新台阶。2021年，全省GDP为73516亿元，按可比价格计算，比上年增长8.5%，两年平均增长6.0%。经济总量突破7万亿元，这意味着提前一年实现了省第十四次党代会确定的"到2022年7万亿元"的奋斗目标。根据GDP统一核算结果，全省第一季度、上半年、前三季度GDP同比分别增长19.5%、13.4%和10.6%，增速呈现"前高后低"走势，但增速均在两位数以上，展示出全省经济的发展韧性。同时，综合2020年和2021年两年的情况看，第一季度、上半年、前三季度GDP平均分别增长6.2%、6.8%和6.4%，实现平稳增长，反映出浙江扎实稳固的经济基本盘。分产业看，第一、二、三产业增加值分别比上年增长2.2%、10.2%和7.6%，占GDP的比重分别为3.0%、42.4%和54.6%，第二产业和第三产业主体产业地位稳固。

（二）经济与税收协调发展分析

税收数据是经济的晴雨表。税收通过发挥组织收入、调控经济、调节分配等职能，促进经济社会发展质效提高和收入分配结构优化，既助推社会财富增加"做大蛋糕"，也促进财富合理分配"分好蛋糕"，是推动共同富裕的制度保障。

城乡收入差距缩小。属于共同富裕三大核心目标之一的缩小城乡差距取得实质性成效。从收入比看，浙江连续9年持续缩小城乡收入比，2021年城乡收入比为1.94，比上年缩小0.02（见表3）。具体到低收入农户①，2021年人均可支配收入达16491元，比上年增长14.8%，且年内呈现稳步攀升态势，第一季度、上半年、前三季度分别同比增长13.9%、14.3%和14.6%。

---

① 低收入农户由低保户、低保边缘户和特困户组成，由民政部门统一确定。

表3 2020～2021年浙江省居民人均可支配收入情况

单位：元

年份	全省居民人均可支配收入	城镇常住居民人均可支配收入	农村常住居民人均可支配收入	城乡收入比
2020	52397	62699	31930	1.96
2021	57541	68487	35247	1.94

资料来源：浙江省统计局网站公开数据及《2022年浙江统计年鉴》。

区域发展更加协调。2021年，全省11市城乡居民人均可支配收入倍差均较2020年缩小。分地区看，嘉兴（1.60）、舟山（1.61）、湖州（1.65）、绍兴（1.71）、宁波（1.72）、杭州（1.75）、衢州（1.86）、台州（1.92）城乡差距均小于全省平均水平（1.94），温州（1.94）与全省平均水平持平，金华（2.00）、丽水（2.02）均大于全省平均水平。与此同时，2021年前三季度数据显示，全省11市GDP增速均保持两位数增长，超过全国同期平均水平，两年平均增速也均高于全国。

山区26县居民收入稳步提升。从山区26县人均可支配收入情况看，2021年前三季度，山区26县居民、城镇居民、农村居民人均可支配收入分别为30792元、40357元和20125元，分别同比增长12.5%、11.3%和12.2%，增速较全省居民、城镇居民、农村居民人均可支配收入分别高1.1个、0.3个和0.6个百分点，较全国居民、城镇居民、农村居民人均可支配收入分别高2.1个、1.8个和0.6个百分点，山区26县人民生活水平持续提高。

创新驱动持续增强。2021年，全省规模以上工业新产品产值较上年增长30.5%；新产品产值率首次超过40%，达到40.8%，较2020年提高2.6个百分点。1～11月，规模以上工业研发费用为2331亿元，同比增长33.6%，增速高出规模以上工业营业收入7.7个百分点，研发强度持续提升；规模以上服务业企业中，研发费用同比增长32.5%，增速高出规模以上服务业营业收入8.0个百分点，研发强度①达2.4%，同比提高0.1个百分点。

---

① 研发强度＝研发费用/营业收入。

三　浙江省2022年税收经济运行情况及2023年展望

（一）2022年浙江省税收及经济发展情况

1.2022年浙江省税收总体情况

从规模看，浙江位居东部五省市前列。2022年，浙江（含宁波）税务部门组织税费收入27784.9亿元，其中：税收收入13254.4亿元，税收规模稳居全国第5位，在东部五省市中居第2位。从增速情况看，税收收入同比下降3.51%，扣除留抵退税后增长6.3%，高于全国平均增速。

从趋势看，探底回升态势明显。受大规模留抵退税等退税减税政策和疫情等的影响，2022年全省各季度税收收入呈现探底回升态势。其中，第一季度税收收入同比增长8.05%，进入第二季度后，由于大规模留抵退税等退税减税降费政策的实施，全省税收收入增速大幅下降，进入第三季度后，随着大规模留抵退税基本到位，税收收入增速逐步回升，第二至第四季度税收收入增速依次为-22.40%、-3.28%、31.62%；扣除留抵退税因素后，四个季度当季增速分别为4.6%、-0.7%、-1.2%、29.1%，其中，第四季度受制造业中小微企业专项缓缴政策取消影响，回弹明显，增长显著。

从税种情况看，主体税种有增有减。其中，两大所得税成为拉动税收收入的主动力，全年企业所得税和个人所得税合计入库5257.6亿元，分别增长5.17%和11.45%，合计占税收收入的39.67%，合计规模超过国内增值税；国内增值税受留抵退税政策影响，降幅明显，全年入库国内增值税4476.9亿元，同比下降13.66%，扣除留抵退税因素后，国内增值税同比增长11.5%。同属于中央级税收的国内消费税和车辆购置税呈现"一升一降"，其中，国内消费税入库1032.6亿元，同比增长23.50%，主要是受制造业中小微企业专项缓缴税款入库拉动；车辆购置税入库209.7亿元，同比下降24.62%，主要是受自2022年6月1日起单车价格不超过30万元的2.0升及以下乘用车减半征收车辆购置税政策拉低影响。此外，受房地产市场不景气影响，与房地产交易密切相关的契税和土地增值税分别下降21.11%和27.16%。

留抵退税政策效果明显。2022年，全省制造业实现税收3052.8亿元，同比下降0.6%，全年制造业留抵退税达544.7亿元，较上年多退413.6亿元，是退税规模最大的行业，扣除留抵退税后增长12.4%。同时，从排除缓缴政策影响的应征税收情况看，制造业应征税收增长10.1%，反映出制造业总体发展平稳。第三产业占比最大的房地产业受市场下行等影响，入库税收1560.7亿元，同比减少727.2亿元，扣除留抵退税后下降19.5%，拉低第三产业税收增幅10.9个百分点，占整体税收比重为15.4%，较2021年下降6个百分点。交通运输仓储邮政业、住宿和餐饮业等扣除留抵退税后增幅分别仅为0.1%和2.4%。

从地区情况看，各地税收"二升九降"。2022年，全省11个地市中仅宁波、舟山实现税收正增长，增幅分别为1.41%和3.59%；其余9个地市均出现负增长。其中，税收规模最大的杭州（4265.6亿元）同比下降1.09%，降幅较小；降幅最大的是温州，2022年税收收入为812.1亿元，同比下降18.81%；绍兴、嘉兴降幅也在10%以上。

从经济类型看，民营经济充分享受政策红利。2022年，国家出台大规模留抵退税、六税两费减半征收和制造业中小微企业缓缴等政策，全力帮助中小微企业纾困解难。浙江省税务部门聚焦企业所需，充分利用税务大脑推动各项稳企惠企政策靠前发力、政策红利快速精准落地，帮助全省民营经济积极应对风险挑战。2022年，全省（不含宁波）民营经济税收入库7461.6亿元，同比下降6.8%，占全部税收的73.6%。

2. 2022年浙江税收与经济发展情况

2022年，面对"两大变量"叠加"三重压力"的宏观环境，浙江坚决贯彻落实习近平总书记"疫情要防住、经济要稳住、发展要安全"[①] 以及

---

① 《疫情要防住、经济要稳住、发展要安全——中央政治局会议为当前经济工作把舵定调》，中国政府网，2022年4月30日，https://www.gov.cn/xinwen/2022-04/30/content_5688206.htm。

"经济大省要勇挑大梁"① 的重要指示精神，稳中求进积极应对各项风险挑战，全年经济运行总体保持恢复态势，新动能持续增强，高质量发展特征进一步显现，共同富裕示范区建设稳步推进。

宏观经济总体回稳。根据 GDP 统一核算结果，2022 年，浙江全省 GDP 为 77715 亿元，按可比价格计算，较上年增长 3.1%。分产业看，第一、二、三产业增加值分别比上年增长 3.2%、3.4%和 2.8%，增长较均衡；总体规模主要集中在第二及第三产业，第一、二、三产业增加值占 GDP 的比重分别为 3.0%、42.7%和 54.3%。分季度看，第一季度 GDP 同比增长 5.1%，顺利实现"开门稳""开门好"；第二季度，受俄乌冲突等超预期因素影响，当季规模以上工业企业利润、规模以上服务业营业利润等主要指标出现断崖式下滑，拉低上半年增速，上半年 GDP 增速降至 2.5%；第三季度，全省经济逐步恢复向好，增速略有回升，前三季度 GDP 增长 3.1%，增速高出上半年 0.6 个百分点；第四季度，继续保持向好态势，全年 GDP 增速与前三季度（3.1%）持平。纵观全年，在多重压力下，全省经济运行总体保持回稳态势。

民营经济乘风破浪。2022 年，全省新增民营企业 46 万户，占全年新增企业数的 93.5%，累计民营企业达 308 万户，个体工商户达 604 万户，合计占市场主体总数的 96.8%。民营经济在户数"大体量"的同时，也发挥经济上的"挑大梁"作用。2022 年，规模以上工业民营经济增加值实现 15385 亿元，增速达 5.2%。从增速看，5 月以来，规模以上工业中民营企业加快恢复，增长速度持续高于规模以上工业，全年增速高出规模以上工业 1.0 个百分点，拉动规模以上工业增加值增长 3.5 个百分点，增长贡献率达 83.2%；从总体规模看，民营经济增加值占规模以上工业增加值的 70.3%，较 2021 年提高 0.8 个百分点。此外，在规模以上服务业中，民营企业拉动作用明显，1~11 月实现营业收入 24377.43 亿元，增速为 4.4%，高出全省规模以上服务业平均增速

---

① 《中共中央政治局召开会议习近平主持会议》，中国政府网，2022 年 7 月 28 日，https://www.gov.cn/xinwen/2022-07/28/content_5703255.htm。

1.6个百分点，直接拉动全省规模以上服务业营业收入增长2.3个百分点，增长贡献率达82.9%。在外贸方面，民营经济同样表现优异，2022年，民营企业进出口总额为36644.4亿元，同比增长16.9%。在出口增速上，直接拉动全省进出口增长12.8个百分点，增长贡献率达97.7%；在出口规模上，民营企业进出口总额占全省的78.3%，比重提升2.5个百分点。

（二）2023年浙江税收与经济发展面临的挑战

2023年，国际经济形势多变带来的经济回升压力依然较大。面对风险挑战，全省上下坚持以习近平新时代中国特色社会主义思想为指导，全面贯彻党的二十大精神和党中央、国务院决策部署，深入实施"八八战略"，以"两个先行"奋力打造"重要窗口"，推出三个"一号工程"，加力推动全省经济回升向好、经济运行稳进提质。2023年以来，全省经济回升态势稳中有进，第一季度实现GDP 18925亿元，同比增长4.9%。但持续稳步回升仍然承压，下一阶段，仍需持续关注提振市场预期、稳定发展信心，加大力度持续推动扩大有效投资、工业经济向好发展、经济运行整体攀升，以高质量发展为全国经济发展勇挑大梁、多做贡献。

1. 工业生产稳中有进，但规模以上工业利润下滑严重

工业生产稳中有进。2023年1~5月，浙江工业生产实现平稳增长，规模以上工业增加值为8748亿元，增长3.6%，增速较1~4月提高0.3个百分点。特别是5月，增速明显加快，5月全省规模以上工业增加值为1846亿元，同比增长6.1%，其中，民营工业表现优异，规模以上民营工业企业增加值增长8.2%。5月，大、中、小型企业增加值分别增长4.5%、8.4%和6.0%，其中新兴产业引领增长，装备制造业、战略性新兴产业、数字经济核心产业制造业、高新技术产业增加值分别增长10.7%、8.6%、8.2%和7.4%，特别是汽车、电气器械、仪器仪表行业，增加值分别增长27.4%、19.0%、8.8%。具体到产品上，新能源汽车、太阳能电池、工业控制计算机及系统、充电桩等绿色智能产品产量提升明显，分别增长46.2%、41.9%、32.4%和15.8%。

规模以上工业利润下滑。1~5月，浙江规模以上工业企业利润总额为

1930.09 亿元，同比下降 22.9%，下滑严重。其中，战略性新兴产业也下滑明显，1~5 月利润总额为 903.95 亿元，同比下降 22.4%。分行业看，下滑幅度最大的为高新技术制造业，利润总额为 358.33 亿元，同比下降 45.2%；高新技术产业利润总额为 1483.41 亿元，同比下降 25.6%；装备制造业利润总额为 997.57 亿元，同比下降 6.1%（见表 4）。分地区看，全省 11 个地市中，规模以上工业企业累利润变化呈现"8 降 3 升"局面，其中降幅最大的为舟山市，降幅达 108.2%；杭州市（-31.8%）、宁波市（-30.1%）的降幅也均超过全省平均水平（-22.9%）（见表 5）。

表 4　2023 年 1~5 月浙江省规模以上工业分行业利润及同比增长

单位：亿元，%

类别	利润	同比增长
规模以上工业企业	1930.09	-22.9
高新技术制造业	358.33	-45.2
高新技术产业	1483.41	-25.6
装备制造业	997.57	-6.1
战略性新兴产业	903.95	-22.4

表 5　2023 年 1~5 月浙江省及各地市规模以上工业企业利润及同比增长

单位：亿元，%

地区	利润	同比增长
浙江省	1930.1	-22.9
杭州市	444.5	-31.8
宁波市	415.1	-30.1
温州市	134.9	24.2
嘉兴市	243.2	-20.9
湖州市	153.8	2.2
绍兴市	154.4	-20.8
金华市	106.9	5.0
衢州市	37.6	-49.1
舟山市	-7.7	-108.2
台州市	153.7	-2.0
丽水市	24.2	-20.2

资料来源：浙江省税务局网站公开数据、浙江省统计月报。

2.服务业全面回暖，但各地市恢复程度差异大

服务业全面回暖。2023年第一季度，第三产业增加值同比增长6.4%，较2022年全年提高3.6个百分点。其中，因新冠疫情受挫的行业有力反弹，消费回暖迹象明显。住宿和餐饮业增加值增长11.6%，较2022年全年增长10.5个百分点；交通物流货运量增长2.8%，较1~2月回升3.1个百分点；客运量增长40.1%，较1~2月增长21.3个百分点。此外，金融业，租赁和商务服务业，交通运输、仓储和邮政业，信息传输、软件和信息技术服务业增加值增速均高于第三产业增加值平均增速，分别增长10.7%、8.3%、7.0%、6.7%；房地产业回暖势头初显，增加值增长2.7%。

各地恢复步调不一。2023年1~5月，全省规模以上服务业营业收入累计11198.6亿元，同比增长5.5%。从绝对值看，杭州市集聚效应显著，1~5月规模以上服务业营业收入为6896.1亿元，占比为61.58%；其次为宁波，规模以上服务业营业收入为2079.9亿元，占总量的18.57%。杭州、宁波两市合计8976.0亿元，占比达80.15%。从增速上看，杭州市实现了大体量下的较快增长，增幅为8.0%，高出全省平均水平2.5个百分点，而宁波则出现了负增长，为全省唯一下降城市，同比下降5.9%。丽水、台州、嘉兴、湖州、衢州规模以上服务业营业收入均实现两位数增长，增幅分别为20.3%、17.7%、17.2%、12.9%、11.5%（见表6）。

表6　2023年1~5月浙江省规模以上服务业营业收入及同比增长

单位：亿元，%

地区	营业收入	同比增长
浙江省	11198.6	5.5
杭州市	6896.1	8.0
宁波市	2079.9	−5.9
温州市	342.7	2.0
嘉兴市	534.8	17.2
湖州市	165.7	12.9
绍兴市	214.2	6.2
金华市	413.6	6.0
衢州市	106.1	11.5

续表

地区	营业收入	同比增长
舟山市	176.3	6.5
台州市	215.6	17.7
丽水市	53.6	20.3

资料来源：浙江省税务局网站公开数据、浙江省统计月报。

3.进出口较快增长，但高新技术产品出口不升反降

进出口整体规模较快增长。1~5月，全省进出口、出口、进口分别为1.98万亿元、1.46万亿元和5182亿元，同比分别增长8.4%、8.8%和7.4%。其中5月，全省进出口、出口、进口分别为4243亿元、3074亿元和1169亿元，分别增长8.9%、5.0%和20.7%。从国际市场看，新兴市场有效开拓，1~5月全省对东盟、中东、拉美和非洲分别实现进出口2787亿元、2290亿元、2003亿元和1565亿元，进出口总值占全省的43.7%，拉动外贸增长7.1个百分点。从出口产品看，"新三样"出口快速增长，1~5月机电产品出口同比增长11.7%，占全省出口的45.5%。其中，电动汽车、锂电池、太阳能电池分别增长99.4%、78.3%和30.1%。从企业性质看，民营企业持续发力，1~5月实现进出口1.58万亿元，增长12.6%，约占全省进出口的80%。

高新技术产品出口下降。在全省外贸整体上涨的形势下，高新技术产品受国际市场对高新技术的封锁和限制，出口出现明显下滑。1~5月，高新技术产品出口1393亿元，占全省出口的9.53%，同比下降5.2%。

四　推进浙江省税收与经济协调发展的建议

（一）依法依规组织税费收入，提供经济社会发展财力强保障

一是坚持组织收入原则。严守组织收入纪律，坚决不收"过头税费"。加强税费收入质量监控，完善评价指标体系，强化收入风险预警防控，精准监测增长异常情况，进一步提高收入质量。

二是强化税费收入分析。统筹考虑基数、政策等因素影响，强化收入预测分析，充分利用增值税发票、财务报表等数据做好中长期税源测算。健全预警监测体系，高质量开展经济分析和收入专题分析，准确研判变化趋势。

三是切实加强科学统筹。主动跟踪经济发展形势，兼顾"当前"与"长远"，综合把握税费支持政策落实与组织收入"一减一收"的辩证关系，推动税收收入与经济发展相协调。

四是有效践行"税费皆重"理念。健全税费联动征管服务机制，完善常态化部门协作机制，深化数据联通，推动业务联办，促进执法联合，积极推进社保费和非税收入管理法制化建设，积极稳妥做好社保费和非税收入工作。

（二）落实落细税费支持政策，更好服务经济社会高质量发展

一是不折不扣落实各项税费支持政策。全面落实各项税费支持政策，强化纳税人精准画像，健全税费政策宣传落实机制，主动推送兼具针对性和集成化的税费政策，深化运用减税降费直达快享机制，确保政策精准高效、直达快享。

二是主动靠前服务各项发展战略。抓住浙江高质量发展建设共同富裕示范区的先行机遇，从税收角度出发服务战略发展全局，深入推动浙江省人民政府与国家税务总局签订的《税收全面助推浙江高质量发展建设共同富裕示范区行动方案》落地见效、多出成果。把握杭州举办亚运会和亚残运会的历史机遇，优化相关业务办理流程，主动辅导亚运会、亚残运会相关企业及时享受相关税费政策并做好征管服务保障等。聚焦浙江省数字经济创新提质"一号发展工程"，精准落实好各项支持创新发展的政策，持续抓好科技型中小企业和制造业企业研发费加计扣除100%政策、中小微企业设备器具加速折旧、小微企业减免所得税、高新技术企业减免税和技术转让所得减免税等政策，确保企业"愿享尽享"。聚焦浙江省"地瓜经济"提能升级"一号开放工程"，全面精准落实出口退税政策助力外贸保稳提质，优化国际税

收管理服务体制机制并进一步丰富"一带一路"税收征管服务举措,助力地瓜藤蔓伸展。

三是强化税收经济分析资政建言。发挥税收大数据优势,聚焦"415X"产业集群等战略布局高质量开展税收经济分析,做精做优税费联动分析,用税收数据看经济、找差距、提建议。深化共同富裕、税电指数和大企业税收经济指数等一系列指标体系的建设及应用,打造层次更高、应用更广、价值更大的税收经济分析拳头产品和标志性品牌。

(三)有力有效深化征管改革,推动浙江税收现代化走在前列

一是持续深入探索创新试点治理举措。以"揭榜挂帅"的定力和魄力主动承接各项试点任务,并探索推进各项解决实际问题、提升治理效能的原创性治理方案,以比拼赛马的工作机制激励全省各级税务机关积极闯关探路,打造更多具有浙江特色的税收治理方案。

二是扎实推进智慧税务建设。稳步推进发票电子化改革,推广应用数电发票,推进"财务""税务"联动数字化提效。加快税务智慧大脑建设,聚焦纳税人缴费人所需所盼和税收征管难点堵点,打造具有浙江税务辨识度的税务智慧大脑和应用集群,进一步提升智慧税务核心能力。

三是深化完善税务监管体系。构建"信用+风险"新型监管机制,完善分级分类监管体系,强化对重点企业、重点行业、重点区域、重点人群的重点监管,提升平台经济治理效能,持续深入调研分析,助力平台经济规范稳健发展。

四是进一步优化税务执法方式。推进税务执法"首违不罚"清单制度,深入开展说理式执法,提升执法温度。完善六部门协作机制,推进常态化打击虚开骗税工作,严厉打击涉税违法行为,营造公平的市场环境。

(四)用心用情升级办税服务,助力打造全国营商环境最优省

一是深入开展"大走访大调研大服务大解难"活动。结合大兴调查研究要求以及"便民办税春风行动"安排,常态化开展走访问需工作,摸清

摸准摸透纳税人缴费人需求，同时建立健全"问题清单""措施清单""责任清单"的跟踪督查、结果检查和重点抽查机制，确保建议需求有回应，税费服务举措及时惠及企业。

二是深化税费服务新体系建设。按照"线下服务无死角、线上服务不打烊、定制服务广覆盖"的思路，全面拓展办问协同应用范围，打造"智能应答+全程互动+问办查评送一体化"的线上服务模式，提供网上办税的类现场服务。探索推进办税服务厅智能化改造和数字化转型，发挥实体厅服务复杂业务、特殊人群办税、投诉争议解决的保障作用。

三是打好"办税提速、服务提质、信用提效"组合拳。建立12366税费咨询专家团队，构建"全能高效、全时响应、全域互联"的12366咨询响应新模式。深挖办税缴费业务流程精简潜力，通过打造集中处理中心、税务中台等方式实现业务集成、数据集成、服务集成，更大限度地消除重复劳动，促进办税缴费实现质效齐升。加强纳税信用宣传，探索推进信用预警提醒，优化新办纳税人信用评价，积极推进"绿税通"等创新应用探索，推动人人依法诚信纳税。

参考文献

《2021年浙江经济十大亮点——〈2021年浙江省国民经济和社会发展统计公报〉解读》，浙江省统计局网站，2022年3月1日，http：//tjj.zj.gov.cn/art/2022/3/1/art_ 1229129214_ 4885649. html。

《2021年浙江经济高质量发展再上新台阶 共同富裕示范区建设扎实开局》，浙江省统计局网站，2022年1月18日，http：//tjj.zj.gov.cn/art/2022/1/18/art_ 1229129214_ 4862189. html。

《抢新机开新局彰显浙江经济靓丽特质——2021年浙江经济形势简要分析》，浙江省统计局网站，2021年12月28日，http：//tjj.zj.gov.cn/art/2021/12/28/art_ 1229129214_ 4850094. html。

《2021年浙江省国民经济和社会发展统计公报》，浙江省统计局网站，2022年2月24日，http：//tjj.zj.gov.cn/art/2022/2/24/art_ 1229129205_ 4883213. html。

《2022年浙江省国民经济和社会发展统计公报》，浙江省统计局网站，2023年3月16日，http：//tjj. zj. gov. cn/art/2023/3/16/art_ 1229129205_ 5080307. html。

《历经艰难稳进提质 回稳向好倍加珍惜——2022年浙江经济年终述评》，浙江省统计局网站，2022年12月23日，http：//tjj. zj. gov. cn/art/2022/12/23/art_ 1229129214_ 504 2440. html。

2021~2022年山西省税收发展报告*

王江霞　王靖文　董俊丽**

摘　要： 2021~2022年，面对复杂多变的国内外经济下行影响和超预期发展的疫情形势，山西省税务部门紧紧抓住煤炭等大宗商品价格高位运行的有利形势，坚持"两手抓""两手硬"，统筹做好退税减税和组织收入工作，税收收入规模和增速均再创新高，经济发展逐渐回升，各项改革加快推进，基本民生得到有效保障，社会保持和谐稳定，为服务全省经济社会发展提供了坚实的财力保障。同时，全省能源革命持续发力，传统能源产业优势突出，新能源产业蓬勃发展，建设新型能源体系步伐加快，为奋力谱写中国式现代化山西篇章做出贡献。

关键词： 税收　能源革命　山西

山西作为全国重要的能源保障基地，肩负着保障能源安全的重大政治责任。2021年以来，税务部门坚决克服经济下行压力和新冠疫情影响，充分发挥税收在国家治理中的基础性、支柱性、保障性作用，正确处理"减"与"收"的关系，为全省经济社会发展提供了坚实的财力保障。全省经济

---

* 本报告中经济指标来源于《山西省国民经济和社会发展统计公报》，税收数据来源于《山西税务收入月报》。

** 王江霞，国家税务总局山西省税务局税收经济分析处副处长，主要研究方向为税收视角的经济热点分析、经济税收关系、税收政策效应分析等；王靖文，国家税务总局临汾市税务局税收经济分析科四级主办，主要研究方向为税收经济关系；董俊丽，国家税务总局山西省税务局税收收入规划核算处一级主任科员，主要研究方向为税收经济数量分析。

总体延续了稳定恢复的良好态势，经济总量再上新台阶，能源保供扎实推进，新兴动能日益增强，市场活力持续释放，发展质效稳步提升，民生福祉不断增进，为稳住全国经济大盘做出了山西贡献。

一　2021～2022年山西税收运行状况及退税减税情况分析

（一）2021年山西税收总量情况

2021年，煤炭价格大幅上涨，税务部门紧抓机遇，全力组织收入，全年全省税务系统各项收入完成5338.69亿元，同比增长29.82%，增收1226.32亿元。其中，税收收入完成3625.39亿元，同比增长27.83%，增收789.34亿元；非税收入完成226.2亿元，同比增长17.10%，增收33.03亿元；社保费及职业年金收入完成1487.1亿元，同比增长37.29%，增收403.95亿元。

各级次税收同比增长，地方财力贡献明显提升。中央级税收收入完成1534.29亿元，同比增长27.80%，增收333.75亿元，比2019年增长14.67%，两年年均增长7.08%；地方级税收收入完成2091.1亿元，同比增长27.86%，增收455.6亿元，比2019年增长17.75%，两年年均增长8.51%。2021年地方级税收收入占全省财政一般公共预算收入的73.77%，同比提升2.55个百分点。

主要税种贡献突出，四成以上增收额来自增值税。2021年，增值税完成1638.58亿元，同比增长26.22%，增收340.34亿元；企业所得税完成739.88亿元，同比增长35.06%，增收192.05亿元；资源税完成493.51亿元，同比增长37.57%，增收134.78亿元。三大主税合计完成2871.97亿元，占全部税收收入的79.22%，合计增收667.17亿元，贡献84.52%的税收增量，其中增值税贡献43.12%的税收增量。

传统行业增势强劲，煤炭行业增收贡献接近七成。2021年，除电力生产和供应业下降 15.93% 外，煤炭、焦炭、冶金三大传统行业合计完成 1786.17 亿元，占比 49.27%，同比增长 47.82%，增收 577.83 亿元，贡献 73.20% 的税收增量。其中，煤炭行业税收完成 1554.84 亿元，同比增长 47.85%，增收 503.21 亿元，贡献 63.75% 的税收增量。特别是下半年随着煤炭价格持续上涨及服务能源电力保供煤炭产销量增加，7~11 月全省煤炭行业税收月均增长 94.68%，月均增收 77.84 亿元，增收贡献达 83.14%，成为下半年全省税收增速进一步加快、赶上并超过全国平均水平的主要原因。在煤炭、焦炭、冶金三大传统行业税收增长的带动下，2021 年，全省工业税收完成 2193.86 亿元，同比增长 41.54%，比服务业税收（13.72%）高出 27.82 个百分点，比全部税收收入高出 13.71 个百分点。

（二）2022年山西税收总量情况

2022 年，统筹做好退税减税和组织收入工作，全年全省税务系统各项收入累计完成 7192.50 亿元，同比增长 12.26%，增收 785.35 亿元。其中，税收收入完成 4662.25 亿元，同比增长 28.60%，增收 1036.86 亿元；非税收入完成 952.03 亿元，同比下降 26.46%，减收 342.63 亿元；社保费及职业年金收入完成 1578.22 亿元，同比增长 6.13%，增收 91.12 亿元。全年新增减税降费及缓税缓费 844.1 亿元，税收收入规模创近年新高。

地方级税收收入增长略快于中央级，一般公共预算收入税收贡献突出。2022 年，中央级税收收入完成 1967.26 亿元，同比增长 28.22%，增收 432.97 亿元。地方级税收收入完成 2694.99 亿元，同比增长 28.88%，增收 603.88 亿元，完成年初目标（2279 亿元）的 118.25%，高于中央级 0.66 个百分点，占全省一般公共预算收入比重为 78.03%，税收占比总体保持稳定、贡献突出。

从税种看，三大主税地位凸显，企业所得税领跑税收增长。2022 年，增值税、企业所得税、资源税三大税种分别完成 1731.09 亿元、1398.36 亿元、766.30 亿元，占全部税收收入比重分别为 37.13%、29.99%、16.44%，合计占比 83.56%，合计税收收入同比增长 35.65%。全省征收的 16 个税种，

6 成以上实现增收，三大主税增收贡献率为 98.74%，合计增收 1023.79 亿元，拉动税收收入增长 28.24 个百分点。其中，企业所得税增长 89.0%，高于全部税收收入 60.4 个百分点，领跑税收收入增长。

从行业看，第二产业基础稳固，传统煤炭行业提质增效贡献突出，非煤行业税收逐步恢复。2022 年，全省第一产业税收完成 3.75 亿元；第二产业税收完成 3530.00 亿元，同比增长 47.26%，增收 1132.91 亿元；第三产业税收完成 1128.50 亿元，同比下降 7.74%，减收 94.70 亿元。从税收占比看，第二产业税收占比 75.71%，是全省经济税源基础。2022 年全省煤炭行业税收累计完成 2916.31 亿元，同比增长 87.56%，占全部税收收入的 62.55%，拉动税收增长 37.55 个百分点。非煤行业税收受新冠疫情等下行压力影响虽然没有恢复 2021 年同期水平，但从趋势上看，呈逐步恢复态势。2022 年，全省非煤行业税收同比下降 15.68%，较 11 月、10 月分别下降 0.9 个、1.56 个百分点。从税收占比上看，非煤行业完成税收占全部税收收入比重按季度分别为 43.47%、31.86%、35.09%、37.45%，税收占比在被煤炭行业挤压后从第三季度开始不断小幅回升。

（三）2021~2022年落实退税减税效应[①]

2021 年，全省税务系统全面深入落实国家制度性、结构性、阶段性税费优惠政策，其中，小型微利企业所得税再减半优惠、个体工商户经营所得减半征收个人所得税、提高小规模纳税人增值税起征点 3 项优惠政策，惠及 37.34 万户纳税人，有效减轻了中小企业税费负担；支持疫情防控的展期政策，有力支持纳税人复工复产、渡过难关；提前享受前三季度研发费用加计扣除减免企业所得税，为企业技术创新提供资金支持。特别是 2021 年 4 月 1 日起扩大先进制造业增值税留抵退税范围，增值税留抵退税上百亿元，有力助推山西制造业高质量发展。

[①] 本报告涉及的涉税市场主体、企业开票等经营情况数据为税收管理系统及企业申报数据的汇总加工。

2022 年，山西省税务部门坚决扛牢政治责任，全方位落实新的组合式税费支持政策，确保政策红利直达快享，全力促进宏观经济大盘稳定。全年累计新增退税减税降费及缓税缓费 800 多亿元，减缓税收规模为历年来最大，纾困解难力度为历年来最大，在服务全省经济社会健康发展中发挥了积极作用。

1. 退税减税降费政策精准落地

新的组合式税费支持政策全面落地，充分体现了规模量大、覆盖面广、精准度高的特点。各项政策惠及全省 140 多万户次纳税人（缴税人）。其中，增值税留抵退税金额最大，在 34 项新的组合式税费支持政策中，增值税留抵退税政策是"重头戏"，5 万户纳税人办理留抵退税，有效缓解企业资金压力。应对疫情影响靶向最准，对受疫情冲击较大的制造业中小微企业实施精准"滴灌"，缓缴税费涉及纳税人 2.11 万户；另外，对困难行业及中小微企业实施阶段性缓缴社保费，助力中小微困难企业提升应对风险的能力。制造业受惠力度最大，20 个行业大类均享优惠，制造业企业享受优惠，居各行业之首，有力推动企业走出由大宗商品价格上涨导致成本上升的困境。小微企业覆盖面最广，小微市场主体享受税费优惠占总量的 40.28%。其中，117.59 万户月营业额在 15 万元以下的增值税小规模纳税人享受免税，覆盖面（占 2022 年底全省涉税市场主体 182.16 万户的比重）达 64.55%，为稳定市场预期发挥了积极的政策效能。民营经济受益比例最高，享受政策红利占总量的 92.43%。新的组合式税费支持政策为民营经济纾困解难、健康发展提供了强劲助力。

2. 退税减税降费政策有力保障经济大盘稳定

减税负，经济活力有效激发。新的组合式税费支持政策直达快享，纳税人的税负（税收收入/增值税发票开票收入）明显降低。2022 年，全省税负为 2.52%（不含采矿业），较上年同期下降 0.73 个百分点，其中制造业税负为 2.55%，下降 1.15 个百分点。税负降低，有效激发了纳税人的经营活力，2022 年全省增值税发票开票收入为 7.03 万亿元（不含采矿业），同比增长 9.3%。采矿业全面完成煤电保供战略任务，在量价齐涨情况下，开票

收入为 1.86 万亿元，同比增长 21.67%，税负为 15.54%，比 2021 年上升
5.37 个百分点。

稳预期，市场主体快速增加。新的组合式税费支持政策在扶持市场主体
上更加精准地聚焦中小微企业、个体工商户，有效稳定了市场预期，激发了
小微市场主体活力。2022 年，全省新办涉税市场主体 54.9 万户，同比增长
1.79 倍，其中，新办个体涉税市场主体 40.28 万户，增长 4.35 倍。同时，
市场主体活力有效增强，2022 年新办市场主体领用发票户数为 13.57 万户，
同比增长 16.22%，表明有实际经营业务的纳税人稳步增加，市场主体经营
向好。

扶重点，制造业发展持续向好。受留抵退税、研发费用加计扣除、制造
业缓税等多项政策叠加发力拉动，制造业呈现持续向好发展态势。2022 年，
全省制造业发票开票销售收入为 1.73 万亿元，比 2021 年增长 7.38%，其中
化学纤维制造业、废弃资源综合利用业、汽车制造业、电气机械器材制造业
分别同比增长 62.59%、54.7%、38.17%、29.39%，均大幅超过平均增速，
山西省制造业不断迈向高质量发展。

强链条，产业转型加速推进。重点企业是推动经济转型的重要力量，是
产业链条的关键环节。2022 年，全省退税金额超 2 亿元的企业共 33 户，合
计退税 160 多亿元。其中重点制造业企业 14 户，户数占比为 42.42%，退税
金额占比 37.02%，有力引领了全省经济的转型升级。

3. 增值税留抵退税政策有效激发企业经营活力

通过对全省 498 户企业集团（上年税收达 5000 万以上的山西总部企业
集团，实现税收占全省的 75.91）财务数据进行分析，发现享受留抵退税
的企业集团 229 户（占全省增值税留抵退税总额的 55.45%），在营业收入、
净利润、研发支出、新增资产、对外投资、职工薪酬等方面显著优于未享受
退税的企业集团，退税减税降费政策有效激发了企业经营活力，增强了企业
发展的内生动力。

为企业提质增效添动力。2022 年，享受留抵退税的企业集团实现营业
收入和净利润分别为 42787.81 亿元和 3028.17 亿元，同比分别增长 8.57%

和52.9%，增速分别超出未退税企业10.67个和35.13个百分点，退税减税降费政策对净利润增长的促进作用显著大于对营业收入增长的促进作用，有效提升了企业的经营质量。

为企业技术研发强信心。2022年，享受留抵退税的企业集团共发生研发支出362.35亿元，同比增长15.86%。同期，未享受退税的企业集团研发支出从2021年的51.07亿元减少至2022年的38.1亿元。退税减税降费政策增强了企业的研发信心，激发了企业的研发热情。

为企业扩大生产加速度。2022年，享受留抵退税的企业集团全年新增资产1315.42亿元，新增对外投资125.16亿元，同比分别增长1.47%和18.22%，增速分别高于未退税企业集团0.26个和11.07个百分点。且享受留抵退税的企业集团的新增资产和新增对外投资分别占全部企业集团的83.92%和67.56%，表明享受优惠的企业集团对外扩张意愿更强。

为企业稳岗扩招增底气。2022年，享受留抵退税的企业集团共实发职工薪酬2120.87亿元，同比增长10.93%，增速超出未退税的企业集团2.52个百分点。其中，退税金额超亿元的企业集团实发职工薪酬增长12.88%，超出未退税企业集团4.47个百分点。退税减税降费政策有力保障了企业的薪酬支出，增添了企业稳岗扩招的底气。

二　山西省税收横向比较分析

（一）从税收总量看，总体领先 GDP 排名

2016~2022年，在全国31个省份（不含港澳台地区）中，山西省税收总量排名在10~24位波动，7年排名分别为第24位、第20位、第19位、第19位、第19位、第17位、第10位，总体领先于山西省GDP在全国的排名（GDP七年排名分别为第21位、第21位、第20位、第20位、第20位、第20位、第20位）。从中部六省看，山西省税收总量排名在2~6位波动，7年排位分别为第6位、第6位、第6位、第6位、第6位、

第 6 位、第 2 位。2022 年山西省税收总量较排全国第 9 位的湖北省少 144.98 亿元，较排全国第 11 位的河南省多 53.42 亿元。分级次看，地方级税收规模在全国 31 个省份中的排名在 15~23 位波动，波动幅度小于税收总量的波动幅度，7 年分别排第 23 位、第 19 位、第 17 位、第 16 位、第 17 位、第 15 位、第 15 位。

（二）从税收增速看，全国排第1位，税收增速亮眼

2016~2022 年，全国税收增速平均水平为 3.92%，而山西税收年均增速达 17.32%，位居全国第一，历年税收增速排名分别为第 27 位、第 1 位、第 3 位、第 2 位、第 27 位、第 2 位、第 1 位。在能源需求扩大和能源价格上涨的背景下，山西税收增速整体稳居全国前列，2020 年由于新冠疫情影响，煤炭价格下跌严重，故增速呈现短暂下降。从中部六省看，江西省年均增速次于山西，为 6.67%。分级次看，地方级税收增速在全国 31 个省份中的排名在 1~26 位波动，波动幅度较大，7 年分别排第 26 位、第 1 位、第 3 位、第 2 位、第 23 位、第 3 位、第 1 位。

（三）从宏观税负看，总体处于较高水平

2016~2022 年，山西宏观税负为 17.08%，较全国平均税负 15.46%高出 1.62 个百分点，7 年分别排第 17 位、第 11 位、第 8 位、第 7 位、第 3 位、第 8 位、第 4 位，均高于全国平均水平。主要原因为山西省税源高度集中于煤炭行业，其增值税、资源税、企业所得税收入规模扩大，带动整体税负较高。

（四）从税收占地方一般公共预算收入比重看，税收占比较高

2016~2022 年，山西税收占地方一般公共预算收入的比重为 73.62%，与全国平均水平（74.51%）基本持平，7 年分别排第 24 位、第 10 位、第 20 位、第 8 位、第 12 位、第 11 位、第 5 位。从中部六省来看，山西省税收占地方一般公共预算收入的比重 7 年分别排第 5 位、第 1 位、第 2 位、第 1 位、第 2 位、第 2 位、第 1 位。

（五）从税源结构看，税收高度集中于采矿业，制造业、批发零售业、金融、房地产等行业仍有较大发展潜力

以2022年为例，山西省采矿业税收占第二产业税收比重达到81.85%，占全部税收的61.97%，高出全国平均水平（7.3%）54.67个百分点；制造业税收占比为9.46%，低于全国平均水平（30.05%）20.59个百分点；批发零售业税收占比为9.25%，低于全国平均水平（12.79%）3.54个百分点；金融业税收占比为4.58%，低于全国平均水平（14.96%）10.38个百分点；房地产业税收占比为2.96%，低于全国平均水平（10.68%）7.72个百分点。

三 税收视角下的山西省能源革命综合改革试点分析

近年来，山西深入贯彻习近平总书记提出的能源安全新战略，[1] 坚决扛牢党中央赋予的能源革命综合改革试点重大使命，不断推动能源供给、消费、技术等取得新突破，为保障国家能源安全、推进能源产业转型提供有力支撑。税收数据显示，全省能源产业呈现销售收入高速增长、经营质效明显提升、绿色发展顺利推进的良好局面。能源革命综合改革试点深入推进，能源产业高质量发展成效显著。

（一）新旧能源多向发力，多元能源供给体系正在形成

发票数据显示，2022年全省能源产业增值税发票开票收入为2.53万亿元，较2020年增长1.02倍，呈现高速发展态势。一次能源产业供应结构中煤与非煤的占比由2020年的90.33∶9.67变为2022年的92.08∶7.92，煤炭占比小幅增加。

---

[1] 《让煤炭利用清洁高效起来》，光明网，2020年9月22日，https：//m.gmw.cn/baijia/2020-09/22/34209747.html。

煤炭行业闻令而动，圆满完成能源保供任务。2022 年，山西煤炭产量超 13 亿吨，占全国产量的 29.07%，居第 1 位，连续 2 年增产超 1 亿吨，以长协价保供 24 个省份电煤 6.2 亿吨，圆满完成能源保供任务。煤炭价格方面，2022 年 12 月中旬山西大混（5000 大卡）每吨售价 1164.3 元，较 2020 年同期上涨 90.25%，处于历史高位。受量价齐升影响，2022 年全省煤炭行业增值税发票开票收入为 1.88 万亿元，较 2020 年增长 1.12 倍，占一次能源供给的 92.08%，较 2020 年提升 1.75 个百分点，充分发挥了能源安全"压舱石"的作用。

煤层气开采蹄疾步稳，增储上产领跑全国。山西煤层气资源丰富，已探明地质储量 1.06 万亿立方米，占全国的 89.83%。近年来，山西省不断加大技术创新力度，改进开采工艺，在煤层气勘探开发方面取得了突破性进展。2022 年大吉区块实现埋深 2000 米以上煤层气单井产气量最高日产 10.1 万立方米、平均日产 5.82 万立方米的成绩，标志着我国深部（层）煤层气勘探开发获得颠覆性突破，成为中国煤层气水平井的典范和里程碑。2022 年全省规模以上企业累计抽采煤层气 96.1 亿立方米，占全国的 83.2%。煤层气行业增值税发票开票收入为 1123.88 亿元，较 2020 年增长 74.91%，占全省能源产业的 4.44%。

新能源发电行业拔节增长，电力供给结构逐步优化。2022 年全省新能源发电行业增值税发票开票收入为 353.81 亿元，同比增长 61.45%，两年平均增速为 28.94%，占发电行业的 31.23%，占比较上年提升 1.73 个百分点，显示出山西省电力供应结构有效改善。其中，风力发电增值税发票开票收入为 222.25 亿元，两年平均增速为 63.93%，超出能源产业 21.66 个百分点，呈现高速发展态势；太阳能发电增值税发票开票收入 88.96 亿元，两年平均增速为 1.9%，增长较慢；生物质能发电增值税发票开票收入为 26.86 亿元，两年平均增速为 10.45%，呈现稳定发展态势。

（二）经营质效有效提升，产业发展韧性不断增强

企业经营质量明显提升，煤层气行业领跑利润增长。企业所得税年度申

报数据显示，2021 年全省能源产业实现收入 1.96 万亿元，同比增长 66.34%，实现利润 2206.02 亿元，增长 2.2 倍。其中，煤层气行业实现收入 710.11 亿元，同比增长 30%，实现利润 11.91 亿元，增长 5.2 倍，显示出随着开采技术的不断突破，煤层气行业进入快速发展阶段；煤炭行业实现利润 2057 亿元，增长 3.2 倍，占到能源产业的 93.24%；风力发电业实现利润 65.89 亿元，增长 1.26 倍；太阳能发电行业实现利润 19.43 亿元，下降 12.63%；火力发电业亏损 112.59 亿元。

研发投入大幅增加，传统能源行业加速转型。企业所得税年度申报数据显示，2021 年全省能源产业共投入研发费用 84.33 亿元，同比增长 81.71%。其中，煤炭行业、炼焦行业分别投入研发费用 57.58 亿元、21.5 亿元，合计占到能源产业的 93.77%，显示出传统能源行业借资源价格高位运行的有利时机，加速转型。

税收收入高速增长，煤炭行业贡献最大增量。2022 年，全省能源产业实现税收收入 2908.75 亿元，较 2020 年增长 1.55 倍，增收 1768.35 亿元。其中煤炭行业实现税收收入 2802.4 亿元，占能源产业的 96.34%，较 2020 年增长 1.79 倍，增收 1797.28 亿元，对能源产业的税收收入增长贡献度达 101.64%；煤层气行业实现税收收入 32.21 亿元，较 2020 年增长 78.9%；新能源发电行业受益于增值税留抵退税政策，税收收入出现下降，风力发电行业税收收入较 2020 年下降 18.81%，太阳能发电行业税收收入为 -9.1 亿元（退税金额大于征收金额）；火力发电行业受高煤价影响，税收收入较 2020 年下降 55.5%。

（三）节能减排持续推进，绿色发展加力提速

投入产出效率有效提升，企业生产日趋集约节能。发票数据显示，2022 年能源产业每实现百元销售收入，需购进商品和服务 75.25 元，购进金额比 2020 年减少 10.14 元，显示出山西省能源产业投入产出效率快速提升。近年来山西省持续加大对高耗能行业的节能改造力度，有力推动了能源生产的集约节能。截至 2022 年底，全省煤炭先进产能占比达 80%，焦化先进产能占比达 77%。

税收激励作用凸显，能源企业低碳排放持续推进。环境保护税优惠政策规定，对排放污染物浓度低于国家和地方标准及综合利用固体废物的，可以按比例享受环境保护税优惠。2022 年，全省能源产业共 240 户纳税人享受环境保护税税收优惠 2.64 亿元，享受户数较 2020 年增加 33 户，享受金额增长 80.7%。税收优惠的正向激励机制不断引导企业加快升级改造，降低污染排放。

四 山西省税收高质量发展存在的问题

（一）从长期看，两大"痛点"需引起关注

产业结构"一煤独大"影响发展预期。2022 年全省煤炭行业增值税发票开票收入和税收收入分别占全行业的 26.74% 和 60.11%，是全省经济税收快速增长的重要支撑。当前煤炭价格呈高位震荡态势，在上年高基数影响下，若煤炭价格回落，将给全省经济和税收稳定增长带来较大压力。当前风力发电、太阳能发电每百元收入的创税能力分别为煤炭行业的 78.57% 和 50.80%。长远来看，随着我国"双碳"目标的持续推进，绿色能源对煤炭的替代加速，将会对山西省的税收产生较大影响。

污染排放"居高不下"掣肘"双碳"实现。环境保护税作为一种绿色税收，主要向排污单位和个人征收。2022 年山西省煤炭行业、炼焦业、火力发电行业合计征收环境保护税 7.73 亿元，占到全省环境保护税收入的 70.67%，若加上煤焦冶电产业链上的冶炼业，则占到环境保护税收入的近八成。受限于支柱产业的高污染性，全省环保问题依然严峻，2022 年生态环境部通报的 168 个重点城市空气质量排后 20 位的城市名单中，山西 5 座城市上榜，占到 1/4。

（二）从短期看，两大"堵点"需及时疏通

新兴能源"后劲不足"仍需加力扶持。2022 年，全省风力发电和太阳能发电行业合计增值税发票开票收入为 311.21 亿元，仅占全省能源产业的

1.23%。从发展趋势看，太阳能发电行业 2022 年开票收入比 2020 年增长 3.84%，增速较慢。2021 年太阳能发电行业净利润下降 12.63%，盈利户数减少 140 户，太阳能发电时段较为集中，电力现货交易时价格较低，对企业收入产生较大影响。风力发电行业 2020~2022 年发票购进额分别为 295.63 亿元、206.18 亿元、178.9 亿元，呈现逐年下降态势，反映出山西省风力发电投资热度持续下降。

研发投入"赛道单一"，尚待多元发力。近年来，煤炭价格高位运行，煤炭企业经营向好，研发投入大幅增加。但在实际调研中发现，煤炭企业研发主要偏向对生产技术进行微调，如无煤柱开采技术、矿用顶板动态压力监测技术等，在基础研究、先进材料、关键工艺设备等方面的研发投入较少，且存在重复研发的情况。

五　山西省税收高质量发展的建议

（一）处理好传统行业与新兴行业的关系

要提高传统煤炭产业的发展质量，同时要推进新兴产业、未来产业及数字经济的战略部署。煤炭行业作为山西省的传统行业，税收占比在各个行业中独占鳌头，但发展质量有待提高。要进一步引导煤矿企业改造升级，加强先进产能矿井建设，提高税收贡献率；还要发展现代煤化工、碳基新材料等煤炭下游产业，通过煤炭清洁利用提升产品附加值和税收效益；同时要积极应对晋能集团改制重组，确保相关税款的顺利入库。伴随新一轮科技革命和产业变革持续推进，新兴产业、未来产业及数字经济是地区经济增长的核心。要紧跟战略性新兴产业和未来产业发展趋势，加快现代产业体系布局，全面扩大战略性新兴产业规模，部署具有山西特色的数字经济体系，加快推动大数据在山西旅游等重点领域的应用推广。

（二）处理好集群发展与特色发展的关系

不仅要统筹普通产业集群发展，更要鼓励特色产业集群发展。产业集群发展有利于加强企业良性竞争，也有利于相关企业互动关联。一是围绕目前的支柱性产业建立相关的产业集群，如围绕晋能控股装备制造集团"打造煤机装备顶级企业"定位，全面完善本地相关产业布局，形成"龙头企业+产业集群"的良性生态。二是激发园区产业集群的体系优势，重视园区的规划和定位，确定主导产业并建立筛选机制，有选择性地吸引相关企业落户园区，建立相互依存的产业体系，形成产业链。三是推动强县支柱产业的集群化发展，发挥强县辐射带动作用，帮助周围弱县加快经济发展，引导县域经济税源平衡发展。例如，浑源县与平遥县可以以特色的旅游产业为核心向周边县域发展，形成更大规模的旅游景区留住游客，在"食""住""行"三个相关产业方面贡献更多财政收入。

（三）处理好扩大内需与拉动外销的关系

既要提振省内市场扩大内需，又要推动创新拉动省外销量。要着力推动相关行业的消费回暖，提振省内市场，释放内需潜力。通过发放消费券等方式让居民敢于消费、能够消费；在坚持"房住不炒"的总基调下，降低首付比例，提高贷款比例，满足居民住房需求；大力发展楼宇经济、商业地产、旅游地产等新业态，变房地产一次性税收为可持续税收。辅导企业用好研发费用加计扣除等各项税收优惠政策，支持企业不断创新，企业只有依据市场变化，不断调整产品结构，提高技术水平，推陈出新提高市场竞争力，才能扩大业务覆盖地域范围、提升业务量，从而提升对当地财政的贡献量。

（四）处理好"引进来"与"走出去"的关系

要进一步优化营商环境不断引进企业，也要支持和鼓励本地龙头企业进入全国市场。近年来，山西省在税务、金融、财政等各方面推出一揽子政策措施，进一步优化营商环境，助推独角兽企业、瞪羚企业及专精特新"小巨人"企业等的引进，同时吸引大秦铁路等大企业将总部注册在山西省。要进一步探索加大对企业的政策扶持力度，包括税务方面相关优惠政策的宣传引导和政府的积极政策鼓励，赋予企业"新动能"。引导省外企业在山西省设立法人性质的子公司，独立核算并就地缴纳税款，以增加山西省的可用财力；对于已设立的分支机构，鼓励其在地方加大资产投资力度，以提高税款分配比重；鼓励山西省"走出去"的企业采用总分经营模式，使在外地成立的分公司在山西省汇总缴纳税收。

参考文献

焦瑞进编著《税收专业化管理及其数据应用分析》，中国税务出版社，2012。
申山宏编《大数据下涉税风险分析》，中国税务出版社，2017。
王文清主编《税收分析方法及应用》，中国税务出版社，2021。

B.8
2021~2022年湖北省税收发展报告

解洪涛 冉勇 王静如 黎丹 吴锋*

摘　要:　为贯彻落实中共中央办公厅、国务院办公厅《关于进一步深化税收征管改革的意见》,积极探索"数据服务大局"路径,基于对湖北"达产税务指数"和经济运行持续监测分析的实践积累,湖北省政府研究室、省税务局、中南财经政法大学联合设立湖北经济高质量发展税收指数①,创立税收数据评价经济运行质量的新品牌,形成"指标+指数+报告"特色工具箱。湖北经济高质量发展税收指数集成增值税发票、企业纳税申报、税收收入等多数据源,从经济税收发展规模和发展质量两方面反映经济运行质效,其中发展质量选定市场活跃、产业质效、税收贡献、发展动力、循环融通等5个维度透视高质量发展特点,以"高站位、高权威""多数据、多维度""可复制、可推广"提升税务部门在服务党委、政府决策和经济社会发展中的话语影响力。

关键词:　高质量发展　税收指数分析　湖北

---

* 解洪涛,经济学博士,中南财经政法大学财政税务学院教授,税务硕士中心主任,主要研究方向为税收经济学和税制改革;冉勇,国家税务总局湖北省税务局税收经济分析处四级调研员,主要研究方向为数理统计和宏观经济运行;王静如,湖北省人民政府研究室二处三级主任科员,主要研究方向为宏观经济运行;黎丹,税务师,国家税务总局宜昌市税务局税收经济分析科副科长,主要研究方向为税收经济统计分析;吴锋,国家税务总局黄石市税务局税收经济分析科一级行政执法员,主要研究方向为税收经济统计分析。
① 湖北经济高质量发展税收指数包括经济税收发展规模、发展质量,权重各占50%,其中发展质量细分为市场活跃、产业质效、税收贡献、发展动力、循环融通5个维度,权重各占10%。

2021 年，湖北经济高质量发展税收指数为 108.2，超过基准值（100）8.2，其中市场活跃、产业质效、税收贡献、发展动力、循环融通 5 个维度指数分别为 103.6、115.6、99.5、116.4、115.0。从税收入库情况看，完成税收收入 5124.3 亿元，同比增长 26.0%，较 2019 年增长 0.6%。税收规模重返全国前十，居全国第 9 位、中部六省第 2 位，较河南少 142.6 亿元。从税务发票数据看，全省企业开票销售金额为 10.2 万亿元，同比增长 26.2%，较 2019 年增长 26.0%，开票销售金额居全国第 11 位、中部六省第 3 位，较河南、安徽分别少 4312.1 亿元、2717.7 亿元。

2022 年，湖北经济高质量发展税收指数为 106.4，超过基准值（100）6.4，第一季度、上半年、前三季度湖北经济高质量发展税收指数依次为 107.4、105.8、107.0，反映湖北经济运行总体平稳。从发票数据看，全省企业开票销售户数为 85.5 万户，同比增长 11.5%；开票销售金额为 10.74 万亿元，同比增长 5.3%。从税收数据看，全省税收收入完成 4807.2 亿元，税收规模居全国第 9 位、中部六省第 1 位。还原留抵退税因素影响后，可比增长 5%，全省地方一般公共预算收入可比增长 5.2%。

一 2021年湖北省税费收入运行态势

如表 1 所示，2021 年，全省税务部门全年组织各项税费收入 7842.0 亿元，① 同比增长 26.2%，增收 1628.3 亿元，比 2019 年增长 5.5%。其中，税收收入完成 5124.3 亿元，同比增长 26.0%，比 2019 年增收 30.1 亿元，增长 0.6%；社会保险费收入完成 2337.5 亿元，同比增长 26.6%，增收 490.6 亿元；非税及其他收入完成 380.2 亿元，同比增长 27.4%，增收 81.7 亿元。

税收收入中，中央级税收收入完成 2624.5 亿元，同比增长 19.7%，比

---

① 由于数据来源局限性，本报告中所有各项税费收入及其分项目的收入数据均来源于湖北省税务局统计的全省税费收入报表数据，均不含海关代征收入且未扣减出口退税。所有发票数据均来源于湖北省税务局发票管理系统，为企业开票销售金额。本报告图表数据资料来源同上。

2019 年增收 49.7 亿元,增长 1.9%;地方级税收收入完成 2499.8 亿元,同比增长 33.3%。

表 1 2021 年湖北省税务部门组织各项税费收入

单位:亿元,%

项目	金额	同比增长
各项收入	7842.0	26.2
税收收入	5124.3	26.0
中央级税收	2624.5	19.7
地方级税收	2499.8	33.3
社会保险费收入	2337.5	26.6
非税及其他收入	380.2	27.4

分析 2021 年全省税收收入运行态势,具有以下明显特征。

(一)税收收入平稳增长,规模重回第一方阵

2021 年,湖北经济持续、稳定恢复,虽然下半年受减税降费、增值税留抵退税和房地产市场调控等因素影响,与 2019 年相比税收收入增速放缓,但全年税收收入总体保持平稳增长态势。若考虑新增减税降费、增值税留抵退税和压实土地相关税收等不可比因素 657 亿元影响,2021 年全年实现税收收入比 2019 年实际增长 13.5%,其中地方级税收收入实际增长 13.0%,增幅较大。税收规模居全国第 9 位,排在广东、江苏、上海、北京、浙江、山东、四川、河南之后,与 2019 年排名持平,重回全国第一方阵。

(二)主体税种支撑稳固,收入质量稳步提升

2021 年,四大主体税种完成 3925.1 亿元,占全部税收收入的 76.6%。与 2019 年相比,国内增值税入库 1791.1 亿元,虽略有下降,但剔除增值税降率、留抵退税等不可比因素影响,实际增长 3.2%;国内消费税入库 745.3 亿元,增长 12.2%;企业所得税入库 1106.7 亿元,增长 6.1%;个人所得税入库 282 亿元,增长 14.8%。与经济增长、收入增加和企业效益提升

相关的四大主体税种实现较好增长，反映了湖北经济全面恢复的良好态势。同时，全省税务部门认真贯彻落实省委、省政府关于财政收入高质量发展的要求，坚决压实土地相关税收，2021年城镇土地使用税、房产税和耕地占用税合计比2019年减少46亿元，税收占比下降0.9个百分点。一增一减，充分体现税收收入"质"的稳步提升和"量"的合理增长。2021年地方级税收收入占地方一般公共预算收入的比重为78%，比上年度提升1.4个百分点，比2019年提升3.3个百分点。

（三）工业恢复势头良好，成为增长主要动力

与2019年相比，第二、三产业分别增长3.9%、-2.0%，第二产业恢复好于第三产业。第二产业中，工业完成税收收入1947亿元，占全部税收收入的38%，增收94.3亿元，增长5.1%，拉动全省税收收入增长1.9个百分点，是全省税收收入增长的主动力和领头羊，反映了全省工业恢复迅速、支撑作用明显。第三产业中，房地产业完成税收收入900.2亿元，占全部税收收入的17.6%，受市场下行叠加增值税留抵退税因素影响，下降6.9%；交通运输、仓储和邮政业，住宿和餐饮业，租赁和商务服务业，文化体育和娱乐业等4个行业（合计税收占比5.7%）税收收入分别下降18.6%、48.8%、2.7%、42.6%，尚未恢复到疫情前的水平。第三产业中的信息传输、软件和信息技术服务业，科学研究和技术服务业，教育，卫生和社会工作，虽然比2019年分别增长17.9%、16.7%、19.5%、47.0%，恢复速度较快，实现两位数以上的增长，但是由于行业规模较小，4个行业合计占比不到税收收入的4.0%，对税收收入的拉动作用有限。

（四）部分市州增长较快，"一主引领"作用显现

2021年，武汉市完成税收收入2716.3亿元，税收体量占全省的53.0%，稳定了全省税收基本盘。与2019年相比，黄石市（7.0%）、十堰市（4.1%）、鄂州市（23.6%）、孝感市（7.4%）、荆州市（2.9%）、黄冈市（4.0%）、咸宁市（8.4%）、随州市（4.0%）、仙桃市（29.2%）、潜江

市（3.4%）等10个地区税收收入实现正增长，并且税收收入增幅高于全省平均水平。从地方级税收看，全省11个地区实现正增长，其中增长较快的有鄂州市（同比增长27.8%）和仙桃市（同比增长21.6%），保持两位数以上的增长。从地域结构来看，"一主引领"作用明显。武汉城市圈2021年完成税收收入3636.4亿元，占全省税收收入的71.0%，比2019年增长1.6%；宜荆荆都市圈、襄阳都市圈分别完成税收收入881.8亿元、606.1亿元，分别占全省税收收入的17.2%、11.8%。

（五）减税降费效应凸显，助力企业纾困解难

全省税务部门认真落实2021年新出台和延续实施的减税降费政策，共办理增值税留抵退税300.5亿元，比2019年多退218.8亿元。2021年10~12月，落实支持煤电企业保供政策，办理缓税2.8亿元，办理增值税留抵退税6710万元；11~12月落实制造业中小微企业专项缓税政策，办理缓税24.9亿元。分行业看，制造业享受优惠政策份额最高，占比超五成；分登记注册类型看，民营企业占比超七成。减税降费优惠政策的落实落地，有效减轻了纳税人负担，纾解了企业资金压力，助力了经济社会发展。

二 2022年湖北省税费收入运行态势

如表2所示，2022年，全省税务部门组织各项税费收入10254.1亿元，首次突破万亿元大关。其中，税收收入完成4807.2亿元，同比下降6.2%，可比增长5.0%；社会保险费收入完成2715.2亿元，可比增长11.9%；非税及其他收入完成2701.7亿元，可比下降27.6%，其中，国有土地使用权出让收入完成2361.1亿元，占比87.4%，同比下降31.5%；工会经费完成30亿元，同比增长4.9%。

税收收入中，中央级税收收入完成2463.4亿元，可比增长4.8%；地方级税收收入完成2343.8亿元，可比增长5.2%。2022年全省税收规模比山西省、河南省分别多145.0亿元、198.4亿元，居中部六省第1位、全国第9位。

表2　2022年湖北省税务部门组织各项税费收入

单位：亿元，%

项目	金额	可比增长
各项收入	10254.1	-9.3
税收收入	4807.2	5.0
中央级税收	2463.4	4.8
地方级税收	2343.8	5.2
社会保险费收入	2715.2	11.9
非税及其他收入	2701.7	-27.6

注：2022年非税及其他收入新增统计"国有土地使用权出让收入"。工会经费30亿元单独列支。

全年税收收入运行主要呈现如下特征。

（一）聚焦主业攻坚克难，税收收入增长好于预期

2022年，全省税务系统牢固树立主责主业意识，切实加强征管能力建设，税费征管质效显著提升，第一季度在上年高基数、高增长的情况下取得了"开门红"，半年实现了省委、省政府确定的扣除留抵退税因素后与上年同期持平的"双过半"要求，全年可比增长5.0%，圆满完成了省委、省政府和国家税务总局全年预期目标任务。全省全年实现地方一般公共预算收入3281亿元，同比增长8.5%。其中，地方级税收收入（含财政部划转）为2411亿元，非税收入870亿元。

（二）落实落细减税降费政策，助力经济企稳回升

2022年，全省办理退税减税缓税费1191.9亿元，占全年各项税费收入的11.6%，其中退减缓税1159.4亿元，缓费32.5亿元。分政策看，增值税留抵退税888.3亿元，占全年税收收入的18.5%；减半征收车辆购置税21.1亿元；"六税两费"减免52.3亿元；制造业中小微企业专项缓税142.4亿元；增值税小规模纳税人免征增值税55.3亿元；阶段性缓缴社会保险费32.5亿元。分行业看，受益较大的三个行业为制造业，房地产业，

交通运输、仓储和邮政业，分别实现退减缓税 466.9 亿元、180 亿元、157.5 亿元，分别占全年退减缓税总规模 1159.4 亿元的 40.3%、15.5%、13.6%。

（三）四大主体税种支撑明显，折射经济基本面趋势向好

2022 年，国内增值税、国内消费税、企业所得税、个人所得税等四大主体税种完成 3610.6 亿元，占全部税收收入的 75.1%。其中，国内增值税入库 1444.8 亿元，可比增长 11.6%；国内消费税入库 826.6 亿元，同比增长 10.9%；个人所得税入库 303.6 亿元，同比增长 7.7%；企业所得税受大宗商品涨价导致工业生产成本上升和房地产业下行等因素影响，入库 1035.6 亿元，同比下降 6.4%。与经济增长、收入增加相关的三个主体税种（国内增值税、国内消费税、个人所得税）实现较好增长，反映了湖北经济平稳增长的良好态势。

（四）第二产业税收增长好于第三产业，工业成为增长主引擎

第二产业完成税收收入 2313.9 亿元，可比增长 9.5%；第三产业完成税收收入 2486.6 亿元，可比增长 1.1%。第二产业中，工业完成税收收入 1904.3 亿元，可比增长 11.3%，拉动全省税收收入同比增长 4 个百分点，成为增长的主引擎。第三产业中，文化体育和娱乐业，水利环境公共设施，信息传输、软件和信息技术服务业，租赁和商务服务业，科学研究和技术服务业，卫生和社会工作业分别可比增长 60.7%、41.6%、31.2%、28.2%、18.6%、17.9%，增速达到两位数以上，但由于行业规模较小，6 个行业税收合计占比仅为 9.1%，对税收的拉动作用有限。需要特别关注的是，汽车制造业受疫情、缺芯和产销分离等因素影响，完成税收收入 205.6 亿元，可比下降 10.3%，占全部税收收入的比重为 4.3%，同比下降 1.5 个百分点；房地产业受疫情和市场下行因素影响，完成税收收入 655.8 亿元，可比下降 17.5%，占全部税收收入的比重为 13.6%，同比下降 4.0 个百分点。

（五）全省税收多极支撑向好，三大都市圈协调增长

分地区看，2022年，武汉市完成税收收入2475.5亿元，占全省的51.5%，比上年同期下降1.5个百分点。潜江市（28.0%）、林区（21.6%）、孝感市（16.8%）、宜昌市（14.4%）、咸宁市（10.7%）、黄石市（7.6%）、黄冈市（7.3%）、荆州市（7.0%）、天门市（7.0%）、襄阳市（6.6%）等10个地区税收收入实现可比正增长，并且税收增幅高于全省平均水平；仅鄂州市（-6.8%）、仙桃市（-2.5%）两地可比负增长。从区域板块看，武汉、宜荆荆、襄阳三大都市圈分别完成税收收入3365.9亿元、873.2亿元、568.1亿元，可比分别增长4.1%、8.4%、5.2%。

三　2022年湖北省经济高质量发展
税收指数运行特点

2022年，湖北省经济高质量发展税收指数发展质量5个维度之市场活跃、产业质效、税收贡献、发展动力、循环融通指数分别为105.7、110.7、104.3、106.1、111.7，均超过基准值（100）。数据显示，全省企业开票销售金额保持稳定增长、税收收入增速加快、市场主体交易活跃、支柱产业引

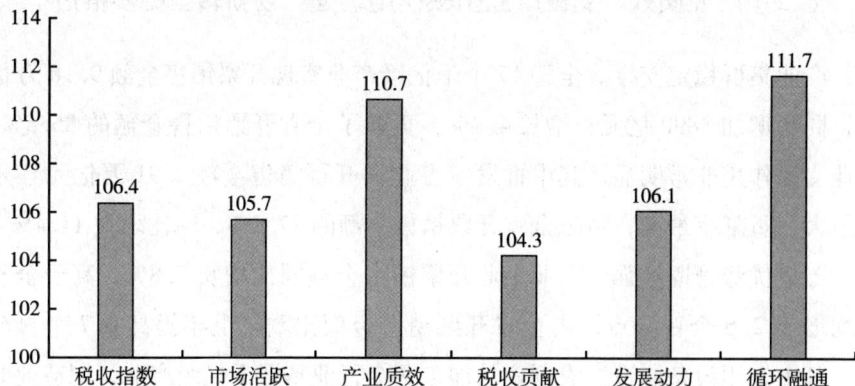

图1　2022年湖北经济高质量发展税收指数

领增强、创新转型稳步推进、消费投资总体平稳、省内外循环畅通有序，经济税收实现质的有效提升和量的合理增长，加快推动建设全国构建新发展格局先行区成势见效。

全省经济运行质量呈现以下五个特点。

（一）市场活跃：涉税市场主体户数增长，有税面提高，呈现较强发展活力

涉税市场主体总量持续增长。截至 2022 年底，全省涉税市场主体为 290.6 万户，同比增长 14.5%，其中企业为 140.24 万户，同比增长 11.6%。新办涉税市场主体为 57.97 万户，同比增长 40.1%，其中新增企业为 24.08 万户，同比增长 0.3%。2022 年全省月均新增市场主体 4.83 万户，较上年月均增加户数多 1.38 万户；月均新增企业、个体经营户数分别为 2.0 万户、2.8 万户，较上年月均新增户数分别多 68 户、1.38 万户。

企业交易活跃，有税面提高。2022 年，全省企业开票销售户数为 85.5 万户，同比增长 11.5%，较上年增加 8.8 万户。企业开票面（开具发票户数为占总户数比重）61%，较上年提高 0.3 个百分点；企业有税面（企业申报纳税户数占总户数比重）46.9%，较上年提高 0.3 个百分点。

（二）产业质效：支柱产业引领作用增强，创新转型稳步推进

产业集群稳定支撑。全省 17 个千亿级产业实现开票销售金额 9.18 万亿元，同比增加 3890 亿元，增长 4.4%，贡献了全省开票销售金额的 85.5%，产业支撑作用非常明显。其中批发零售业（开票销售金额 2.91 万亿元）规模最大，贡献率最高，贡献全省开票销售金额的 27.1%，同比增长 11.4%。

工业优势稳固增强。工业企业开票销售金额同比增长 7.8%，高于全省平均增幅 2.6 个百分点，占全省开票销售金额比重较上年提高 0.7 个百分点。其中专用设备制造、农副食品加工两个行业新晋千亿级产业，制造业开票销售金额突破 3 万亿元，同比增长 7.2%，高于全省平均增幅 2.0 个百分点，占全省开票销售金额比重较上年提高 0.5 个百分点。

　　创新型企业稳健发展。高新技术企业、"专精特新"中小企业开票销售金额同比分别增长 3.1% 和 18.9%。企业创新研发投入积极性提升，科研技术服务需求不断增长，科学研究和技术服务业开票销售金额同比增长 20.6%，高于全省开票销售金额增幅 15.4 个百分点。

　　产业转型稳步推进。"光芯屏端网"企业开票销售金额同比增长 16.8%，新能源汽车企业开票销售金额同比增长 173.8%，医药制造企业开票销售金额同比增长 22.5%；制造业企业购进信息技术服务、购进研发服务金额同比分别增长 13.8%、8.9%。新兴产业发展较快，制造业与服务业融合发展。

　　新经济发展稳中提速。新经济 9 类行业开票销售金额同比增长 17.9%，高于全省开票销售金额增幅 12.7 个百分点，占全省企业开票销售金额的 15%，较上年提高 1.6 个百分点。其中，先进制造业表现亮眼，开票销售金额 7417.3 亿元，同比增长 25.2%，占全部新经济开票销售金额的 45.9%，较上年提高 2.7 个百分点。

　　开发区亮点闪现。国家级经济技术开发区呈现产业发展活力和集聚效应，开票销售金额 15421 亿元，同比增长 8.7%，增幅高于全省平均增幅 3.5 个百分点。

　　（三）税收贡献：税收产出总体平稳，重点产业、主体税种和县域经济贡献突出

　　税收产出总体平稳。随着减税降费效应的释放，市场主体税收产出企稳回升，每百元销售额税收产出与上年基本持平。其中，国有企业每百元销售额税收产出较上年提高 0.49 元，成为保持税收平稳增长主力军，民营与外资企业税收产出较上年略有下降。

　　工业税收贡献增加。工业企业每百元销售额税收产出较上年提高 0.21 元，其中，制造业企业税收产出较上年提高 0.24 元。工业税收可比增长 11.3%，占全部税收收入的 40.0%，比上年提升 2.1 个百分点。其中，制造业、采矿业企业税收贡献率较上年分别提升 2 个、0.2 个百分点。

主体税种支撑有力。国内增值税（还原留抵退税因素）、国内消费税、企业所得税、个人所得税四大主体税种"三增一减"。其中，国内增值税可比增长 11.6%，国内消费税增长 10.9%，个人所得税增长 7.7%，企业所得税受大宗商品涨价导致工业生产成本上升和房地产业下行等因素影响下降 6.4%。

区域税收协调增长。除鄂州（可比下降 6.8%）、仙桃（可比下降 2.5%）同期基数较高，税收收入可比负增长外，其他 15 个市州税收收入均实现可比增长。从区域看，武汉、宜荆荆、襄阳三大都市圈税收收入分别占全省税收收入的 70.9%、17.6%、11.5%。

县域经济贡献略有提升。纳入县域经济考核的 78 个县（市、区）税收可比增长 9.6%，高出全省平均增幅 4.6 个百分点，占全省税收收入的 32.6%，较上年提升 1.3 个百分点；开票销售金额 34375.13 亿元，同比增长 8.7%，高于全省开票销售金额增幅 3.5 个百分点；占全省开票销售金额的 32%，较上年提升 1 个百分点。

（四）发展动力：消费投资保持平稳增长，市场预期稳中向好

消费潜能稳定释放。消费相关行业开票销售金额增速快于全省开票销售金额增速，消费动力保持较强韧性。批发零售业、住宿餐饮业、文体娱乐业合计开票销售金额 2.97 万亿元，较上年增长 11.4%，增幅高出全省开票销售金额增幅 6.2 个百分点。300 户重点批零住餐企业开票销售金额同比增长 7.3%，户均开票金额由上年的 26.04 亿元增加到 27.93 亿元，户均增长近 2 亿元。

工业投资平稳增长。工业（采矿业、制造业、电力热力燃气水生产供应业）企业购进固定资产投资类（包括机械设备类产品、建筑服务、不动产）发票金额 1.01 万亿元，同比增长 5.9%。其中，购进机械设备类产品发票金额增长 3.4%，购进建筑服务发票金额增长 23.1%，购进不动产发票金额增长 30.9%，新建、扩建项目投资增长较为明显。

市场预期趋稳向好。金融业、交通运输业开票销售金额同比分别增长

13.1%、16.0%；企业购进贷款服务金额同比增长 16.2%；人流、物流、资金流进一步畅通。企业购进电、热、水、气商品金额同比增长 21.2%，增幅较上年提高 3.8 个百分点。

（五）循环融通：省外销售增长较快，外贸出口保持稳定增长

省内省外循环畅通。省内、省外销售结构为 61.8∶38.2，销往省外占全省开票销售金额比重较上年提高 1.3 个百分点，其中省内销售增长 3.1%，销往省外增长 9.1%。销往省外的开票销售金额中，制造业占 37.3%、建筑业占 13.7%，两个行业合计占比 51%，同比分别增长 9.6%、0.9%；科学研究和技术服务业、批发业销往省外同比分别增长 22.4%、15.4%，两行业合计占比 26.1%，是销往省外增长的引擎。省内销售中，武汉、襄阳、宜荆荆都市圈省内开票销售金额同比分别增长 3.4%、-4.4%、7.8%。

对外贸易稳定增长。2022 年，全省进出口总额同比增长 14.9%，其中出口增长 20%，进出口增速、出口增速分别高于全国同期增速 7.2 个、9.5个百分点。对东盟、欧盟进出口分别增长 32.1%、8.8%；对 RCEP 国家进出口增长 17.8%；对共建"一带一路"国家进出口增长 33.7%。

四　湖北省税收高质量发展存在的问题

总体来看，全省税收的高质量发展仍存在企业开票销售规模增速回落、生产成本上升导致企业盈利空间收窄、零售业增长乏力、汽车产业下滑以及房地产行业面临深度调整等突出问题。

一是企业开票销售规模增速回落。2022 年，全省开票销售金额第一季度、上半年、前三季度、全年同比增速分别为 8.6%、6.5%、7.7%、5.2%，总体呈放缓态势。制造业、批发零售业、建筑业 3 大万亿级产业开票销售金额全年增速较前三季度分别回落 1.3 个、2.9 个、4.2 个百分点。全省国家级高新技术区开票销售金额同比下降 0.7%，比第一季度、上半年、前三季度增速分别下降 7.4 个、1.1 个、1.4 个百分点。

二是生产成本上升挤压企业盈利空间。2022 年，全省企业购进金额同比增长 9.0%，增速高出开票销售金额 3.8 个百分点；全省企业购销比（购进金额占销售金额比重）由上年的 96.4% 提升至 99.7%，提高 3.3 个百分点。其中，制造业购销比较上年提高 4.9 个百分点，制造业企业购进化学原料、铜、铝、石油制品金额分别增长 38.3%、37.5%、24.2%、12.5%，基础生产资料价格上涨，直接推升企业生产成本，降低企业利润。2022 年全省企业所得税入库 1035.6 亿元，同比下降 6.4%。

三是商品零售增长不均衡。从消费相关的明细行业开票情况看，批发业增长较快，零售业增速缓慢。2022 年零售业开票销售金额为 8149.6 亿元，增长 4.9%，比全省开票增幅低 0.3 个百分点。零售业 9 个中类行业中，2 个行业负增长，4 个增速不超过 5%，3 个增速高于 5%。其中，占全部零售业开票销售金额 37.1% 的机动车零配件和燃料零售同比仅增长 1.3%，家用电器及电子产品专门零售（下降 8.8%），文化、体育用品及器材专门零售（下降 2.1%）等升级类消费下滑，对零售业拖累较明显。

四是汽车行业产销乏力。2022 年，全省汽车制造业受疫情、缺芯和产销分离等因素影响，开票销售金额 5170.4 亿元，同比下降 8.9%，降幅较前三季度扩大 0.2 个百分点；全年入库税收 205.6 亿元，同比下降 31.4%，还原留抵退税因素，可比下降 10.3%。与此同时，全省汽车新车零售企业开票销售金额为 2609.09 亿元，同比仅增长 2.5%，汽车消费低位增长。湖北汽车行业面临"三大短板"。第一，高端车型少，湖北生产的乘用车多为 20 万元以下的中低端车型；第二，本地配套率偏低，湖北汽车零部件本地配套率仅为 35% 左右，低于上海、广东（本地配套率 50% 以上）的水平；第三，新能源车比重偏低，湖北新能源汽车产量占全国的 4.1%，居全国第 8 位，湖北新能源汽车产量占全部汽车产量的 15.5%，低于全国平均水平（26.1%）10.6 个百分点。

五是房地产行业面临深度调整。数据显示，房地产市场深度调整给全省经济税收增长带来的冲击更为显著。2022 年，占全省企业开票销售总额 7.7% 的房地产业第一至第四季度累计开票销售金额降幅依次为 5.8%、

18.8%、21.5%、20.9%，总体上呈加速下滑趋势。全省 17 个市州房地产开票销售金额均出现下滑，武汉、襄阳、宜昌分别下降 16.3%、20.4%、36.4%。全省房地产入库税收 655.8 亿元，占全省入库税收的 13.6%，同比下降 27.2%。房地产市场疲软导致投资显著下行，全省房地产业购进机械设备、建筑服务、不动产等投资类发票金额同比下降 19.3%。从投资看，湖北房地产投资处于低位运行态势。自 2022 年 4 月以来，全省房地产业住宅投资累计增速逐月回落，2023 年 2 月探底（下降 3.4%），3 月起由负转正，维持在 3%，保持低增长走势。

五　湖北省税收高质量发展对策建议

立足新发展阶段，完整、准确、全面贯彻新发展理念，努力建设全国构建新发展格局先行区，深入贯彻落实习近平总书记考察湖北重要讲话精神，围绕市场活跃、产业质效、税收贡献、发展动力、循环融通五个维度持续加力、精准用力，着力推进全省经济税收高质量发展。

一是稳底盘，统筹固基、增效、提质。在稳住工业基础和底盘上使力气，全力做大工业产业集群。按照省委、省政府提出的"51020"现代产业体系，结合"十四五"规划，加大重大项目投资建设力度，加快推进中小企业成长进程，加快打造"三高地、两基地"，全力壮大工业产业集群。大力提升工业产业体系韧性。着力抓好工业产业延链补链强链，围绕产业链部署创新链，围绕创新链布局工业产业链，助力工业产业基础高级化和产业链现代化。着力推动传统工业升级。以工业化和信息化"两化融合"为切入点，用高新技术改造提升传统产业，推动互联网、大数据、人工智能和传统行业深度融合。用新技术、新业态、新模式，打开传统行业"金矿""富矿"，助力转型升级。继续加大工业技改力度，鼓励传统企业加大科技投入力度，淘汰落后产能，提升产品科技含量和竞争力。持续优化工业发展营商环境。深化拓展"高效办成一件事"，深入推进"四办"改革，优化流程、简化手续，提升办事质量和效率。不折不扣落实减税降费，鼓励电力、燃气等能源供应单位对工业企业提供优惠，助力工业企业降本增效，鼓励金融业企业加大对工业企业的支持力度。

二是稳消费，统筹新招、实招、良招。在扩大消费规模和提升消费层次上做文章。打造新型消费热点。培育汽车影院、线上旅游、乡村民宿、网上博物馆等新型文旅消费热点，促进消费潜能释放，拉动消费内需，壮大新型消费、升级消费。刺激消费需求。组织开展"折扣季"让利、主题品牌消费月和会员特惠日等活动，通过活动"小切口"做好撬动消费"大文章"。提升消费能力。鼓励金融机构开发普惠型消费贷款产品，提升消费能力；鼓励带薪休假与"五一"劳动节、端午节等小长假衔接连休，打造新黄金周。营造放心消费环境。着力拓展消费场景、创新消费模式，营造最放心、最安全、最优质的消费环境，吸引省内外消费者观光旅游和购物消费。

三是稳发展，统筹政策、机制、创新。在统筹全省区域发展的基础上，围绕"一主引领、两翼驱动、全域协同"战略，加强对武汉、襄阳、宜昌区域经济的监控与指导，发挥引领支撑作用。加强要素集聚与支撑。补齐城市功能短板，加强城市治理，优化营商环境，把握人才、资金、技术等关键生产要素，加速高端要素向武汉、襄阳、宜昌等区域核心城市集聚。加快项目进度，加强项目调度。以东风高端新能源汽车工厂、西武高铁、沿江高铁等重点项目为抓手，提升三个城市圈（群）能级，助力区域中心城市辐射能力提升。多措并举降低企业生产成本。构建和稳固产业链合作体系，加大金融支持力度、降低物流成本、强化市场监管与价格监测，进一步缓解原材料价格上涨给给企业带来的压力，帮助企业纾困发展。综合施策促进房地产回暖。加强部门联动，综合施策，全力稳预期、扩需求、控风险、转模式，促进房地产行业快速回暖。打好解决公共服务人员住房困难、保交楼、用好纾困基金、加快精准供地等组合拳；综合运用财政政策、金融政策，探索推行全省住房公积金互认互贷模式，从需求和供给两端共同发力，推动房地产行业尽快回升。加强产业转型与升级。把握新旧动能转换窗口期，扎实推进武汉、襄阳、宜昌的烟草、汽车制造、医药化工等传统基础产业发展，大力发展新一代信息技术、现代化工、大健康等新兴行业。深化转型，稳定汽车产业。聚焦补链延链强链，引导引进省外汽车产业核心零部件供应商在鄂设立子公司，不断完善汽车产业体系。充分发挥湖北省在研发制造、产品工艺、产能保障、技术调校等方面的比较优势，推进整车制造企业与锂电池、氢燃料等新能源技术和精密导航等智能网联应用方面的合作，不断深化湖北省汽车产业电动化、智能化转型升级。

参考文献

《高举中国特色社会主义伟大旗帜为全面建设社会主义现代化国家而团结奋斗——在中国共产党第二十次全国代表大会上的报告》，中国政府网，2022年10月16日，https：//www. gov. cn/gongbao/centent/2022/content_ 5722378. htm。

《中共中央关于制定国民经济和社会发展第十三个五年规划的建议》，中国政府网，2015年11月3日，https：//www. gov. cn/xinwen/2015-11/03/content_ 5004093. htm。

中国税务学会课题组：《"十四五"时期优化税制问题研究》，《税务研究》2022年第4期。

王志平、张景奇、杜宝贵：《新坐标、新维度框架下的智慧税务建设研究》，《税务研究》2021年第12期。

苏永伟、陈池波：《经济高质量发展评价指标体系构建与实证》，《统计与决策》2019年第24期。

鲁继通：《我国高质量发展指标体系初探》，《中国经贸导刊》2018年第7期。

解洪涛、张建顺：《资源综合利用税收优惠政策效果再评估（基于税源调查数据的实证分析）》，《当代财经》2020年第3期。

B.9
2021~2022年甘肃省税收发展报告[*]

李永海　潘亚琴　庞琼海　关梦萧　杨北斗[**]

摘　要： 2021~2022年，在我国经济需求收缩、供给冲击、预期转弱三重
压力下，甘肃省经济发展稳中向好，经济规模持续扩大，经济增
速保持在合理区间，税收收入与经济保持同步增长的良好态势。
然而，甘肃省区域内经济发展不均衡，市州税收收入规模、税收
收入质量及税收负担率等差异较大，经济财政格局分化明显，地
区间发展不平衡、不充分问题依然突出。本报告分别从甘肃省经
济发展现状、税收发展现状及税收与经济相关性分析三个方面入
手，详细分析了甘肃省及各市州经济发展水平和税收收入规模，
并根据"强省会"政策及各市州区位优势，提出大力发展经济，
做大"经济蛋糕"；加快优化产业结构，培育经济增长点；持续
优化税收营商环境，提高纳税遵从度；严格落实税收优惠政策，
提升财政可持续发展能力等具体措施，以此来推动甘肃省经济高
质量发展。

关键词： 区域经济　税收　甘肃

---

[*] 本报告中2021年甘肃省数据来源于甘肃省统计局网站。

[**] 李永海，兰州财经大学财政与税务学院院长、硕士研究生导师，主要研究方向为财政税收理论与税收政策实务、隐性经济与税收流失等；潘亚琴，兰州财经大学税务硕士研究生，主要研究方向为财税理论与政策；庞琼海，兰州财经大学税务硕士研究生，主要研究方向为财税理论与政策；关梦萧，兰州财经大学税务硕士研究生，主要研究方向为财税理论与政策；杨北斗，兰州财经大学税务硕士研究生，主要研究方向为财税理论与政策。

一　2021~2022年甘肃省经济发展现状

（一）2021年甘肃省经济发展情况

2021年，面对严峻复杂的发展环境和交织叠加的风险挑战，甘肃省全年实现GDP 10243.3亿元，按不变价格计算，比上年增长6.9%。其中，第一产业增加值为1364.7亿元，增长10.1%；第二产业增加值为3466.6亿元，增长6.4%；第三产业增加值为5412.0亿元，增长6.5%。[①]三次产业结构由2020年的13.30∶31.60∶55.10调整为2021年的13.32∶33.84∶52.83。按常住人口计算，全年人均GDP为41046元，同比增长20.2%。

1.2021年全省经济运行情况

（1）2021年甘肃省GDP及增速

从GDP来看，2021年，甘肃省全年实现GDP 10243.30亿元，较2020年增长1226.60亿元，在全国31个省份（不含港澳台地区，下同）中的排名与2020年相同，均居于第27位。从GDP增速来看，2021年甘肃省GDP增速为6.9%，较上年增长3个百分点；2021年甘肃省GDP增速在全国31个省份中居第20位。从甘肃省GDP占全国GDP的比重来看，2021年比2020年提升0.01个百分点，占全国GDP的比重由0.89%上升到0.90%。

（2）甘肃省2021年三次产业结构

从三次产业增加值规模来看，2021年，甘肃省第一、二、三产业增加值分别为1364.7亿元、3466.6亿元和5412.0亿元。其中，按不变价格计算，第一产业增加值比上年增长10.1%、第二产业增加值增长6.4%、第三产业增加值增长6.5%。与全国其他省份比较，甘肃省第一、二、三产业增加值排名靠后，第一产业增加值在全国31个省份中居第23位，第二产业增

[①] 《甘肃发展年鉴2022》。

加值和第三产业增加值均居全国第 27 位，与排名靠前的省份存在较大差距。

从三次产业占 GDP 的比重来看，2021 年甘肃省产业结构从 2020 年的 13.30∶31.60∶55.10 调整为 13.32∶33.84∶52.83（见图 1），第一产业增加值占比与 2020 年基本持平，第二产业占比提升 2.24 个百分点，第三产业占比呈下降趋势，降低了 2.27 个百分点。2021 年，全国 31 个省份有 27 个呈现"三、二、一"结构，有 3 个省份呈现"二、三、一"结构，有 1 个省份呈现"三、一、二"结构，甘肃省第一产业占比和第三产业占比均处于全国较高水平，分别居第 7 位和第 9 位，第二产业占比相较其他省份则居于靠后位置，在 31 个省份中排第 26 位。

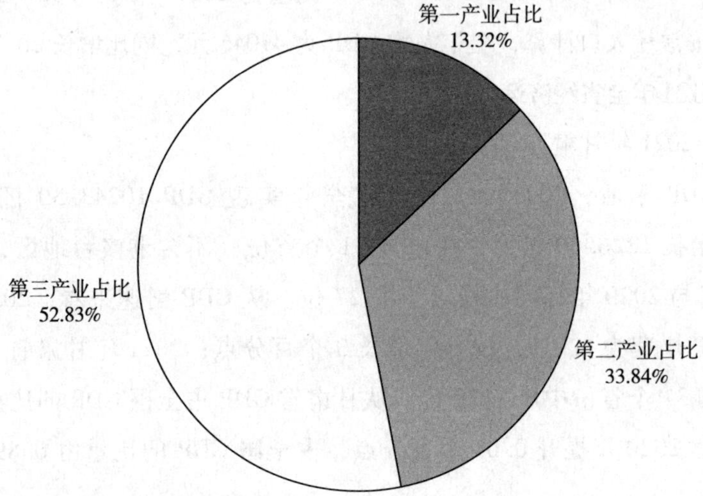

第一产业占比
13.32%

第三产业占比
52.83%

第二产业占比
33.84%

图 1　2021 年甘肃省三次产业结构

2. 2021年甘肃省14个市州经济运行情况

（1）2021 年甘肃省 14 个市州 GDP 及增速

从 2021 年 GDP 来看，甘肃省 14 个市州间差距较大。省会兰州的 GDP 为 3231.30 亿元，是唯一超过 3000 亿元的地区，稳居全省第 1 位，远高于其他市州。庆阳、酒泉、天水和武威紧随其后，GDP 分别为 885.27 亿元、762.70 亿元、750.33 亿元和 600.20 亿元；但与 2020 年相比，酒泉 GDP 反超天水，排第 3 位，其他地区的排名均未发生变化；但这 4 个地区离突破 1000 亿元还都有一定的距离，合计 GDP（2998.50 亿元）也不及兰州市。白银、平凉、张掖、陇南和定西的 GDP 集中在 500 亿~600 亿元，分别为 571.02 亿元、553.97 亿元、526.23 亿元、502.50 亿元和 500.76 亿元，这 5 个地区的 GDP 差距相对较小。排在最后的 4 个市州是金昌、临夏、嘉峪关和甘南，GDP 相对较低，分别为 428.61 亿元、373.80 亿元、326.50 亿元和 230.04 亿元（见图 2）。其中，最高的兰州和最低的甘南，GDP 差距达 13.05 倍，差距比上年有所拉大。

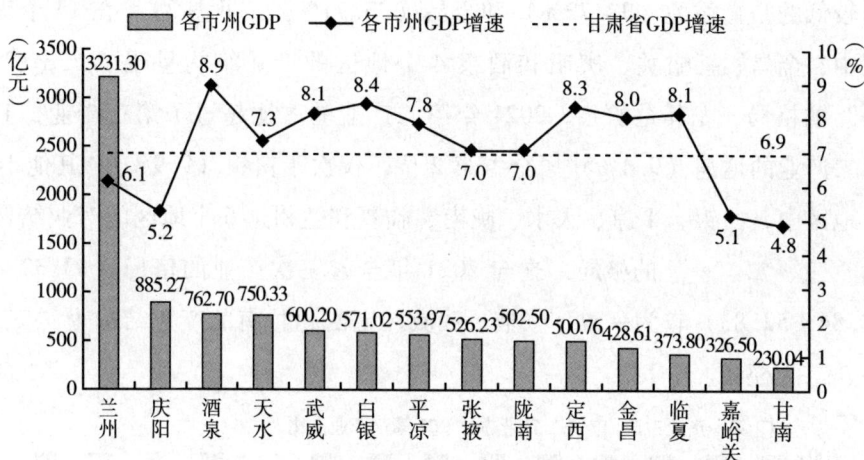

图 2   2021 年甘肃省 14 个市州 GDP 及增速

说明：因四舍五入，存在误差。

从 2021 年 GDP 增速来看，甘肃省 14 个市州间也存在较大差异。各市州全年 GDP 增速实现恢复性增长，但有 9 个市州未达到全国平均增速（8.1%）。其中，增速最高的是酒泉（8.9%），白银（8.4%）、定西（8.3%）、武威（8.1%）、临夏（8.1%）和金昌（8.0%）这 5 个市州的增速也达到了 8.0%。平凉（7.8%）、天水（7.3%）、张掖（7.0%）和陇南（7.0%）的增速也均高于全省 6.9% 的平均水平；兰州（6.1%）、庆阳

（5.2%）、嘉峪关（5.1%）和甘南（4.8%）这 4 个市州的增速相对较低，均不及全省的平均水平，更远低于全国的平均水平。

（2）2021 年甘肃省 14 个市州三次产业结构

从 2021 年三次产业结构来看，各市州存在较大差异。其中，第一产业占比较高的是武威（31.22%）和张掖（29.26%），占比较低的是兰州（1.93%）和嘉峪关（1.75%）；第二产业占比较高的是金昌（66.60%）、嘉峪关（65.53%）和庆阳（50.36%），其他地区均在 50% 以下，占比较低的是定西（16.51%）和甘南（12.45%）；第三产业占比较高的是甘南（69.15%）、定西（63.85%）、兰州（63.60%）和临夏（63.03%），占比较低的是嘉峪关（32.72%）和金昌（25.71%）（见图 3）。在 14 个市州中，金昌、嘉峪关、庆阳和酒泉 4 个地区的产业结构呈现"二、三、一"的格局，尤其是酒泉，2021 年第二产业的占比超过了第三产业，其第二产业的增速（9.4%）居全省第 2 位，仅次于白银（9.9%）；其他 10 个地区中，白银、平凉、天水、陇南、临夏和兰州这 6 个地区的产业结构为"三、二、一"的格局，这与 2021 年全省三次产业的格局（13.32∶33.84∶52.83）较为一致，张掖、武威、定西和甘南的产业结构为"三、一、二"模式。

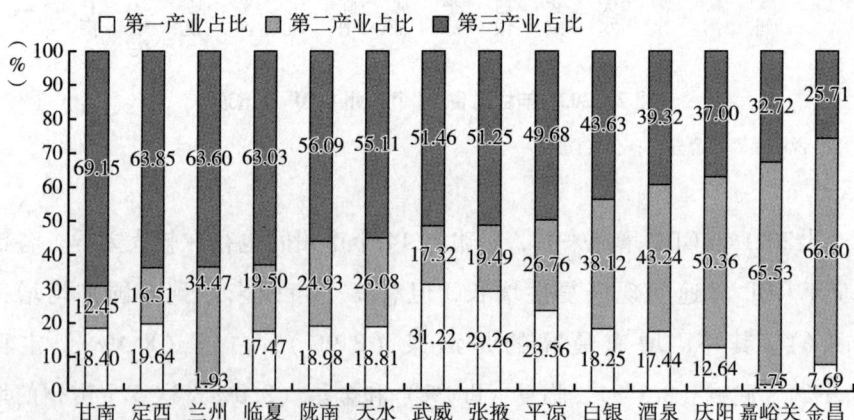

图 3　2021 年甘肃省 14 个市州三次产业结构

（二）2022年甘肃省经济发展情况①

2022年，甘肃省全年 GDP 为 11201.6 亿元，按不变价格计算，比上年增长 4.5%。其中，第一产业增加值为 1515.3 亿元，增长 5.7%；第二产业增加值为 3945.0 亿元，增长 4.2%；第三产业增加值为 5741.3 亿元，增长 4.4%。第一产业增加值占比为 13.53%，第二产业占比为 35.22%，第三产业占比为 51.25%。按常住人口计算，全年人均 GDP 为 44968 元，比上年增长 4.7%。

1. 2022年全省经济运行情况

（1）2022年甘肃省 GDP 及增速

从 2022 年 GDP 来看，甘肃省全年实现 GDP 11201.60 亿元，较 2021 年增长 958.30 亿元，在全国 31 个省份中的排名与 2021 年相同，仍然居全国第 27 位。从 GDP 增速来看，2022 年甘肃省 GDP 增速为 4.5%，虽然相较上年 GDP 增速降低了 2.4 个百分点，但 2022 年甘肃省 GDP 增速在全国 31 个省份的排名却有显著提升，从 2021 年的第 20 位上升到 2022 年的第 4 位。从甘肃省 GDP 占全国 GDP 的比重来看，2022 年比 2021 年提升 0.03 个百分点，从 2021 年的 0.90% 上升到 2022 年的 0.93%。

（2）2022年甘肃省三次产业结构

从三次产业增加值来看，2022 年，甘肃省实现第一产业增加值 1515.30 亿元，较上年增加 150.60 亿元，按不变价格计算，比上年增长 5.7%，实现第二产业增加值 3945.00 亿元，较上年增加 478.40 亿元，增长 4.2%，实现第三产业增加值 5741.30 亿元，较上年增加 329.30 亿元，增长 4.4%。2022 年甘肃省三次产业增加值在全国排名与 2021 年保持一致，第一产业增加值在全国 31 个省份中居第 23 位，第二、三产业增加值在全国 31 个省份中仍然均居第 27 位。

从三次产业增加值占 GDP 的比重来看，2022 年全国 31 个省份中有 25

---

① 本报告中 2022 年甘肃省数据来源于甘肃省统计局网站。

个省份产业结构呈"三、二、一"格局，有 5 个省份产业结构呈现"二、三、一"格局，有 1 个省份产业结构呈现"三、一、二"格局。甘肃省产业结构由 2021 年的 13.32∶33.84∶52.83 调整为 2022 年的 13.53∶35.22∶51.25（见图 4），第一产业和第二产业占比均有所提升，第三产业占比相较 2021 年降低 1.58 个百分点。

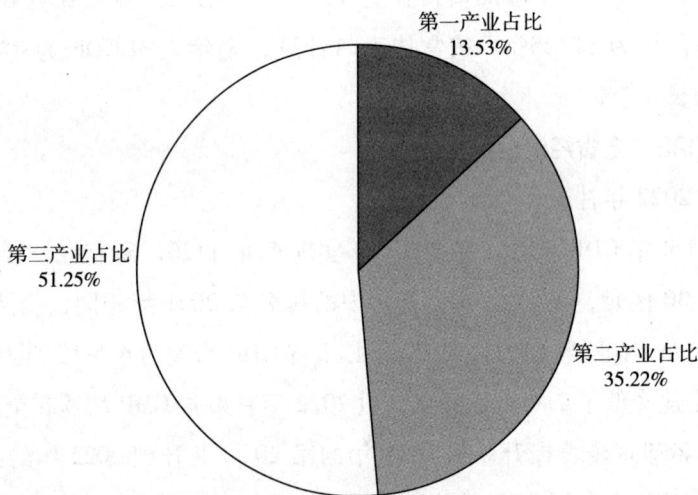

第一产业占比
13.53%

第三产业占比
51.25%

第二产业占比
35.22%

图 4　2022 年甘肃省三次产业结构

2. 2022年甘肃省14个市州经济运行情况

（1）2022 年甘肃省 14 个市州 GDP 及增速

从 2022 年 GDP 来看，甘肃省 14 个市州差距显著，兰州最高，甘南最低。省会兰州的 GDP 规模为 3343.50 亿元，较上年增加 112.2 亿元，稳居全省第 1 位，远高于省内其他市州。庆阳居第 2 位，GDP 突破 1000 亿元，为 1022.26 亿元，较上年增长 136.99 亿元。除兰州与庆阳之外，省内其他市州 GDP 均不足 1000 亿元，其中，酒泉和天水 GDP 在 800 亿~900 亿元，分别为 840.90 亿元和 813.88 亿元，分别排第 3 位、第 4 位；武威、平凉和白银的 GDP 在 600 亿~700 亿元，分别为 663.40 亿元、641.58 亿元和 635.53 亿元；张掖、陇南、定西和金昌的 GDP 在 500 亿~600 亿元，分别为

581.51亿元、562.40亿元、557.93亿元和522.52亿元；排在后3位的是临夏（408.60亿元）、嘉峪关（362.60亿元）和甘南（245.12亿元）。2022年，各市州GDP稳定增长。相比2021年，平凉GDP增长87.61亿元，排名反超去年略胜一筹的白银（见图5），GDP最高的兰州和最低的甘南，差距达12.64倍。

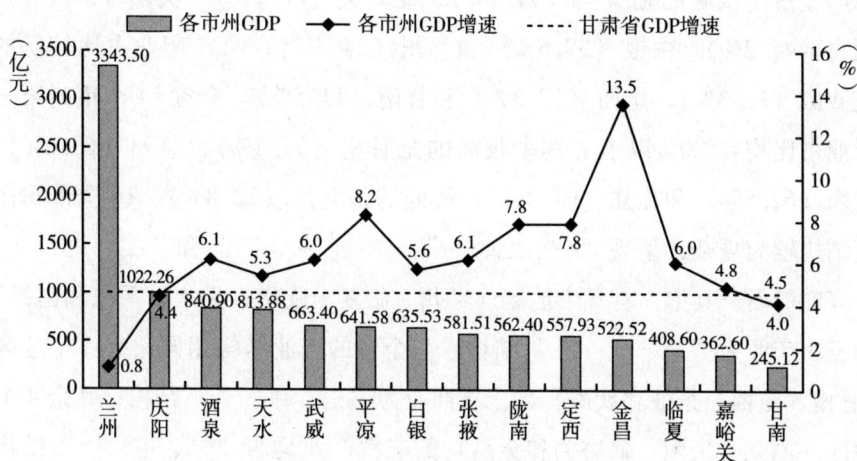

图5 2022年甘肃省14个市州GDP及增速

说明：因四舍五入，存在误差。

从2022年GDP增速来看，甘肃省14个市州间存在较大差异，11个市州的GDP增速超过全省GDP增速。增速最高的是金昌，达到13.5%，是唯一突破10%的地市，相比上年增速提高5.5个百分点。GDP增速排在第2位、第3位、第4位的分别是平凉（8.2%）、陇南（7.8%）和定西（7.8%），但定西的GDP增速较上年下降0.5个百分点。酒泉（6.1%）、张掖（6.1%）、武威（6.0%）、临夏（6.0%）、白银（5.6%）和天水（5.3%）的增速在5%之上。增速排在后4位的是嘉峪关、庆阳、甘南和兰州，均低于5%，其中，兰州作为省会城市，虽然GDP远高于其他市州，但GDP增速（0.8%）却是省内最低的。

（2）2022 年甘肃省 14 个市州三次产业结构

从 2022 年三次产业结构来看，各市州也存在较大差距。其中，第一产业占比最高的是武威，为 32.4%；占比超过 20% 的还有张掖（29.3%）、平凉（23.6%）和定西（20.2%）；其余各市州第一产业占比均不足 20%，第一产业占比较低的是金昌（6.1%）、兰州（1.9%）和嘉峪关（1.8%）。第二产业占比较高的是金昌（71.1%）、嘉峪关（66.7%）、庆阳（54.0%）、酒泉（44.2%）、白银（39.5%）和兰州（34.4%）；第二产业占比较低的是武威（18.3%）、定西（17.3%）和甘南（11.5%）。全省 14 个市州第三产业占比均在 20% 以上，其中较高的是甘南（71.4%）、兰州（63.6%）、定西（62.5%）和临夏（61.3%）；最低的是金昌（22.8%）。14 个市州产业结构较为复杂，呈现"三、二、一"、"三、一、二"和"二、三、一"并存的局面。其中，有 6 个地区（兰州、临夏、陇南、天水、平凉和白银）的三次产业为"三、二、一"结构，与全省的产业结构相同；有 4 个地区（甘南、定西、张掖和武威）的三次产业为"三、一、二"结构；其余 4 个地区（酒泉、庆阳、嘉峪关和金昌）的三次产业均为"二、三、一"结构（见图 6）。

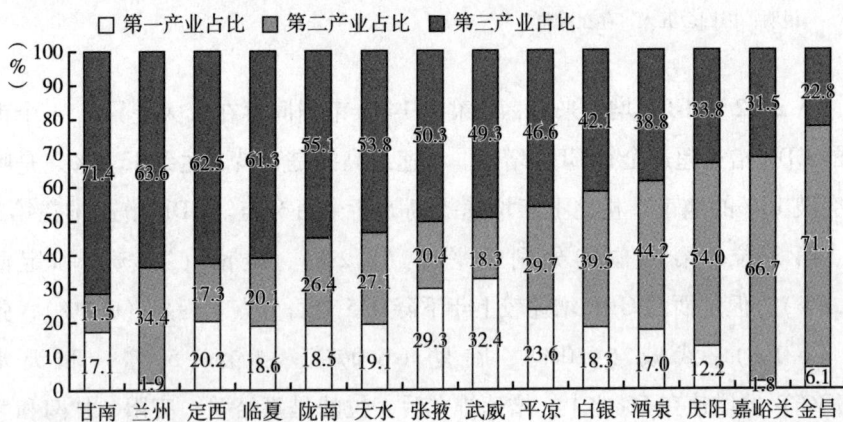

图 6　2022 年甘肃省 14 个市州三次产业结构

二 2021~2022年甘肃省税收发展现状

（一）2021年甘肃省税收发展情况

2021年，甘肃创推甘"速""321"打法，3200户中小微制造企业享受缓税4.4亿元。政务服务"好差评"纳税咨询好评率为100%，纳税人缴费人满意度排全国第16名，居西北五省区第1位。甘肃不折不扣减税降费，"甘"当税务雷锋，以铁账本、硬账单算好减税降费"收益账"，以创新"甘'速'办"税费服务为突破，创推非接触式办税服务，为586户企业办理延期缴纳税款近88亿元，退税办结率达100%，3134户次加计扣除研发费用逾70亿元。为支持中小微企业发展，甘肃税务开展"春雨润苗"行动，"银税互动"助力纾解"融资难"，3.18万户中小微企业获贷款929亿元，199户煤电供热企业"减退缓"税3.1亿元。

从2021年全省税收收入①规模来看，2021年甘肃省税收收入为667.41亿元，在全国排第28位，与排第27位的海南相差75.52亿元，高出排第29位的宁夏366.67亿元。甘肃省税收收入占全国税收收入的比重为0.80%。从2021年甘肃省税收收入结构来看，国内增值税（303.34亿元）占税收收入比重达45.45%，其次是企业所得税（80.06亿元）和城市维护建设税（53.86亿元），占比分别为12.00%和8.07%。2021年全国各省份平均税收收入质量（一般公共预算税收收入/一般公共预算收入）为72.23%，甘肃省税收收入质量为66.62%，② 在全国排第25位，与全国平均值相差5.61个百分点。2021年全国平均税收收入负担率（税收收入/GDP）为7.32%，甘肃省税收收入负担率为6.52%，在全国排第18位，与全国平均值相差0.8个百分点。

---

① 本报告中2021年各省份数据来源于国家统计局网站。
② 根据《中国统计年鉴2022》数据作者计算得出。

1. 各市州税收收入规模

从甘肃省各市州税收收入①规模看，各市州税收收入规模之和为481.17亿元。甘肃省14个市州间差距依然较大。省会兰州的税收收入为202.83亿元，是全省唯一超过200亿元的地区，稳居全省第1位，也远高于省内其他市州。庆阳、天水、酒泉、白银、平凉和金昌这6个市税收收入规模分别为42.49亿元、34.13亿元、26.23亿元、24.72亿元、23.83亿元和21.96亿元，排第2位至第7位，税收收入规模在20亿~45亿元。嘉峪关、定西、陇南、武威、临夏和张掖这6个市州税收收入规模在10亿~20亿元，分别为19.32亿元、18.32亿元、17.10亿元、16.73亿元、15.24亿元和13.04亿元，排第8位至第13位。税收收入规模最小的是甘南，仅为5.23亿元，规模最大的兰州和最小的甘南差额为197.60亿元，税收收入规模差距达37.78倍（见图7）。

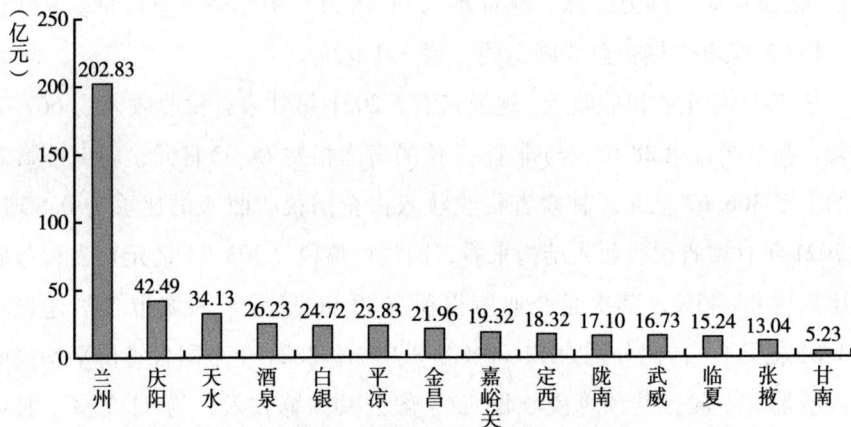

图7　2021年甘肃各市州税收收入规模

2. 各市州税收收入质量

从税收收入质量来看，各市州差异较大，但与2020年相比有所提高，

①　本报告中2021年甘肃省税收数据和甘肃省各市州数据均来源于《甘肃发展年鉴2022》。本部分图表数据资料来源同上。

平均提高了 2.51%。在 14 个市州中，税收收入质量较好的是嘉峪关（81.90%）和金昌（81.39%），均在 80%以上；兰州（73.30%）居第 3 位，临夏（65.92%）、庆阳（64.99%）、白银（64.75%）分别居第 4 位、第 5 位、第 6 位，以上 6 个市州的税收收入质量超过甘肃税收收入质量平均值①（63.24%）；紧随其后的是平凉（62.41%）、酒泉（61.99%）和陇南（60.64%）；税收收入质量较差的是定西（59.85%）、天水（58.97%）、武威（51.76%）和甘南（51.32%），均不足 60%；税收收入质量最差的是张掖（46.14%），不足 50%（见图 8）。这意味着张掖一般公共预算收入中非税收入占比超过税收收入，非税收入的稳定性和规范性不强，税收收入质量不高。

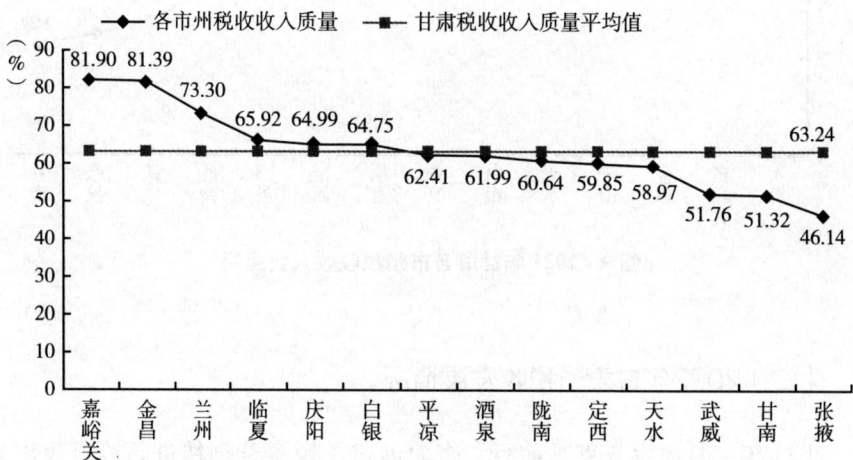

图 8　2021 年甘肃各市州税收收入质量

3. 各市州税收收入负担率

从税收收入负担率来看，各市州也存在差异。在 14 个市州中，税收收入负担率最高的是兰州（6.28%），居全省第 1 位；嘉峪关（5.92%）和金昌

---

① 甘肃税收收入质量平均值 = 14 个市州税收收入质量之和/14，各市州数据来源于《甘肃发展年鉴 2022》，与前文甘肃税收收入质量存在差异，下同。

（5.12%）的税收收入负担率介于5%~6%，分别居第2位、第3位；庆阳（4.80%）、天水（4.55%）、白银（4.33%）、平凉（4.30%）、临夏（4.08%）和定西（3.66%）分别居第4位、第5位、第6位、第7位、第8位、第9位；酒泉和陇南的税收收入负担率分别是3.44%、3.40%，分别居第10位、第11位；税收收入负担率较低的是武威（2.79%）、张掖（2.48%）和甘南（2.27%），均不足3%（见图9）。

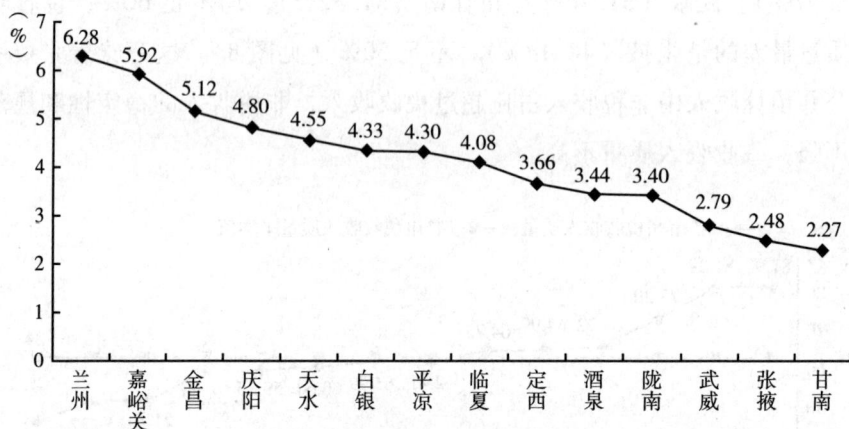

图9 2021年甘肃各市州税收收入负担率

（二）2022年甘肃省税收发展情况

2022年，甘肃税务克难前行、奋力前进，锐意开创精进新篇，迈出新步伐取得新成效。全年办理新增减税降费及退税缓税缓费381.4亿元。统筹宏观、中观、微观经济税收走势研判，全年组织税费收入2547.9亿元，其中税收1299.8亿元，扣除留抵退税还原后增长2.6%，与主要经济指标有效匹配。此外，万名干部和专业人员加入千个"陇税雷锋"帮办群，为40万户企业点对点提供个性化服务。521项业务网上办、103项新功能接入"甘快办"、51项全省通办，政务服务"好差评"好评率达100%。针对企业，甘肃省税务局联动"税银互动"与工商联"春雨润苗"行动，为3.26万户中小微企业发放贷款725亿元。

从 2022 年全省税收收入规模来看，2022 年甘肃省税收收入为 582.70 亿元，在全国排第 27 位，与排第 26 位的海南相差 26.60 亿元，高出排第 28 位的吉林 12.10 亿元。① 各省份税收收入规模之和为 76642.8 亿元，甘肃省税收收入规模占全国各省份税收收入规模之和的比重为 0.76%，与 2021 年基本持平。从 2022 年甘肃省税收收入结构来看，国内增值税（207.60 亿元）占总税收收入比重达 35.63%，与 2021 年相比，占比下降了 9.82 个百分点；其次是企业所得税（84.70 亿元）和城市维护建设税（48.80 亿元），占比分别为 14.54% 和 8.37%，与 2021 年相比，占比有所提高，分别提高了 2.54 个百分点和 0.30 个百分点。② 2022 年全国平均税收收入质量为 68.09%，甘肃省税收收入质量为 64.20%，③ 在全国排第 20 位，与全国平均值相差 3.89 个百分点。2022 年全国平均税收收入负担率为 6.45%，甘肃省税收收入负担率为 5.20%，在全国排第 19 位，与全国平均值相差 1.25 个百分点。

1. 各市州税收收入规模

从甘肃省各市州税收收入规模看，各市州税收收入规模之和为 443.91 亿元，与 2021 年相比减少了 37.26 亿元。甘肃省 14 个市州间差距依然较大。省会兰州的税收收入规模最大，为 157.50 亿元，是唯一超过 150 亿元的地区，稳居全省第 1 位，远大于其他市州。陇南、庆阳和天水分别居第 2 位、第 3 位、第 4 位，税收收入规模分别是 49.20 亿元、48.96 亿元和 32.07 亿元，与第 1 位的兰州相差甚远。金昌、酒泉和平凉 3 个地区税收收入规模分别为 23.41 亿元、21.40 亿元和 21.05 亿元，居第 5 位、第 6 位、第 7 位。定西、白银、临夏、嘉峪关、张掖和武威的税收收入规模在 10 亿~20 亿元。税收收入规模最小的是甘南，仅为 5.19 亿元。规模最大的兰州和最小的甘南差额为 152.31 亿元，差距达 29.35 倍，差距较上年有所缩小（见图 10）。

---

① 本报告中 2022 年各省份数据来源于各省份《国民经济和社会发展统计公报》。

② 本报告中 2022 年甘肃省税收数据来源于甘肃省财政厅网站；甘肃省各市州数据来源于甘肃省各市州国民经济和社会发展统计公报。本部分未注明资料来源的图表数据来源同上。

③ 资料来源于《国家统计年鉴 2023》，由作者计算得出。

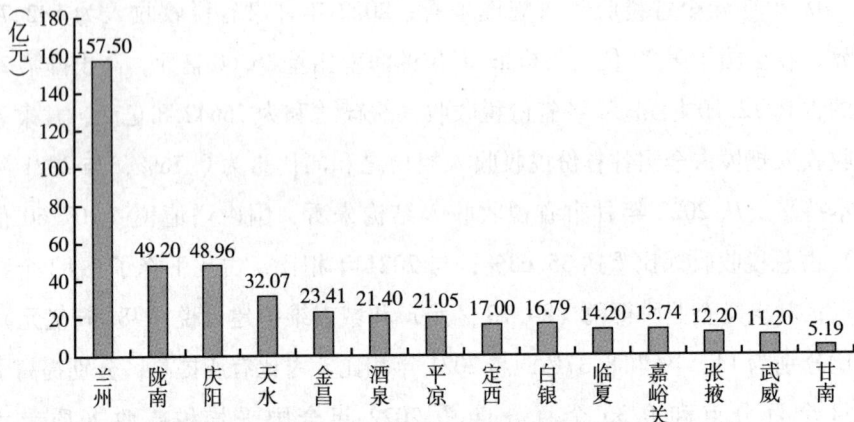

图10　2022年甘肃各市州税收收入规模

2. 各市州税收收入质量

从各市州税收收入质量来看，各市州差异较大，甘肃税收收入质量平均值为61.29%，较上年下降了1.95个百分点。在14个市州中，税收收入质量最好的是金昌（81.51%），居全省第1位；较好的是陇南（77.60%）、嘉峪关（71.86%）、兰州（71.27%）和天水（70.67%），均在70%以上，分别居第2位、第3位、第4位、第5位；庆阳（69.61）和临夏（67.94）紧随其后，居第6位、第7位，且以上7个地区税收收入质量均在省平均水平以上。酒泉（57.37%）、定西（54.98%）、甘南（53.01%）、白银（51.61%）和平凉（51.38%）的税收收入质量介于50%~60%。税收收入质量较差的是武威（40.29%）和张掖（38.99%），均不足50%（见图11）。这意味着武威和张掖两个地区一般公共预算收入中非税收入占比超过税收收入，由于非税收入的稳定性和规范性不强，税收收入质量不高。

3. 各市州税收收入负担率

从税收收入负担率来看，各市州也存在差异。在14个市州中，税收收入负担率最高的是陇南（8.75%），居全省第1位；庆阳（4.79%）、兰州（4.71%）和金昌（4.48%）这3个地区的税收收入负担率介于4%~5%，

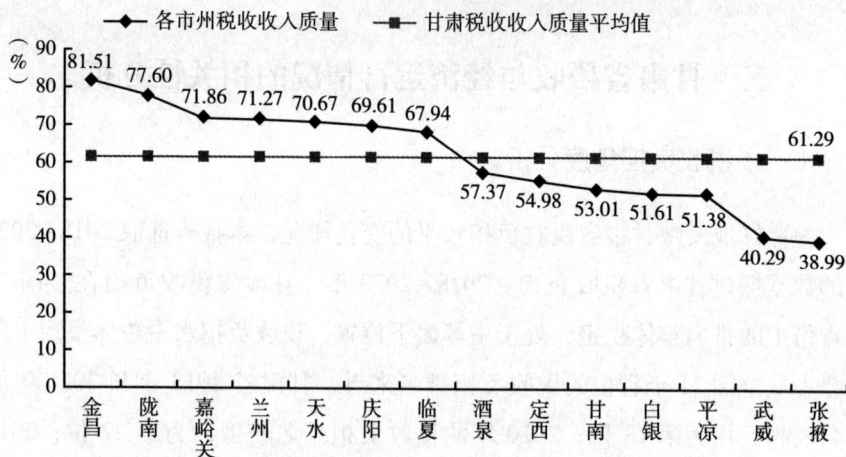

图11　2022年甘肃各市州税收收入质量

分别居于第2位、第3位、第4位；天水（3.94%）、嘉峪关（3.79%）、临夏（3.48%）、平凉（3.28%）和定西（3.05%）分别居第5位、第6位、第7位、第8位、第9位；其余5个地区的税收收入负担率均在3%以下，分别是白银（2.64%）、酒泉（2.54%）、甘南（2.12%）、张掖（2.10%）和武威（1.69%）（见图12）。

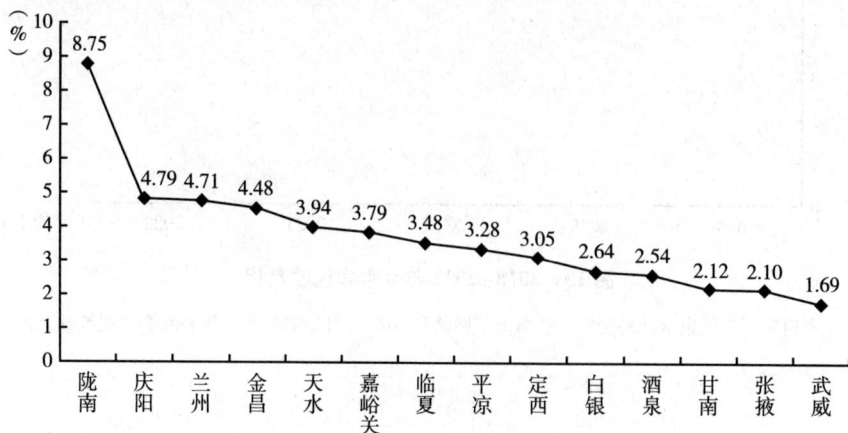

图12　2022年甘肃各市州税收收入负担率

三 甘肃省税收与经济运行情况的相关性分析

（一）税收负担角度分析

为更好地反映甘肃省税收负担水平的变化情况，本报告选取 2018~2022 年的数据探讨甘肃省税收负担。2018~2022 年，甘肃省税收负担在全国 31 个省份中的排名整体稳定，处于中等偏下位置，税收负担水平总体呈现下降趋势。从全国 31 个省份的税收负担排名来看，甘肃省 2018 年和 2021 年的排名较高，均为第 18 位；2020 年的税收负担排名较低，为第 22 位；2019 年和 2022 年均排第 19 位。从甘肃省来看，除 2021 年税收负担略有上升，其余年份均呈现下降趋势，由 2018 年的 7.5% 下降至 2022 年的 5.2%，下降 2.3 个百分点（见图 13）。税收负担的持续下降，表明我国推行大规模减税降费政策效果显著。

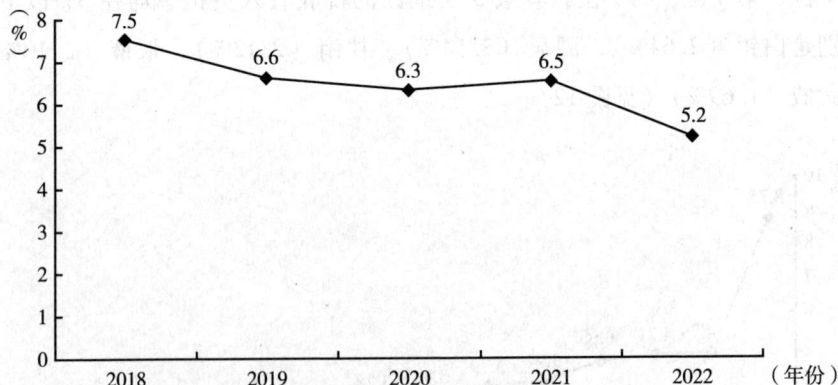

图 13　2018~2022 年甘肃省税收负担

资料来源：国家统计局网站、省财政厅网站和 2022 年甘肃省国民经济和社会发展统计公报。

（二）税收与经济增长的弹性情况分析

弹性是指一个变量对另一个变量变化的反应程度，弹性系数则是对弹性大小进行衡量的指标，表示两个变量变动情况的依存关系。税收弹性系数即指税收增长率与 GDP 增长率之间的比率，反映 GDP 每增长 1 个百分点，相应税收总额增长多少个百分点。可通过公式（1）计算：

$$Et = (\Delta T/T)/(\Delta Y/Y) \tag{1}$$

其中，Et 为税收弹性系数，ΔT 表示税收收入增量，ΔY 表示 GDP 增长量。当两个变量的变动方向相反时，弹性系数为负数。当弹性系数的绝对值大于 1 时，说明富有弹性；当弹性系数的绝对值小于 1 时，说明缺乏弹性；当弹性系数的绝对值正好等于 1 时，说明两个变量同比例变动，具有单位弹性。一般认为，税收弹性系数在 0.8~1.2 时税收与经济发展具有良好的协调性。2018~2022 年甘肃省税收弹性系数如表 1 所示。

表 1　2018~2022 年甘肃税收弹性系数

单位：亿元，%

年份	税收收入	税收增长率	GDP	GDP 增长率	税收弹性系数
2018	610.4	13.6	8246.1	6.3	2.16
2019	577.6	-5.4	8718.3	6.2	-0.87
2020	567.9	-1.7	9016.7	3.9	-0.44
2021	667.4	17.5	10243.3	6.9	2.54
2022	582.7	-12.7	11201.6	4.5	-2.82

注：税收增长率按照自然口径计算。

资料来源：2018~2022 年甘肃省国民经济和社会发展统计公报。

2018~2022 年，甘肃省税收弹性系数整体波动较大。仅有 2018 年和 2021 年的税收弹性系数为正值，分别为 2.16 和 2.54。受大规模减税降费等因素的影响，2019 年、2020 年和 2022 年的税收弹性系数均为负值，分别为-0.87、-0.44 和-2.82。综上所述，甘肃省税收收入和经济发展的协调性还不够高，特别是税收收入的可持续增长性还有待加强。

（三）税收与经济增长的相关性分析

为了提高分析结果的准确性，本报告选取 2013~2022 年的数据探讨甘肃省税收收入与经济增长的相关性。2013 年以来，甘肃省税收收入和 GDP 总体均呈现上升趋势。其中，税收收入从 2013 年的 417.7 亿元增长至 2022 年的 582.7 亿元，增长 165.0 亿元，并在 2018 年和 2021 年两度突破 600 亿元；GDP 从 2013 年的 6268.0 亿元增长至 2022 年的 11201.6 亿元，增长 4933.6 亿元。本报告将 GDP 作为自变量，用 X 轴表示，税收收入 TAX 作为因变量，用 Y 轴表示，根据 2013~2022 年甘肃省 GDP 和税收收入数据，借助 STATA 17.0 可得出散点图（见图 14）。

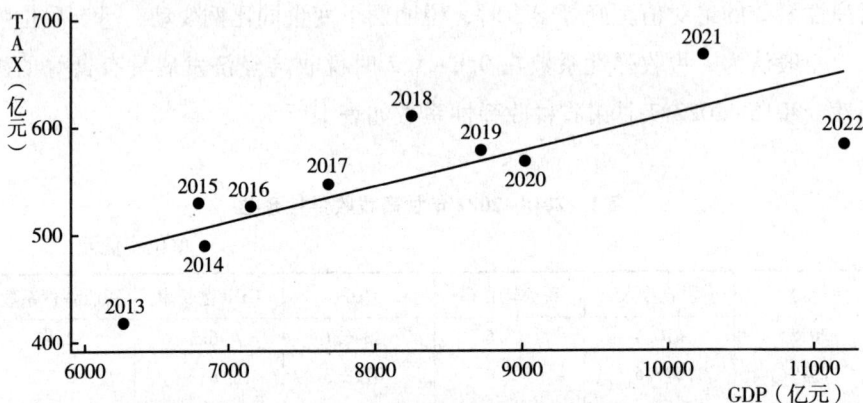

图 14 2013~2022 年甘肃省 GDP 和税收收入散点图

资料来源：2013~2022 年甘肃省国民经济和社会发展统计公报。

从图 14 可看出，甘肃省 GDP 和税收收入之间存在较强的线性相关关系，拟合两者的线性关系，可构建简单的多元回归方程，如式（2）：

$$Tax_i = \alpha + \beta\, Gdp_i + \sum \gamma\, X_i + \varepsilon_i \tag{2}$$

本报告选取 GDP（亿元）作为解释变量，记作 Gdp，税收收入（亿元）作为被解释变量记作 Tax，加入产业结构（%）和固定资产投资水平（亿元）控制变量，分别记作 $Inst$ 和 $Invest$。为了缩小数据之间的绝对差异，本文对税收收入、GDP 和固定资产投资水平取对数。经过 STATA 17.0 软件对甘肃税收收入与 GDP 数据进行回归分析，得到模型的输出结果为：

$$Tax_i = 2.35 + 0.30\, Gdp_i + 0.02\, Inst_i + 0.05\, Invest_i + \varepsilon_i \tag{3}$$

从拟合优度来看，该多元回归模型的 $R^2 = 0.84$，表示样本回归解释能力为84%，即甘肃省税收收入可以被GDP解释的可信度为84%，该模型的拟合优度较好。

从经济意义来看，在此多元回归模型中，甘肃省税收收入与GDP存在显著的正相关关系，说明经济发展有效地促进了税收收入的增长，反映了税收收入增长与GDP增长具有一定的协调性。从模型结果来看，GDP每增加1%，税收收入将增加0.3%。

（四）相关性分析结论

通过数据分析来看，2013~2022年甘肃省税收收入和GDP总体呈现正相关关系，税收与经济增长较为协调。近年来，受到产业结构调整、减税降费政策等因素影响，甘肃省税收收入在部分年份出现下滑，由于经济总量始终保持递增态势，税收弹性系数的波动较大。而甘肃省税收负担的持续下降在体现减税降费成效的同时，反映出税收收入增长的动力不足。因此，进一步协调甘肃省税收收入和经济增长具有紧迫性和必要性。

四 促进甘肃省税收和经济协调发展的建议

总体而言，2021~2022年甘肃省经济和税收整体保持增长，宏观税负下降，减税降费效果显著。但各市州间经济发展不均衡、税收规模差距较大等问题依然存在。同时，各市州经济财政格局分化明显，税收收入质量、税收负担率存在差异，经济发展与税收收入之间的协调性也不够高，地区间发展不平衡和不充分问题依然突出。

当前在我国经济需求收缩、供给冲击、预期转弱三重压力仍然较大的情况下，甘肃省要在高质量发展和现代化建设中取得新突破，就要解决发展不平衡不充分的问题。为此，需要认真贯彻落实"三新一高"重大战略思想，即立足新发展阶段、贯彻新发展理念、构建新发展格局、推进高质量发展。大力开展强科技、强工业、强省会、强县域的"四强"行动。需要系统衔接、有机贯通"四强"行动，围绕建设"双循环"新发展格局战略支点、聚焦重构"强省会"新格局，筑牢产业根基、打造创新引擎、构建"强省会"生态格局。需要稳中求进，全力盘活存量、引入增量、提高质量、增强能量、做大总量，持续推动经济稳中向好，持续改善民生，保持社会大局稳定。同时，还需要统筹经济与生态，统筹城市与乡村，统筹发展与安全，努力在构建新发展格局中赢得先机，在高质量发展中实现争先进位，推动各方面工作取得新突破。

（一）大力发展经济，做大"经济蛋糕"

经济决定税收，要大力发展经济，着力构建现代产业体系。数字经济可以推动各类资源要素快速流动、加速融合各类市场主体、畅通经济循环、推动构建现代化经济体系，已成为经济高质量发展的重要引擎。要坚持发展数字经济，不断提高自主创新能力，把"强科技"作为"强省会"的核心支撑。突出重振"兰州制造"支撑"强省会"，持续深化"兰白两区"建设，着力培育"专精特新"企业，加快推进建设兰州科学城；要重视人才的创造力，积极抢抓国家"3+N"高水平人才高地建设重要政策机遇，系统落实"萃英计划"，推动形成"雁阵型"人才格局；要着眼甘肃整体发展、立足各地优势，推动构建"一核三带"区域发展格局，牵引带动全省协同联动发展，实现县域经济协调发展及共同富裕的目标。加快兰州-白银一体化进程，推动白银构建西部重要新材料产业基地，促进定西、临夏融入兰州经济圈，支持定西做大做强以马铃薯、中医药为主的特色农产品生产加工基地，支持临夏建设旅游休闲基地等。另外，要加强国际合作，共建"一带一路"。作为丝绸之路的咽喉要道和锁钥之地，甘肃省需紧抓"一带一路"政策机遇，充分发挥丰富的中医、中药资源优势，将"一带一路"机遇转变为推动甘肃发展的重要抓手。

（二）加快优化产业结构，培育经济增长点

加快推进产业结构优化升级，培育新的经济增长点。甘肃省"十四五"规划中提出坚持产业兴省、工业强省，积极推动产业基础高级化、产业链现代化，激发实体经济活力，提高经济质量效益和产业综合竞争力，坚持用高新技术推动传统产业高端化、智能化改造。为此，要因地制宜制定高新技术产业发展方案，加大对高新技术企业在研发、人才等多方面的政策支持力度，帮助高新技术企业减轻在创立初期的不确定风险，培育地区优质税源，提升税收竞争力；要推动工业高质量发展，积极融入"一核三带"发展格局，"强龙头、补链条、聚集群"，改造提升传统产业，发挥龙头企业带动作用，增强石油化工、有色冶金等传统优势产业的竞争力，提升精深加工水平。培育壮大新兴产业，大力发展半导体材料，氢能、储能和分布式能源，电子信息等新兴产业，推动工业和信息化深度融合，增强产业活力和产品竞争力，不断增强其对全省经济社会发展的支撑作用；要强化企业创新主体地位，实施知识产权强省战略，加快科技成果转化，加强全面质量管理，提升甘肃制造竞争力。同时，加快绿色低碳技术研发应用，提高制造业能源资源利用效率，实现制造业与生态环境协调发展。

（三）持续优化税收营商环境，提高纳税遵从度

持续优化税收营商环境，坚持问题导向，继续推出"便民办税春风行动"。依托数字化创新征管模式，发挥数字技术在丰富纳税服务应用场景方面的优势，通过线上线下立体化服务不断完善税费服务体系，通过大数据的汇总集成实现纳税人缴费人涉税信息的全景展示，从而精准打造智能化、专业化的征管服务新生态，构建税收营商环境新格局；坚持智税赋能，不断拓展"非接触式"办税服务，强化纳税信用评价结果应用，深化"银税互动"，落实信用联合激励惩戒。通过税收大数据分析建立更加科学完善的纳税信用评价制度，将企业信用与纳税服务绿色通道等纳税服务挂钩，与银行贷款等金融服务挂钩，引导企业自觉增强纳税意识、提高纳税遵从度，营造

法治、公平、诚信的优质税收营商环境。税务部门要积极与各大媒体平台开展合作，形成宣传合力，多渠道宣传优化营商环境的措施与成效，提升公众参与度。

（四）严格落实税收优惠政策，提升财政可持续发展能力

进一步提高税收收入质量、财政可持续发展能力，增强财政收入的规范性。甘肃省各级政府应严格落实减税降费政策，进一步优化减税降费政策目标，降低企业税收负担，激发企业活力。加大对高新技术企业及中小型微利企业的税收优惠力度，为企业转型升级提供政策保障；要以纳税人为中心重塑税收征管体制，加快推进"精确执法、精细服务、精准监管、精诚共治"进程，从"以票管税"向"以数管税"转变，提升税收治理现代化水平；要严格控制非重点、竞争性领域财政投入，大力压减非刚性、非必要支出，优化财政支出结构，进一步扩大全省教育、卫生、社会保障和就业等方面的支出，加强民生保障；要进一步优化甘肃省财政分配关系，充分调动省以下各级地方政府的积极性，推动建立权责清晰、财力匹配的财政管理体制，严格执行政府债务限额管理，优化新增债券资金投向，完善政府债务常态化监测和风险评估机制。

参考文献

李建刚、沈利芸、陈旭东：《产业集聚对区域税收竞争力提升的影响研究——基于产业结构升级视角》，《税务与经济》2023年第1期。

韩霞、于秋漫：《聚类分析视角下税收营商环境国际比较及评价》，《税务研究》2022年第12期。

张景华、林伟明：《治理视角下的税收营商环境优化研究》，《税务研究》2020年第9期。

李永海、何嘉欣、董鹏梅：《减税降费背景下甘肃省财政可持续发展测度研究》，《河南教育学院学报》（哲学社会科学版）2022年第3期。

B.10

2022~2023年重庆市税收发展报告

徐 斌 邓永勤*

摘 要： 2022年，我国在党的二十大精神指引下，落实疫情防控和经济发展要求，统筹发展与安全，实现了经济平稳运行。重庆市经济发展保持恢复势头，实现了稳定增长、就业和物价总体平衡。全年GDP达到29129.03亿元，同比增长2.6%。全年税务部门组织税费收入规模首次突破6000亿元，达到6219.8亿元。2022年重庆市经济运行总体平稳、工业发展保持定力、减税降费压力缓解、消费市场稳步恢复、成渝地区融合加深，但仍然存在市场主体活力下降、就业形势短期承压、成渝地区双城经济圈毗邻区域辐射不足等问题。2023年，预计全市经济运行总体保持回稳态势，但恢复基础尚不牢固，需求收缩、供给冲击、预期转弱三重压力仍然较大。从主要行业看，预计工业增长仍将承受原材料价格高位运行、芯片紧缺以及上年高基数等因素的制约；商业将缓慢复苏，但恢复情况与居民消费信心密切相关；金融业受银行存贷息差收窄、部分企业坏账计提增多等因素影响，税收增长空间有限；房地产业虽然新出台了"十六条"楼市新政，但政策落地效果有待市场检验，难有爆发式增长。预计2023年全市税收实现2800亿元左右，同比增长14%左右。

---

* 徐斌，国家税务总局重庆市税务局税收经济分析处干部，主要研究领域为税收经济行业知识图谱、微观企业量化分析模型等；邓永勤，经济学博士，国家税务总局重庆市税务局税收科学研究所二级调研员，主要研究领域为税收理论与政策、税务稽查与税收筹划实务。

关键词： 税收　高质量发展　重庆

2022 年，重庆市紧扣党和国家总体战略部署，全面落实习近平总书记对重庆提出的"两点"定位和"两地""两高"目标，以新的视野谋划经济社会发展。在市委、市政府和国家税务总局坚强领导下，重庆税务部门主动应对复杂严峻的内外部环境和多重挑战，稳中求进、攻坚克难，进一步深化税收征管改革，综合统筹疫情防控、减税降费和组织收入工作，积极助力全市经济社会发展大局。

一　2022年重庆市税费收入状况分析①

2022 年重庆 GDP 为 29129.03 亿元，同比增长 2.6%，低于全国 GDP 增速 0.4 个百分点，继续保持在合理区间。全市税务部门累计组织税费收入 6219.8 亿元，首次突破 6000 亿元。目前，税务部门组织收入工作已由"税主费辅"转变为"税费皆重"，税收收入、非税收入、社保费收入占比从上年的 60∶34∶6 转变为 40∶30∶30，社保费收入、非税及其他收入占六成。

（一）2022年重庆税收发展情况

2022 年税收收入 2461.0 亿元，按自然口径同比下降 14.8%，扣除留抵退税因素还原后（以下简称"同口径"）下降 6%；其中，中央级税收 1190.1 亿元，同口径下降 4.4%；地方级税收（财政口径）1270.9 亿元，同口径下降 9.2%，其中市级税收 438.3 亿元，同口径下降 7.7%。2022 年

---

① 本报告 2022 年经济社会发展相关数据来自重庆市统计局及国家统计局重庆调查总队于 2023 年 3 月 17 日发布的《2022 年重庆市国民经济和社会发展统计公报》；2023 年上半年数据来自重庆市人民政府于 2023 年 7 月 20 日发布的《2023 年上半年重庆市经济运行情况》和重庆市统计局网站（http://tjj.cq.gov.cn）；税费收入及减税降费数据来自国家税务总局网站（http://www.chinatax.gov.cn）和国家税务总局重庆市税务局网站（http://chongqing.chinatax.gov.cn/cqtax）；部分数据源于税收数据加工汇总处理。

税收运行呈现以下主要特点。

第一，减税降费规模较大，对税收收入影响显著。全年税务部门落实新的组合式税费支持政策红利惠及120万户市场主体，税费优惠金额695.6亿元，其中退、减、缓税620亿元，占当期税收收入的25.2%。分政策看，增值税留抵退税422.4亿元，新增减税123亿元，降费26亿元，缓税74.5亿元，缓缴社保费49.7亿元。

第二，累计降幅缓慢收窄，12月税收恢复正增长。1~8月，受经济下行、房地产低迷、高温干旱限电以及上半年疫情影响较大，地方级累计税收同口径下降12.3%。9月起，在稳经济各项政策发力显效和税务部门的不懈努力下，单月税收开始转正；11月受疫情影响出现大幅回落，12月重回增长轨道，全年累计下降9.2%，较1~8月降幅收窄3.1个百分点，呈现缓慢恢复态势。

第三，中央税运行较为平稳，地方税降幅较大。税务部门征收的16个税种中，消费税和车辆购置税为中央税税种，全年实现287.7亿元，占全市税收比重11.7%，同比增长0.7%。增值税、企业所得税、个人所得税为中央和地方共享税种，实现1625.8亿元，税收占比66.1%，同口径下降5.2%，好于全市税收整体降幅（-6%）。契税、房产税、土地增值税等其余11个税种为地方税税种，与房地产市场运行高度关联。由于反映交易情况的契税减收较大，这11个税种实现547.4亿元，税收占比22.2%，下降12%，降幅明显大于前五大税种，对全市地方级税收收入影响较大。

第四，工业商业稳步增长，房地产建筑业依然低迷。全市五大支柱行业中，工业、商业分别实现税收814.1亿元、391.9亿元，分别同口径增长5.7%、1.2%，总体保持平稳运行态势；金融业实现税收371.6亿元，同口径下降2.2%；房地产、建筑业税收持续疲软，分别实现314.3亿元、208.8亿元，分别同口径下降37.8%、11.4%，是全市税收下降的主要因素。

第五，重点企业相对稳定，税收支撑作用明显。全市纳税规模5000强企业，全年实现税收2089.8亿元，与上年同期相比，同口径下降4.4%，低于全市整体税收降幅 1.6 个百分点；占全市税收比重为 84.9%，较上年同期提高 8.7 个百分点，反映出全市税收基本盘表现相对稳定。

（二）社保费收入情况

2022 年，税务部门负责征收 9 项社保费，全年实现 1863.4 亿元，同比增长 16.2%。其中，基本养老保险费 1217.8 亿元，同比增长 14.2%，主要是年初灵活就业人员养老保险一次性补缴增收较大以及社保缴费基数上调带来缴费增加；基本医疗保险费 585.3 亿元，同比增长 21.5%，主要是社保缴费基数上调带来缴费增加以及城乡居民医保集中征收期延长导致增收；失业、工伤等其他社保费 60.1 亿元，同比增长 10.2%；对快递、外卖等新就业形态新开征的职业伤害保障费 1718 万元，有力加强了相关从业人员的民生保障。

（三）非税及其他收入情况

2022 年，随着非税收入征管职责划转改革的逐步到位，税务部门负责征收 24 项非税收入及工会经费、职业年金，较国、地税合并前增加 18 项。全年税务部门征收非税收入 1796.5 亿元，占全市非税收入的近七成（66.9%）。其中，新划转土地出让金 1629.5 亿元，可比口径下降 20.3%。工会经费 8.2 亿元，同比增长 17.5%；职业年金 90.8 亿元，同比下降 30.3%，主要是因为上年同期大量机关事业单位清算补缴往年的职业年金垫高了基数。

二　从税收数据看重庆经济发展特征

（一）经济运行总体平稳，短期波动较为剧烈

受经济下行、房地产低迷等多重因素影响，重庆市经济总体保持低速平稳运行态势。2022 年，重庆市市场主体累计取得销售收入 66965.6 亿元，

同比小幅下降1%；购进金额61970.3亿元，同比微增0.6%。在疫情反复、高温限电等特殊因素影响下，单月购销增幅波动较为剧烈。受疫情影响较大的主要有2月、4月、11月、12月，特别是11月发票购销降幅达到峰值，分别为-20.2%、-24.8%；受旱情影响较大的是8月、9月，销售收入分别增长1.6%和下降0.2%，购进金额分别增长2.4%、0.3%，均处于年内的相对低位。

（二）工业发展保持定力，产业结构持续优化

工业经济保持扩张态势。2022年，重庆市工业税收同比增长5.7%，占税收的比重为33.1%，较上年提高3.1个百分点，自2018年触底反弹以来连续4年实现提升。占工业税收比重近九成的制造业税收同比增长7.9%，销售金额同比增长4%。其中：汽车制造业销售增长7.2%，特别是新能源整车制造增长169.2%；电气机械制造业销售增长18.5%，特别是锂离子电池增长127.6%。实体经济基础进一步夯实。房地产依赖度进一步降低。2022年，全市土地出让成交金额仅为上年的1/3、增量房网签成交金额仅为上年的四成，实现行业税收314.3亿元，同口径下降37.8%，税收占比为12.8%，较上年下降7.4个百分点。其中，与房地产市场景气程度高度相关的契税实现97.3亿元，同比下降47.7%。

（三）减税降费缓解压力，企业投入力度加大

减税降费缓解企业资金压力。2022年，税务部门落实新的组合式税费支持政策红利惠及140万户市场主体，税费优惠金额753.84亿元。其中，增值税留抵退税422.44亿元，延缓缴纳税费154.55亿元，新增减税降费176.85亿元，有力缓解企业的资金压力，增强向好的市场预期。企业投入力度不断加大。2022年，全市工业企业加大机械设备采购力度以备生产。其中：汽车制造业采购金额3188.3亿元，同比增长13.9%；电气机械和器材制造业采购金额825.1亿元，同比增长23.5%；专用设备制造业采购金额328亿元，同比增长5.3%。

（四）消费市场稳步恢复，需求升级加速推进

消费市场总体稳定，并逐步恢复到疫情前水平。2022年，折射居民收入水平的个人所得税同比增长1.8%，高于全市税收收入增幅7.8个百分点，为消费意愿提升增添"底气"。全市批发和零售业销售金额24927.3亿元，同比增长1.6%。餐饮业和住宿业销售金额同比增长1.1%，其中基本生活消费保障充足，食品饮料烟草、医药及医疗器械零售分别同比增长12.6%、25.8%。消费需求更趋多元，加速向更高层次、更新业态、更多服务升级。2022年，消费层次继续由吃饱穿暖向健康、休闲等高品质生活方式转变，露营服务、音像制品、文化艺术、保健医疗消费销售金额分别同比增长157%、54.7%、3.1%、19.1%。消费业态拥抱"数字化"，"宅"消费、"无人经济"、在线教育医疗、无接触配送等消费新业态激活内需新动能，信息技术服务业、科技服务业销售金额分别增长10.2%、12.0%。消费服务接轨世界高端、专业化，社会经济咨询、健康咨询、会计审计服务、供应链管理服务销售金额同比分别增长10.3%、14.0%、26.8%、75.8%。

（五）市场主体活力下降，就业形势短期承压

市场主体活跃度有所下降。2022年，重庆市净增涉税市场主体7.4万户，同比下降54%。其中：全年新增涉税市场主体24.8万户，同比下降8%；累计注销涉税市场主体17.4万户，同比增长60%。注销数据分地区看，主要集中在主城新区，同比增长118.4%；分行业看，主要集中在批发和零售业，同比增长31.2%；分时间看，主要集中在11月，单月注销同比增长51.5%。就业形势短期承压。在疫情反复、供给冲击、需求收缩等因素影响下，用工岗位短期缩减，就业困境凸显。2022年，个人所得税申报人数同比下降4.0%，劳务派遣、公共就业、职业中介服务业销售金额分别下降0.3%、3.4%、5.6%。

（六）出口走势前高后低，外贸结构有所调整

出口增速前高后低，有些回落。2022年，重庆进出口总值8158.4亿

元，全国排第 11 名，中西部地区排第 3 位。全市 2710 家企业累计实现出口额 5245.32 亿元，同比增长 1.5%，上半年受大宗商品上涨和国际需求旺盛等因素影响，出口额同比增长 19.5%，8~12 月出口"减速换挡"，出口额单月分别同比下降 6.4%、12.9%、18.7%、27.1%、33.8%。外贸目的地和商品结构有所调整。出口目的地"腾笼换鸟"，从对欧美为主转向"新"经济体。2022 年，全市对欧美出口累计同比下降 4.3%，12 月单月出口额不足上年同期的六成。而对"一带一路"、东盟、RCEP 成员国的出口额同比分别增长 21.7%、16.1%、17.3%。出口商品结构出现变化，2022 年，全市计算机制造业出口占比继续下降，出口额同比下降 1.8%，占比为 68.9%，较上年下降 2.1 个百分点。

（七）成渝地区融合加深，毗邻区域辐射不足

成渝地区融合共建深入推进。2022 年，围绕成渝地区双城经济圈建设，推进两地产业配套协同、服务共建共享，两地经贸往来日趋频繁，产业互补不断增强，四川已成为重庆最大的销售目的地和第二大采购来源地（仅次于广东），成渝间贸易总额突破 8000 亿元，同比增长 2.4%，重庆对四川销购金额分别同比增长 3.1% 和 1.8%，分别高于全市销购增幅 2.2 个和 2.5 个百分点。毗邻区域辐射能力不足，2022 年，重庆外销金额较多的 5 个省（市）分别是四川、广东、上海、江苏、浙江，采购金额较多的 5 个省（市）分别是广东、四川、上海、北京、江苏，反映出重庆与经济发达省份的贸易往来更为密切，除四川外，重庆与毗邻省份的经贸联系相对较少。

（八）"一区"贡献增速下滑，"两群"走势出现分化

主城都市区保持全市经济发展的核心引擎地位，但税收占比和增速有所下滑。2022 年，累计实现税收 2103.9 亿元，同口径下降 6.1%，税收占全市比重为 85.5%，较上年下降 0.3 个百分点；销售收入 59743.9 亿元，同比下降 0.8%，占全市比重为 89.2%。"两群"税收一升一降，渝东北城镇群实现税收 213.1 亿元，同口径下降 9.7%，税收占比为 8.7%；渝东南城镇群

实现税收 144 亿元，同口径增长 1.7%，税收占比为 5.9%。渝东北、渝东南销售收入分别同比下降 3.3%、1.3%。

三　从税收视角看重庆经济高质量发展

重庆市落实党中央决策部署，坚定不移实施制造强市战略，全力打造国家重要先进制造业中心，推动经济高质量发展取得明显成效。

（一）规模质效稳中向好，税收支撑稳步提升

市场主体稳步增长。截至 2022 年底，重庆市制造业涉税经营主体为 9.4 万户，比 2018 年增长 29.7%，年均增长 6.7%，市场主体活跃度为 91.5%，比全市平均水平高 5.5 个百分点。经营规模持续扩大。2022 年，制造业实现营业收入 2.2 万亿元，比 2018 年增长 58.8%，年均增长 12.2%，占全市营业收入总额的 31%。年销售规模在 2000 万以上的制造企业为 7437 家，比 2018 年增加 920 家。经营质效不断提升。2022 年，制造业实现净利润 690.2 亿元，占全市净利润额的 36.3%，年均增长 15.2%，营业收入净利润率比 2018 年提升 0.3 个百分点，资产负债率比 2018 年降低 2 个百分点。支柱地位更加巩固。2022 年，制造业实现税收 703.4 亿元，占全市税收总额的 28.6%，比 2018 年提高 8.5 个百分点，税源支撑作用增强。2023 年上半年，制造业税收同比增长 37.7%，税收占比再提高 2.7 个百分点。

（二）五大发展理念深入贯彻，高质量发展成效显现

一是加快推进创新驱动，新兴动能发展壮大。创新主体稳步增长，2022 年新增高技术制造企业 1334 家，占全市新增高技术制造企业的 95.1%；计算机、医药和专用设备制造业增长最多，分别新增 492 户、194 户和 157 户，到 2022 年底共有高技术制造企业 8750 家。创新平台不断优化。2018~2022 年，新增国家级大学科技园、科技企业孵化器与众创空间共 20 个，提供各类创新孵化服务 27.5 亿元，年均增速达 15.4%。创新投入力度持续加

大。2022年，全市符合研发费用税收优惠条件的制造业企业共7395家，年度研发投入362.9亿元，是2018年的2.4倍，年均增长24.5%，超过制造业营业收入增速12.3个百分点。采购"新产品"生产设备50.6亿元，是2018年的2.1倍，年均增长20.4%；"新工艺"投入设备63亿元，是2018年的1.7倍，年均增长14.2%。创新成果加速发展，产业数字化进度加快，数字产品制造业销售额年均增长14%，增幅高出全市工业增速3.2个百分点。"专精特新"企业明显增强，销售额年均增长13.7%，增幅高出全市工业增速2.8个百分点。重庆弗迪锂电池有限公司推动"刀片电池"技术自主创新，为国产智能网联新能源汽车提供了动力支持，2022年实现销售额353.1亿元，同比增长154.1%。

二是区域协调稳步推进，产业协同不断增强。川渝融合步伐加快，2022年，川渝地区双城经济圈制造业贸易额突破2万亿元，比2018年增加0.8万亿元，年均增长13.6%，高于制造业增速1.4个百分点。两地毗邻地区制造业发展融合度越来越高，补链强链协调性越来越好。以泸永江区域为例，2022年制造业税收比2020年规划之初增长50%，占经济圈的税收比重提高0.9个百分点。"一区两群"协调并进，按照重庆"一区两群"协调发展部署，落实成渝城市群"重庆向西"的产业发展主方向，主城新区2022年税收占比上升到30.4%，较2018年提高3.2个百分点。渝东北城镇群、渝东南城镇群坚持生态优先，现代农产品加工深度发展，税收占比较2018年提高2.4个百分点。投入结构不断优化，2022年全市制造业采购无形资产、专利技术、信息化服务248.1亿元，是2018年的2.4倍，年均增长24.5%，高于设施设备等"硬"投入12.4个百分点。无形资产等"软"投入占比提高到16.9%，较2018年提高5.1个百分点，投资结构向价值链高端延伸。先进制造业快速发展，销售额年均增长11.9%，增幅高出全市工业增速1.1个百分点；在全市工业销售额中的占比提高到55.3%，较2018年增长2.4个百分点。制造业与现代化服务业深度融合，2018～2022年，生产性服务业对全市税收的贡献从19.6%提升至23.7%，提高4.1个百分点。金融对实体经济的支撑力度不断加大，2022年，全市金融行业对制造业贷款金额达

2084.3 亿元，是 2018 年的 1.7 倍。

三是税收助推绿色经济，"双碳"引领绿色产业。绿色税制助力环保，环保税开征 5 年来，全市制造业累计减免 6.14 亿元，纳税户数从 2018 年的 4859 户上升为 2022 年的 6151 户，户均纳税从 5.6 万元降低到 3.9 万元，绿色税制调节激励作用明显。低碳转型激发活力，2022 年，制造业资源综合利用销售收入为 164.2 亿元，比 2018 年增长 100.5%；大气污染防治设备采购金额为 9.1 亿元，比 2018 年增长 75%；缴纳资源税 2.3 亿元，相比 2018 年减少 15.1%，自然资源消耗减少。节能降耗成效明显，推进"煤改电、煤改气工程"，2022 年制造业采购原煤、洗煤 2506.5 万吨，较 2018 年下降 2.7%。新增"疆电入渝"配套项目，2022 年供电 1420 万千瓦时，供应了制造业所需电力的 1/10。2018~2022 年，实现碳排放权交易 1335 宗，共计 4.7 亿元，绿色发展成效显著。绿色制造振兴乡村，2022 年，重庆实施以工带农、产业兴农政策，打造涪陵榨菜、忠县柑橘、江津白酒、梁平预制菜等十大特色食品加工产业集群，绿色食品品牌数量排全国第 5 位。2022 年，涪陵榨菜实现营业收入 25.48 亿元，利润 8.99 亿元，带动上下游企业实现了 7 万人稳定就业。

四是外资外贸平稳发展，内陆开放能级提升。开放通道全面拓宽，2022 年，西部陆海新通道运输货值同比增长 36%，中欧班列（成渝）开行量超过 5000 列，全市多式联运和铁路货物运输销售收入比 2018 年分别增长 93%、140.4%。2022 年，中国（重庆）自由贸易试验区新办企业为 1.1 万户，占全市新办企业的 9.5%，注册资本总额为 1565.8 亿元，国际贸易通道更加便捷。内引外联齐头并进。2022 年，全市外资制造业企业为 697 户，新增 31 户，实现税收 214.2 亿元，占制造业税收的 30.45%。81 户制造业企业"走出去"投资设企，深耕国际市场。出口贸易平稳增长，2022 年出口额达 5245.3 亿元，比 2018 年增长 54.5%，内陆开放高地建设再迈新台阶。优势产品出口扩大。2022 年，新能源汽车、智能家居、智慧医疗等高新技术产品出口规模持续扩大，出口额比 2018 年增长 45.9%。笔记本电脑出口量达 5545.3 万台，价值 1774.7 亿元，量值在全国均保持首位。新兴市场潜力发掘，2022年，全市对"一带一路"、RCEP成员国的出口额同比分别增长21.7%、17.3%，出口占比较2018年分别提高3.7个和1.7个百分点。

五是共享发展惠及全民，共同富裕持续深入。2022年，重庆制造业地方级税收为285.42亿元，占全市一般公共预算收入的13.6%，比2018年提高1.7个百分点。全市56.1%的区县制造业对地方一般公共预算收入的贡献超过1/10，有力支持了地方经济社会发展。产业辐射带动有为。重庆正全力打造"33618"现代制造业集群体系，带动一大批制造企业扎根重庆。汽车产业集群效应明显，全市存续的汽车制造企业为1.1万户，占制造业企业的11.3%，销售额达4953.7亿元，占全市制造业销售总额的25.6%，形成了以长安汽车、赛力斯汽车等51家整车企业为主干，以青山工业、至信实业等千家关键零部件供应商为基础的产业生态，培育出渝江压铸等一大批"专精特新"企业。健康医卫供给有效，截至2022年底，重庆医药制造业有624户，实现税收27.2亿元，同比增长13.6%，其中上市医药制造企业有9户，合计开票销售额为663.2亿元，同比增长23.9%。例如，太极集团2022年公司新立项近20项，GLP-1激动剂SPTJS22001立项并加速推进，生物药有望实现零的突破。改善民生惠民有感，制造业共享发展是增进人民福祉的重要保障，具有丰富物质生活、稳定人民就业的重要作用。消费品制造业供给能力不断增强，2022年家电制造企业实现销售额162.55亿元，较2018年增加34.26亿元，年均增速为6.10%；提供了全市1/6以上的工作岗位，实现227.7万人稳定就业。

（三）五大因素制约制造业高质量发展

重庆市制造业发展在结构优化、数智赋能、绿色低碳、区域协同、产业协调、开放共享等方面取得一定成效，但是产业能级偏低、创新能力偏弱、优质企业偏少、产业布局不优、配套产业滞后的问题仍值得关注。

一是产业能级偏低，利润不高。全市制造业重点税源企业2022年营业收入利润率为5%，低于全国平均水平2.1个百分点，也落后于四川（9.3%）、湖南（6.1%）、湖北（7.1%）等毗邻省份。税负偏低。2022年重庆市制造业税负为 9.5%，比全国低 4.9 个百分点，比四川低 2.4 个百分点，比贵州低 7.4 个百分点，比山西低 1.8 个百分点。汽车制造业产品以 7 万~13 万元的经济型轿车为主，单车产税较低，行业税负低于全国平均水平 4.7 个百分点；电子制造业以整机组装为主，产业形态处于价值链底部，主要产品单价低于 4000 元，行业税负低于全国平均水平 2.8 个百分点。

二是创新能力偏弱，高能级创新平台建设滞后。制造业领域国家级技术创新中心、产业创新中心数量偏少，与重庆制造重镇战略定位不适配。截至 2022 年，全国 44 家国家级企业技术中心仅 2 家落户重庆，26 家国家级制造业创新中心仅 1 家落户重庆。创新服务支撑整体偏弱。2022 年，全市制造业采购研发服务 60.5 亿元，其中本地供给不足 1/3，比 2018 年下降 6.4 个百分点。技术密集型行业中，汽车制造业外购研发服务的本地供给占比仅为 34.3%，较 2018 年下降 6.2 个百分点；医药制造业本地占比为 14%，较 2018 年下降 24.2 个百分点。

三是优质企业偏少，龙头企业相对缺乏。2022 年，重庆制造业企业纳税规模在 10 亿元以上的仅 6 户，其中百亿级企业 1 户。2023 年 6 月，重庆有上市制造业企业 44 户，市值合计 6079.76 亿元，市值最高的制造业企业是长安汽车，为 1125.70 亿元，而四川有上市制造业企业 114 户，市值合计 23168.17 亿元，市值最高的制造业企业是五粮液，为 6349.15 亿元。高成长型企业较少。截至 2023 年 6 月，重庆分别有国家专精特新"小巨人"企业、制造业单项冠军企业 80 户、40 户，与成都数量相当，不足广东的 1/8。

四是要素保障不足，资源供给乏力。能源自给能力不足，2023 年工业用电缺口预计 200 万度，虽然较上年有所收窄，但制造业电力供给问题仍然突出。受全市煤炭产能下降影响，制造业市内采购煤炭金额占比仅为 31.6%，比 2018 年下降 28.1 个百分点，能源对外依赖程度日渐加深。土地供给总量下降，2022 年全市入库非居住用地契税 10.9 亿元，同比下降 49.3%。本土人才供应匮乏，全市普通高等教育涉税经营主体共有 69 户，是四川省的五成，而在校学生仅为四川省的七成，博士研究生更是不足四川省的一半。

五是配套产业滞后，产业链仍需加强。2022年重庆生产性服务业（不含金融业）占整体税收比重为9%，低于成都6.6个百分点。制造业配套服务发展滞后，信息传输、软件和信息技术服务业税收占比2.5%，低于成都3个百分点。科学研究和技术服务业实现税收32.5亿元，仅为成都的31.4%，税收占比为1.4%，低于成都1.8个百分点。

（四）关于推动重庆制造业高质量发展的思考

一是打造优势制造产业集群。在聚力建设智能网联新能源汽车、新一代电子信息制造业两大主导产业集群的基础上，升级打造智能装备及智能制造、医药及医疗器械、新能源及新型储能和先进材料等若干支柱产业集群，吸引上下游关键环节企业向重庆集聚，构建完整的配套体系，培育竞争新优势，推动制造业转型升级发展，更好支撑全市经济发展。

二是推动渝西地区面向成渝"双核"发展。整零配套和聚焦细分领域培育产业集群，建设世界级智能网联新能源汽车零部件产业基地和全国领先的电子元器件产业基地，打造成渝地区世界级先进制造业集群新空间。优化中心城区制造业功能，提高中心城区产业准入门槛，逐步疏解现有劳动密集型制造业和制造环节，在确保规模总体稳定的基础上显著提高发展质效。

三是强化创新引领产业发展。围绕产业链部署创新链，联合行业上下游、产学研力量建设技术创新中心、产业创新中心、制造业创新中心、联合实验室等创新平台，构建以重大科技攻关任务为导向的创新联合体，打造以企业为主体、沿产业链布局、产学研用深度融合的创新生态。以打造数智科技、生命健康、新材料、绿色低碳四大科创高地为引领，聚焦制造业基础领域和重点产业链关键环节，定期发布技术需求目录，针对性部署一批重大（重点）科技专项，推行定向委托、"揭榜挂帅"和"赛马"等方式，建立健全责任制和军令状制度，加快突破一批关键共性技术。

四是完善优质企业培育机制。培植行业优质企业，充实完善领军"链主"培育对象，迭代升级"一企一策"推进机制，推动领军"链主"企业加快向世界一流企业迈进。实施中小企业梯队培育计划，完善"产业研院+产业基金+产业园区"中小企业生成生态，持续生成科技型企业和高新技术企业。组织开展产业链供应链合作伙伴计划，推动大中小企业共建创新机构、组建产业联盟、联合承担科技项目，促进各类企业融通发展。

五是优化制造业产业布局。以降低用能、物流成本为抓手，提高制造业竞争力。以"保量、降价"为目标降低用能成本，加大市外清洁能源采购力度，建好输变电通道，大力开展电力市场化交易，降低能源成本。以"畅流、提效"为目标降低物流成本，推进运输结构调整，健全综合货运枢纽和集疏运体系，提升多式联运效率。加快布局契合先进制造业发展趋势的新专业与交叉专业，建立健全以市场主体实际需求为导向的人才评价标准和政策导向，扩大校企联合办学、共建实训基地规模，协同促进产业发展和充分就业。

四 2023年重庆市税收收入情况与2024年展望

2023年，重庆市税务系统组织税费收入6704.4亿元，同比增长7.8%。其中，税收收入2782.7亿元，社保费收入1845.9亿元，土地出让金及其他非税收入2075.8亿元。税收收入特点如下。

一是税费红利持续释放，强管促收拉动增长。全市税务部门落实延续、优化、完善减税降费政策433.8亿元，惠及300余万户（次）市场主体，其中减退税额379.5亿元，占当期税收收入的13.6%。同时，持续夯实征管基础，提升质效，增收近160亿元，拉动税收增长6.5个百分点。

二是流转税保持稳定增长，企业所得税小幅下滑。经济复苏，增值税同比增长46.4%，剔除留抵退税因素，可比增长6.9%。企业所得税同比下降12.1%。土地增值税同比下降10.2%。个人所得税微增0.9%，契税同比增长6%，但较往年增速回落明显。

三是工业税收保持稳定，商贸逐步复苏，金融、房地产、建筑业持续低迷。工业税收同比增长14.8%；商贸税收增长27.6%，金融业税收下降5.9%；房地产业、建筑业税收降幅收窄。

四是税收基本盘保持稳定，新旧动能转换加快。纳税规模前5000重点企业实现税收2136.7亿元，同比增长15.9%，大于整体税收增幅，可比增长6.7%。汽车、电子、商业板块税收有增有减。

五是区域税收普遍放缓，多数区县实现增收。重庆市四大区域中，中心城区、主城新区、渝东北、渝东南地区税收分别增长10.9%、17%、18.6%、12.8%，增速较2023年1~9月分别放缓0.7个、5个、5.1个、1.5个百分点，主要受留抵退税低基数效应消退影响。44个基层征收单位中，41个单位增收，仅3个单位减收。

展望2024年，重庆市税务部门将全面学习贯彻党的二十大精神、中央经济工作会议精神和市委六届四次全会精神，严格落实税务总局和市委、市政府工作部署，把握工作导向，抓好组织收入，统筹落实税费优惠政策，深化税收征管改革，优化税收营商环境，服务全市发展战略，发挥税务部门职能作用，确保税费收入与经济发展相协调，为全市经济社会高质量发展提供坚实财力支撑。

B.11
2021~2022年广西壮族自治区税收发展报告

靳友雯　陆华*

摘　要： 2021~2022年，广西税收收入总量和税收增长稳定性不足，整体波动幅度较大；地方本级税收对地方一般公共预算收入贡献度呈现先回升后下降态势；第二产业税收贡献度止跌回升，第三产业税收贡献度增长受阻，高耗能行业的税收贡献再次回升，且远高出全国平均水平；增值税和企业所得税的降与升支撑所得税类与货物劳务税类收入贡献度此消彼长，行业与税类税收贡献度的结构优化出现反复。宏观税负小幅波动，与全国平均水平差距持续小幅收窄，"税收洼地"效应减弱，产业税负与行业税负内部结构不均衡；第二、第三产业税收贡献度与匹配度均回归合理区间；人均税收与全国差距仍在拉大，对中央本级税收贡献反超全国幅度进一步扩大，央地税收贡献结构持续劣化。税收负担和税收弹性系数均出现由负转正再由正转负的较大幅度波动，尤其是地方本级税收弹性系数大幅度转负，广西地方本级税收增长由略高于经济增长转变为严重背离经济增长基本面。立足广西税收运行情况展望2023年，本报告建议统筹发力稳定广西经济发展基本盘，为税收收入增长提供基础支撑；持续推进产业转型升级与提质增效，优化地方税收贡献结构；大力推进税收服务现代化，深挖税收大数据助力

---

* 靳友雯，广西财经学院财政与公共管理学院教授，主要研究方向为财税政策、国际税收等；陆华，广西财经学院财政与公共管理学院讲师，主要研究方向为税收理论与管理、国际税收管理等。

经济税收协同发展。

关键词： 税收　宏观税负　税收弹性系数　税收贡献度　广西

广西壮族自治区（简称"广西"）是全国 5 个少数民族自治区之一，属于中国东、中、西三大经济区域中经济发展较弱的西部地区，也是中国老、少、边、穷地区。经济是税收的基础，对税收起决定作用。2021 年和 2022 年中国国民经济和社会发展在困境中不断迎难而上，如期实现了第一个百年奋斗目标。2021 年和 2022 年广西与全国同步开启全面建设社会主义现代化国家新征程。除面对国内外多重超预期因素冲击和经济社会发展的宏观经济形势之外，广西还面临深层次结构性矛盾，因此该时期广西税收与经济发展呈现自身的特点。

一　2021年广西税收运行状况

本部分将从静态和动态视角，分别评估 2021 年和"十三五"时期，广西税收收入总量、税收收入增长和税收收入结构的情况，并与同期全国平均水平进行比较。

（一）广西税收收入总量及税收收入增长

本部分拟通过税收收入总量和税收收入增长 2 个指标，分析 2021 年广西地方税收运行状态。2021 年，广西税收收入总量为 2865.46 亿元，税收收入增长率为 13.68%。2021 年，全国税收收入总量比广西多 64.87 倍，广西税收收入总量仅为全国税收收入总量的 1.52%；广西税收收入增长率滞后于全国平均水平 0.02 个百分点（见表 1）。

表1　2015~2021年广西与全国税收收入总量及税收收入增长

单位：亿元，%

年份	税收收入总量		税收收入增长率	
	全国	广西	全国	广西
2021	188737.61	2865.46	13.70	13.68
"十三五"平均	160863.06	2439.62	4.20	4.16
2020	165999.55	2520.56	-3.55	-4.52
2019	172113.62	2639.95	1.27	2.50
2018	169958.79	2575.45	9.13	10.67
2017	155739.29	2327.13	10.84	9.00
2016	140504.03	2135.00	3.30	3.13
2015	136021.83	2070.21	5.00	4.56

注：税收收入总量指国内税收收入，为全国税务部门组织征收的税收收入，包含海关代征税收，不含关税、船舶吨税，未扣减出口退税。

资料来源：2016~2022年《中国税务年鉴》。

（二）广西税收收入贡献

本部分拟通过全国税收收入贡献、一般公共预算收入贡献和人均税收收入3项相对指标，分析2021年广西税收运行状态。2021年，广西税收收入对全国税收收入的贡献度为1.52%，广西地方本级税收收入对广西一般公共预算收入的贡献度为66.17%，人均税收收入为0.57万元。2021年，广西税收收入对一般公共预算收入的贡献度低于全国平均水平9.26个百分点，广西人均税收收入低于全国平均水平0.77万元（见表2）。

表2　2015~2021年广西税收收入全国税收收入贡献、
一般公共预算收入贡献及人均税收收入

单位：%，万元

年份	全国税收收入贡献		一般公共预算收入贡献		人均税收收入		
	全国	广西	全国	广西	全国	广西	广西与全国差额
2021	100	1.52	75.43	66.17	1.34	0.57	0.77
"十三五"平均	100	1.52	75.51	65.39	1.15	0.49	0.66
2020	100	1.52	74.56	64.84	1.18	0.50	0.68

续表

年份	全国税收收入贡献		一般公共预算收入贡献		人均税收收入		
	全国	广西	全国	广西	全国	广西	广西与全国差额
2019	100	1.53	76.16	63.29	1.22	0.53	0.69
2018	100	1.52	77.58	66.73	1.21	0.52	0.69
2017	100	1.49	75.08	65.49	1.11	0.47	0.64
2016	100	1.52	74.15	66.58	1.01	0.44	0.57
2015	100	1.52	75.49	68.09	0.98	0.43	0.55

注：①全国税收收入贡献=广西税收收入/全国税收收入。②广西一般公共预算收入贡献=广西地方本级税收收入/广西一般公共预算收入；全国一般公共预算收入贡献=全国地方本级税收收入/全国地方一般公共预算收入。③人均税收收入=税务部门组织征收的税收收入/年末常住人口。

资料来源：2016~2022年《中国税务年鉴》《中国统计年鉴》。

（三）广西中央本级与地方本级税收贡献结构

本部分拟通过中央本级税收对税收收入总量的贡献（中央本级税收贡献度）和地方本级税收对税收收入总量的贡献（地方本级税收贡献度）2个指标，分析2021年广西税收运行状态。2021年，广西中央本级税收贡献度为58.68%，地方本级税收贡献度为41.32%。2021年，广西中央本级税收贡献度高出全国平均水平2.90个百分点，地方本级税收贡献度低于全国平均水平2.90个百分点（见表3）。

表3　2015~2021年广西与全国央地本级税收贡献结构

单位：%

年份	中央本级税收贡献度		地方本级税收贡献度	
	全国	广西	全国	广西
2021	55.78	58.68	44.22	41.32
"十三五"平均	55.20	54.93	44.80	45.07
2020	55.20	56.33	44.80	43.67
2019	55.45	56.47	44.55	43.53
2018	55.51	56.44	44.49	43.56
2017	56.13	54.53	43.87	45.47
2016	53.70	50.86	46.30	49.14
2015	54.16	50.19	45.84	49.81

资料来源：2016~2022年《中国税务年鉴》。

（四）广西税类（按课税对象标准，下同）收入贡献结构

本部分拟通过税类结构的 3 个指标，分析 2021 年广西税收运行状态。2021 年，广西货物劳务税类收入、所得税类收入和财产税类收入对广西税收收入总量的贡献度分别为 63.53%、22.57% 和 9.42%。其中，货物劳务税类收入贡献度分别高出所得税类收入贡献度和财产税类收入贡献度 40.96 个和 54.11 个百分点，接近广西税收收入的 2/3，占据广西税收的绝对主体地位。2021 年，广西货物劳务税类收入贡献度高出全国平均水平 11.30 个百分点，财产税类收入贡献度高出全国平均水平 0.30 个百分点，而所得税类收入贡献度则低于全国平均水平 10.96 个百分点（见表 4）。

表 4 2015~2021 年广西与全国税类收入贡献结构

单位：%

年份	货物劳务税类收入税收贡献度		所得税类收入税收贡献度		财产税类收入税收贡献度	
	全国	广西	全国	广西	全国	广西
2021	52.23	63.53	33.53	22.57	9.12	9.42
"十三五"平均	54.63	61.81	31.89	23.07	8.98	11.01
2020	52.56	60.86	32.99	25.37	9.59	9.35
2019	54.93	63.55	31.59	23.01	9.00	9.20
2018	54.62	62.20	32.36	23.73	8.70	10.07
2017	55.35	61.46	31.60	22.07	8.76	12.44
2016	55.70	61.00	30.91	21.17	8.83	13.99
2015	56.31	61.73	29.53	20.30	8.66	13.99

注：①货物劳务税类=增值税+营业税+消费税+车辆购置税，未剔除出口退税。②所得税类=企业所得税+个人所得税+土地增值税。③财产税类=房产税+城镇土地使用税+耕地占用税+契税+资源税+车船税。
资料来源：2016~2022 年《中国税务年鉴》。

（五）广西主要税种收入贡献结构

本部分拟通过 3 个主要税种的 3 个指标，分析 2021 年广西税收运行状态。2021 年，广西增值税收入、企业所得税收入和个人所得税收入贡献度

分别为 47.43%、15.57% 和 4.38%。其中，增值税收入贡献度高出企业所得税收入贡献度和个人所得税收入贡献度总和 27.48 个百分点。2021 年，广西增值税收入贡献度高出全国平均水平 4.94 个百分点，企业所得税收入贡献度和个人所得税收入贡献度分别低于全国平均水平 6.81 个和 3.11 个百分点。其中，广西企业所得税收入贡献度与全国平均水平的差距最大（见表 5）。

表 5　2015~2021 年广西与全国主要税种收入贡献结构

单位：%

年份	增值税收入贡献度		企业所得税收入贡献度		个人所得税收入贡献度	
	全国	广西	全国	广西	全国	广西
2021	42.49	47.43	22.38	15.57	7.49	4.38
"十三五"平均	43.40	44.23	21.24	14.86	7.23	4.86
2020	42.64	45.13	22.03	16.94	7.07	4.67
2019	45.07	47.49	21.80	15.75	6.04	3.65
2018	45.70	46.30	20.88	14.54	8.16	5.90
2017	45.85	45.94	20.76	13.55	7.68	5.39
2016	37.75	36.27	20.73	13.54	7.18	4.70
2015	31.68	29.69	20.37	13.34	6.34	4.20

注：增值税收入包括进口增值税，未剔除增值税出口退税。
资料来源：2016~2022 年《中国税务年鉴》。

（六）广西产业税收收入结构

本部分拟通过 2 个产业税收收入结构指标、5 个行业税收收入结构指标和 1 个高耗能行业税收收入结构指标，分析 2021 年广西税收运行状态。2021 年，广西第二产业和第三产业税收贡献度分别为 43.47% 和 56.29%（见表 6）。主要行业中，工业的税收贡献度最高，为 34.93%，其次为批发和零售业，为 22.22%，两者合计占比超过一半（见表 7）。2021 年，广西高耗能行业税收贡献度为 16.30%（见表 8），同比上升 2.11 个百分点。

2021 年，广西第二产业税收贡献度高出全国平均水平 0.58 个百分点，第三产业税收贡献度低于全国平均水平 0.72 个百分点。主要行业中，房地产业税收贡献度与全国平均水平最为接近，高出全国平均水平 0.59 个百分

点；批发和零售业税收贡献度与全国平均水平差距最大，高出全国平均水平
8.42 个百分点。2021 年，广西高耗能行业税收贡献度比全国平均高出 5.95
个百分点。

表6 2015~2021 年广西与全国产业税收贡献结构

单位：%

年份	第二产业税收贡献度		第三产业税收贡献度	
	全国	广西	全国	广西
2021	42.89	43.47	57.01	56.29
"十三五"平均	42.93	44.21	56.95	55.69
2020	41.84	42.26	58.06	57.59
2019	42.96	43.22	56.95	56.66
2018	42.97	44.50	56.93	55.43
2017	43.58	44.92	56.30	54.96
2016	43.31	46.14	56.52	53.79
2015	45.20	47.30	54.67	52.62

注：第二（三）产业税收贡献度＝第二（三）产业税收收入/税收收入。

资料来源：2016~2022 年《中国税务年鉴》。

表7 2015~2021 年广西与全国主要行业税收贡献结构

单位：%

年份	工业		建筑业		批发和零售业		金融业		房地产业	
	全国	广西	全国	广西	全国	广西	全国	广西	全国	广西
2021	37.47	34.93	5.42	8.54	13.80	22.22	12.49	7.08	13.56	14.15
"十三五"平均	37.40	35.36	5.54	8.85	13.33	15.91	11.72	6.89	14.29	17.17
2020	36.00	31.93	5.84	10.32	13.02	18.29	13.01	7.61	15.07	18.45
2019	37.47	33.84	5.49	9.38	13.29	18.03	11.53	6.33	15.21	19.20
2018	37.70	36.14	5.27	8.37	13.99	15.45	10.42	6.61	14.40	18.45
2017	38.65	37.36	4.94	7.56	13.60	14.70	10.95	6.75	13.41	15.57
2016	37.16	37.52	6.15	8.62	12.77	13.08	12.71	7.17	13.35	14.13
2015	39.06	39.02	6.13	8.28	12.30	13.09	13.57	7.33	12.11	14.75

注：行业税收贡献度＝行业税收收入/税收收入。

资料来源：2016~2022 年《中国税务年鉴》。

表8　2015~2021年广西与全国高耗能行业税收贡献结构

单位：%

年份	全国	广西	广西与全国的差额
2021	10.35	16.30	5.95
"十三五"平均	10.07	16.44	6.37
2020	9.65	14.19	4.54
2019	10.49	16.44	5.95
2018	10.16	18.57	8.41
2017	9.87	16.09	6.22
2016	10.16	16.89	6.73
2015	10.60	17.81	7.21

注：高耗能行业范围为石油、煤炭及其他燃料加工业，化学原料和化学制品制造业，非金属矿物制品业，黑色金属冶炼和压延加工业，有色金属冶炼和压延加工业，电力、热力生产和供应业。

资料来源：2016~2022年《中国税务年鉴》。

二　2021年广西税收与经济协同运行分析

经济决定税收，税收影响经济，两者辩证统一。经济总量、经济增长和经济结构决定税收收入总量、税收收入增长和税收收入结构，税收与经济的相关性集中反映在这3组指标上：税收负担、税收弹性系数（或税收经济协调度）、产业税收贡献与产业贡献匹配度。本部分有关税收与经济协同运行的分析主要针对上述3组指标展开。

（一）广西税收负担

本部分拟通过宏观税负和产业（第二产业和第三产业）税负2个指标，分析2021年广西税收与经济协同运行状态。2021年，广西宏观税负为13.83%，同比上升0.28个百分点；第二产业、第三产业税负分别为15.21%和12.87%，同比分别上升0.23个和0.24个百分点，第二产业税负高出第三产业税负2.34个百分点（见表9）。2021年，广西税收贡献最大的五个行业中，工业税负为16.48%，同比上升1.06个百分点；建筑业税负为

11.49%，同比下降2.18个百分点；批发和零售业税负为30.86%，同比上升5.54个百分点；金融业税负为11.88%，同比下降0.12个百分点；房地产业税负为20.43%，同比下降3.75个百分点（见表10）。

表9　2015～2021年广西与全国税负比较

单位：%

| 年份 | 宏观税负 | | | 产业税负 | | | | | |
| | | | | 第二产业税负 | | | 第三产业税负 | | |
	全国	西部地区	广西	全国	西部地区	广西	全国	西部地区	广西
2021	17.80	14.71	13.83	17.95	16.68	15.21	17.65	13.14	12.87
"十三五"平均	19.41	16.08	15.10	19.72	16.95	16.57	19.16	15.41	14.08
2020	17.69	14.64	13.55	18.07	16.77	14.98	17.40	13.06	12.63
2019	18.79	15.68	14.79	19.42	17.65	16.19	18.31	14.19	13.85
2018	19.89	17.14	15.51	20.02	17.52	17.12	19.76	16.78	14.40
2017	20.23	16.79	15.61	20.47	17.07	17.03	20.00	16.51	14.58
2016	20.47	16.16	16.03	20.60	15.75	17.52	20.32	16.49	14.92
2015	21.55	17.34	16.92	21.85	16.91	18.16	21.26	17.72	15.92

注：①宏观税负=税收总额/（第二产业+第三产业增加值）；②第二（三）产业税负=第二（三）产业税收总额/第二（三）产业增加值。
资料来源：2016～2022年《中国税务年鉴》《中国统计年鉴》。

表10　2019～2021年广西与全国主要行业税负比较

单位：%

| 年份 | 工业 | | 建筑业 | | 批发和零售业 | | 金融业 | | 房地产业 | |
	全国	广西	全国	广西	全国	广西	全国	广西	全国	广西
2021	18.98	16.48	12.76	11.49	23.58	30.86	25.85	11.88	32.99	20.43
2020	19.09	15.42	13.28	13.67	22.59	25.32	25.70	12.00	33.56	24.18
2019	20.34	16.93	13.32	13.63	23.87	27.06	25.75	11.38	37.60	28.17

注：行业税收负担=行业税收收入/行业增加值。
资料来源：2020～2022年《中国税务年鉴》《中国统计年鉴》。

2021年，广西与全国宏观税负水平的差距约为3.97个百分点；第二、第三产业税负水平的差距分别为2.74个和4.78个百分点，宏观税负和第三产业税负差距均大于第二产业税负的差距。主要行业中，广西的工业和建筑业与全国宏观税负水平差距较小，分别低于全国 2.5 个和 1.27 个百分点；
批发和零售业、房地产业及金融业与全国宏观税负水平差距较大，分别为高
出 7.28 个、低于 12.56 个和低于 13.97 个百分点。

（二）广西税收弹性系数

本部分拟通过宏观税收弹性系数和产业（第二产业和第三产业）税收
弹性系数 2 个指标，分析 2021 年广西税收与经济协同运行状态。2021 年，
广西宏观税收弹性系数为 1.20；第二产业、第三产业税收弹性系数分别为
1.12 和 1.22。这显示广西宏观税收和第二产业税收、第三产业税收收入增
长速度分别快于全国经济增长和第二产业、第三产业增加值增长速度，税收
弹性系数处于合理区间，其中第三产业税收增长速度最快。2021 年，广西
与全国宏观税收弹性系数的差距为 0.15 个百分点，第二产业、第三产业税
收弹性系数的差距分别为 0.17 个和 0.06 个百分点，广西第三产业税收弹性
系数与全国第三产业税收弹性系数非常接近（见表 11）。

表 11　2015~2021 广西与全国税收弹性系数

年份	宏观税收弹性系数		产业税收弹性系数			
			第二产业税收弹性系数		第三产业税收弹性系数	
	全国	广西	全国	广西	全国	广西
2021	1.05	1.20	0.95	1.12	1.16	1.22
"十三五"平均	0.16	0.26	-0.93	-1.15	0.40	0.44
2020	-1.47	-1.07	-6.44	-7.55	-0.48	-0.46
2019	0.18	0.34	0.29	-0.09	0.14	0.54
2018	0.83	0.94	0.76	1.07	0.88	0.89
2017	0.89	0.75	0.94	0.66	0.86	0.81
2016	0.38	0.35	-0.20	0.14	0.58	0.44
2015	0.68	0.48	1.67	1.11	0.58	0.28

注：税收弹性系数=税收收入增长率/GDP 增长率=（税收收入增量/上年税收收入总量）/（GDP
增量/上年 GDP），GDP 为现价核算。

资料来源：2016~2022 年《中国税务年鉴》《中国统计年鉴》。

（三）广西产业税收贡献与产业贡献匹配度

2021 年，广西第二产业税收贡献与第二产业贡献匹配度、第三产业税收贡献与第三产业贡献匹配度分别为 1.03 和 0.95，广西产业税收贡献与产业贡献匹配度整体处于合理区间。2021 年，第二产业税收贡献略微超出第二产业贡献，而第三产业税收贡献略微滞后于第三产业贡献。与 2020 年相比，第二产业过度征收和第三产业征税不足的问题得到了极大的改善（见表 12）。

表 12 2015~2021 年广西与全国产业税收贡献与产业贡献匹配度

年份	第二产业税收贡献与第二产业贡献匹配度		第三产业税收贡献与第三产业贡献匹配度	
	全国	广西	全国	广西
2021	0.93	1.03	1.08	0.95
"十三五"平均	1.52	2.01	0.92	0.99
2020	4.54	7.71	0.32	0.40
2019	1.63	−0.29	0.78	1.48
2018	0.92	1.24	1.05	0.89
2017	1.07	0.97	0.96	1.01
2016	−0.54	0.42	1.51	1.16
2015	2.40	2.35	0.86	0.58

注：①产业税收贡献＝第二（三）产业税收增量/税收收入总量的增量×100%。②产业贡献＝第二（三）产业的增量/GDP（二产＋三产）的增量×100%。③产业税收贡献与产业贡献匹配度＝第二（三）产业税收贡献/第二（三）产业贡献。

资料来源：2016~2022 年《中国税务年鉴》《中国统计年鉴》。

2021 年，广西第二产业税收贡献与第二产业贡献匹配度、第三产业税收贡献与第三产业贡献匹配度和全国的差距分别为 0.1 个（顺差）和 0.13 个（逆差）百分点，其中，广西与全国第二产业税收贡献与第二产业贡献匹配度水平非常接近，且广西水平略高于全国平均水平。

三　2022年广西与全国税收和经济发展趋势分析①

基于税收经济数据的可获取性，本部分仅聚焦下述有限的几项指标分析2022年广西税收和经济发展态势。

（一）2022年广西与全国税收收入发展趋势比较

1. 2022年广西与全国税收收入及增长趋势比较

2022年广西与全国税收收入分别为2447.32亿元和162876.96亿元，广西税收收入对全国税收贡献度为1.50%，比2021年同期上升0.04个百分点（见表13）。

2022年广西与全国税收收入增长率分别为-1.88%和-4.62%，广西高出全国平均水平2.74个百分点，继2020年之后再次陷入负增长。

表13　2021~2022年广西与全国税收收入及增长情况

单位：亿元，%

年份	税收收入		税收收入增长率		税收贡献度
	全国	广西	全国	广西	广西
2022	162876.96	2447.32	-4.62	-1.88	1.50
2021	170767.51	2494.09	11.67	9.56	1.46

注：表13的税收收入口径与前文表1等不一致。
资料来源：国家税务总局广西壮族自治区税务局网站税收统计信息公开内容。财政部2021年、2022年财政收支情况。

2. 2022年广西地方本级税收收入发展趋势比较

2022年，广西地方本级税收收入为930.37亿元，比2021年减少

---

① 鉴于数据的可获得性，本部分的税收收入口径与前文不一致。本部分广西2021年和2022年的税收收入数据为广西税务系统组织的收入，不含海关代征，不含关税，不扣除出口退税，考虑到数据的可比性，全国税收收入进行相应处理（全国一般预算税收收入+出口退税-关税收入-海关代征的进口环节增值税与消费税）。

260.72 亿元（见表 14），同比下降 21.89%，与 2021 年同期的正增长相比，大幅下降了 28.89 个百分点。2022 年，广西地方本级税收对地方一般公共预算收入贡献度为 55.13%，比 2021 年同比下滑 11.04 个百分点。

表 14 2021~2022 年全国与广西地方本级税收收入情况

单位：亿元，%

年份	地方本级税收收入		地方本级税收收入增长率		地方本级税收占地方一般公共预算收入比重	
	全国	广西	全国	广西	全国	广西
2022	76639.21	930.37	-8.53	-21.89	70.43	55.13
2021	83789.27	1191.09	12.22	7.00	75.43	66.17

资料来源：国家统计局网站、广西壮族自治区统计局网站。2022 年全国地方本级税收收入根据 31 个省（自治区、直辖市）的 2022 年预决算报告及报表和年度统计公报中公开的地方本级税收收入加总计算得出。

（二）2022 年广西与全国税收和经济关系发展趋势比较

1. 2022 年广西与全国宏观税负趋势比较

2022 年，广西与全国宏观税负分别为 11.11% 和 13.46%，广西低于同期全国平均水平 2.35 个百分点（见表 15），创出 2010 以来广西宏观税负的新低。

表 15 2021~2022 年广西与全国宏观税负情况

单位：%

年份	宏观税负	
	全国	广西
2022	13.46	11.11
2021	14.93	12.03

注：因口径不一致，2021 年计算结果与表 9 有差异。

资料来源：税收数据来源于国家税务总局广西壮族自治区税务局网站税收统计信息公开内容、财政部 2021 年、2022 年财政收支情况，GDP 数据来源于《中国统计年鉴》及 2022 年度统计公报。

2.2022年广西地方本级税收与经济协同发展趋势比较

2022 年，广西地方本级税收弹性系数为-3.47（见表 16），税收弹性系数不合理，显示出广西地方本级税收收入增长与广西经济发展出现严重的背离情况，也为 2011 年以来，继 2020 年（税收弹性系数-0.69）之后，再次出现广西地方本级税收收入增长背离经济增长基本面的情况。

表 16　2021~2022 年广西地方本级税收弹性系数

项目	2021 年	2022 年
税收弹性系数	0.61	-3.47

资料来源：广西相应年度预算执行情况和预算草案的报告以及统计公报。

四　主要结论与政策建议

本部分基于以上分析进行综合评估，旨在吸取经验教训，提出改进的可行政策建议。

（一）主要结论

前文从税收收入运行、税收与经济协同发展两个层面，比较分析广西与全国之间的发展差距，本部分将结合前文的分析内容进行评估总结。

1.2021~2022 年广西税收发展状态的主要结论

（1）税收收入总量及税收收入增长稳定性不足，整体波动幅度较大

2021~2022 年，广西税收收入总量变动与全国一致，均呈现先增长后下滑的趋势；2021 年广西税收收入继 2020 年短暂下滑后恢复增长，虽达到 2015 年后的历史新高，但与全国税收收入的差距总体呈扩大趋势。

2021~2022 年，广西税收收入增长呈波浪式变动且波动幅度较大。鉴于 2020 年基数较低，2021 年广西税收收入增长率由负转正且增速较快；2022 年再次陷入负增长态势，但广西税收收入增速下滑程度大幅低于全国平均水平。受内外多重超预期因素的影响，广西经济发展和税收收入虽有一定的韧

性，但稳定性仍然不足。税收收入增速虽已接近全国水平，但由于基础差底子薄，税收收入总量与全国的差距仍总体呈扩大趋势。

（2）税收收入贡献稳中有升，人均税收收入差距持续扩大

2021~2022 年，广西税收收入对全国税收收入贡献度稳中有升，基本维持"十三五"期间平均水平。2022 年广西税收贡献度较 2021 年略有回升，同样符合广西税收收入增速变动的趋势。2021 年，广西地方本级税收贡献度略有回升，但稳定性较为脆弱；2022 年贡献度出现大幅下降，与全国平均水平的差距呈放大趋势。

2021 年，广西人均税收收入整体呈稳步增长趋势，2021 年人均税收收入创下新高。但广西人均税收收入仍不及全国平均水平的一半，与全国平均水平的差较巨大，且差距呈现扩大趋势，这与广西税收收入总量与全国差距的变动趋势一致。

（3）中央本级税收贡献反超全国，央地税收贡献结构持续劣化

2021 年，广西中央本级税收贡献度稳中略升，延续了 2018 年以来反超全国平均水平的趋势，且反超幅度近 3 个百分点，反超幅度进一步扩大；广西地方本级税收贡献度的变化正好相反，与广西中央本级税收贡献度的变动呈现此消彼长的格局，央地税收贡献结构持续劣化。

（4）税类收入贡献仍以货物劳务税类为主，结构优化出现反复

2021 年，广西货物劳务税类收入税收贡献度在 2020 年创出阶段性低点后，止跌回升，并接近 2019 年的阶段性高点，继续保持 60% 以上的绝对主体地位。2021 年，广西货物劳务税类收入税收贡献度超过全国平均水平高达 11.3 个百分点，广西税收收入过度倚重货物劳务税类收入，不仅增加了广西消费者的税收负担，也相对增加了广西市场主体的资金占用成本和相应的资金负担。在经济恢复的大背景下，货物劳务税占比过高加剧了市场主体的经营压力，进而延缓广西经济的恢复和发展进程。

2021 年，广西所得税类收入税收贡献度较 2020 年阶段性高点有较明显回落，与全国平均水平的落差高达 10.96 个百分点。2018~2020 年，这一差距呈现稳定收窄趋势，但 2021 年则出现逆转，广西盈利和收入水平恢复不

及预期，税类收入贡献结构的优化出现反复。

2021年广西财产税类收入税收贡献度较上年略微回升，且2019~2021年与全国平均水平的差距稳定在0.2~0.3个百分点，但与"十三五"时期的平均水平仍有差距。

（5）增值税占主要税种收入贡献的绝对主体地位，所得税收入贡献度均出现下滑

2021年，广西增值税收入贡献度在2020年出现小幅下滑后，止跌回升到2019年的大致水平，依然占据绝对主体税种收入地位，高出企业所得税和个人所得税收入贡献度总和的一倍多。与全国平均水平相比，广西增值税收入贡献度自2017年开始高于全国水平，且差距呈现持续扩大趋势。

2021年，广西企业所得税收入贡献度较2020年出现小幅下滑，与全国平均水平的差距仍较大，且打破了2017~2020年差距小幅收窄的趋势，2021年与全国平均水平的差距有所反弹，这也与广西所得税类收入贡献结构的趋势一致。

2021年，广西个人所得税收入的贡献度较2020年同样出现小幅下滑，与全国平均水平的差距小于企业所得税的差距，但差距呈小幅扩大趋势。

（6）第三产业税收贡献度增长受阻，高耗能行业的税收贡献再次回升

2021年，广西第三产业税收贡献度较2020年出现下滑，继2015~2020年持续上升后止升回跌，且略低于2019年的水平，第三产业税收贡献度大于第二产业税收贡献度的趋势保持不变。与之相对应，2021年广西第二产业税收贡献度止跌回升，且略高于2019年的水平，与第三产业税收贡献度呈现此消彼长的格局。

2021年，广西批发和零售业税收贡献度呈稳步增长态势，并创2015年后新高。同期，工业税收贡献度在稳步下降后于2021年止跌回升，略高于2019年的水平；房地产业税收贡献度在整体增长至2019年的阶段性高点后大幅回落，略高于2016年的水平；建筑业税收贡献度整体在2020年达到阶段性高点后于2021年回落；金融业税收贡献度整体先下

降，于 2019 年达到阶段性低点后于 2020 年止跌，短暂回升后于 2021 年再次下降。与全国平均水平相比，广西的批发和零售业、建筑业及房地产业税收贡献度高于全国平均水平，工业和金融业税收贡献度低于全国平均水平。

2021 年，广西高耗能行业税收收入贡献再次回升，与全国平均水平相比，广西高耗能行业税收贡献度高于全国平均水平 50% 以上。此外，2021 年广西高耗能行业的税收贡献度还打破了前三年与全国差距持续收窄的趋势，回升至 2019 年的水平。

2. 2021~2022 年广西税收与经济协同发展状态的主要结论

（1）宏观税负"税收洼地"效应减弱，产业税负与行业税负内部结构不均衡

2021~2022 年，广西宏观税负出现波动和反复，广西宏观税负在经历了"十三五"期间稳步下降后，2021 年与全国宏观税负同向略微回升；2022 年广西宏观税负与全国宏观税负略微下降，波动趋势与税收收入一致。2021~2022 年，广西宏观税负与全国平均水平的差距较大，但差距持续小幅收窄，与西部地区宏观税负平均水平落差基本稳定在 1 个百分点左右，广西"税收洼地"效应持续下降。

2021 年，广西第二产业和第三产业税负在 2020 年创出历史新低后略有回升，广西第二产业税负比第三产业税负高，2019 年以来，差距稳定保持在 2.4 个百分点左右。广西第三产业税负与全国平均水平的差距大于第二产业税负，并且差距小幅收窄；而第二产业税负与全国平均水平的差距呈现固化态势。

2021 年，广西主要行业税收负担有升有降。广西税收贡献最大的批发和零售业税负呈快速上升的趋势，高于全国平均水平，相较 2020 年，与全国平均水平的差距不断扩大；房地产业的税负呈大幅下降趋势，大幅低于全国平均水平，且与全国平均水平的差距整体呈扩大的趋势；金融业税负呈现小幅下降的趋势，大幅低于全国平均水平，从 2020 年起，与全国平均水平的差距呈快速扩大的趋势；建筑业税负呈现略微下降的趋势，与全国平均水

平的差距最小；工业税负呈现小幅上升趋势，小幅低于全国平均水平，且与全国平均水平的差距呈现缩小趋势。

（2）税收弹性系数大幅波动，税收与经济协同发展困难增加

2021~2022年，广西宏观税收弹性系数呈现由负转正，再由正转负的较大幅度波动。2021年，广西宏观税收弹性系数发生与全国同向的由负转正的逆转，其宏观税收收入增长超经济增长基本面的程度不仅高于全国平均水平，且弹性系数达到1.20。一反广西税收弹性系数2015年后长期低于1甚至低于0.5的不合理态势。但是，2022年地方本级税收弹性系数由正转负，且低于-3，广西地方本级税收增长由略高于经济增长转变为严重背离经济增长基本面的趋势。

2021年，广西第二、第三产业税收弹性系数双双由负转正，且处于略大于1的合理区间，显示广西第二、第三产业税收增长由短期背离第二、第三产业增长基本面恢复到协同略超经济增长。广西和全国第二、第三产业税收增长与产业增长同向发生背离与逆转，广西第二产业税收超经济增长的程度、第三产业税收超经济增长的程度均略大于全国。

（3）产业税收贡献度与产业贡献匹配度由偏离回归合理区间

2021年，广西第二产业税收贡献度与产业贡献匹配度和第三产业税收贡献度与产业贡献匹配度由偏离合理区间转变为处于合理区间，特别是第二产业税收贡献度与产业贡献匹配度由严重偏离回归合理区间，第二产业严重征税过度的情况得到极大改善。广西第二产业税收贡献度与产业贡献匹配度与全国的变动方向和水平差异趋同，略高于全国，而第三产业税收贡献度与产业贡献匹配度略低于全国水平。

（二）发展前景展望

中国国民经济和社会发展开始复苏，但受外部发展环境波动加剧，国内需求收缩、供给冲击、预期转弱等多重因素的影响，2023年广西经济发展的不稳定性仍然较高，因此税收收入也存在较大的不确定性。

1. 2023年广西经济发展整体向好

从2021年和2022年的情况看，广西经济恢复的稳定性仍不够牢固，稳收入促增长的任务仍十分艰巨。2023年，中国经济"双循环"将步入内外需增长动能转换期。联合国报告预测，在2023年世界经济增速将降至1.9%的背景下，中国经济增速将达到4.8%，中国经济表现出了较强的韧性和活力。① 广西作为中国西南地区的重要省份，随着国内经济复苏、消费提升、预期修复及各项政策效果的持续显现，2023年广西经济发展将整体向好。另外也应看到，国内外超预期因素仍然存在，广西经济复苏仍然十分脆弱，经济发展的稳定性仍较差，抗击内外冲击的能力有待进一步提升，经济发展任务仍十分艰巨。展望未来，广西经济发展虽然面临经济增长动力不足、发展质量有待提高、内外部环境复杂多变、不确定不稳定因素增多等挑战，但也拥有东盟国际大通道平台、西部陆海新通道战略支点、区域国际合作示范区的双重定位等发展机遇，长期经济发展前景仍然向好。

2. 2023年宏观减税政策仍将延续和优化

2022年，中国大力度的减税降费政策，为市场主体减负超过4万亿元，有效增强了市场主体的信心和活力，激发了市场活力；促进了经济结构的优化和转型，为经济增长提供了强大的支撑，释放了经济增长的潜力，增强了经济增长的韧性，提高了经济发展的质量和效益。面对未来复杂多变的国际形势、脆弱的经济复苏形式及艰巨繁重的国内改革发展稳定任务，2023年积极的财政政策仍将延续，一些阶段性税收优惠和减税政策将进一步延续和优化。2023年税收政策仍将持续支持企业纾困，大力支持科技创新和中小微企业发展，做优做强实体经济，更好推动经济平稳健康高质量发展。税务部门将积极研究新形势、新变化，继续优化既有政策，出台更有针对性的新政策，注重政策协同性，推动形成稳定可预期的宏观政策环境。

---

① "World Economic Situation and Prospects 2023," http：//desapublications.un.org/publications/world-economic-situation-and-prospects-2023.

3. 2023年广西税收收入或将恢复增长

从 2021 年和 2022 年的情况看，受经济增长、内外多重超预期因素冲击及减税降费政策的影响，广西经济增长放缓，税收收入增长乏力，税收收入总量及税收增长稳定性不足，整体波动幅度较大。2023 年广西经济和社会发展有望总体回升，加上 2022 年集中实施大规模增值税留抵退税后税收收入基数偏低，为税收收入恢复性增长奠定了基础，广西税收收入或将恢复增长。但广西经济恢复基础尚不牢固，内外不确定性因素冲击的风险较高，加之 2023 年宏观税费支持政策的继续出台及 2022 年广西税收收入与经济发展基本面的大幅背离，广西税收收入增长也存在一定的不确定性和脆弱性。

（三）政策建议

综合前文广西税收运行情况的评估结论与前景展望，基于经济决定税收、税收影响经济的原理，本报告提出以下政策建议，旨在促进广西税收与经济的高质量发展。

1. 统筹发力稳定经济发展基本盘，为税收收入增长提供基础支撑

经济基础决定税收收入，经济的总量、增长和结构决定着税收的总量和发展质量，税收收入总量、税收收入增长、税收负担等波动，实质是经济总量的波动。广西属于经济欠发达地区，做大经济税收总量，缩小人均税收收入、地方本级税收对地方一般公共预算收入贡献度及对地方税收收入总量贡献度与全国的差距，仍是未来很长一段时间税收发展的主要目标。

广西要坚持稳中求进工作总基调，充分利用广西区域政策，找准发展定位，加快构建新发展格局，激发经济发展潜能，推动经济高质量发展，统筹发力稳住经济发展基本盘，实现经济高质量发展和高水平安全的良性互动，为稳定广西税收收入、确保税收收入增长、提升人均税收收入水平、缩小广西与全国差距提供坚实的基础。

2. 加快推进产业转型升级与提质增效，优化地方税收贡献结构

深入贯彻落实习近平总书记视察广西时关于"推动传统产业高端化、

253

智能化、绿色化"的重要指示精神,加快推进传统产业转型升级,大力支持制造业创新及向高端产业发展,持续推进工业振兴与产业链现代化,大力提振服务业发展及与先进制造业"两业"融合,不断优化产业结构,培育经济增长新动能,提高经济发展质量和效益。加快推进产业转型升级与提质增效,目的是提高经济整体盈利效应,在实现税收收入增长的同时,进一步优化地方税收贡献结构。

积极支持发展方式绿色转型,稳步降低高耗能行业的税收贡献度,优化行业税收贡献。高耗能行业是广西在资源禀赋下发展起来的具有一定优势的行业,对广西地方的税收贡献较大,约占1/5,是广西的重要税源之一。面对国家限制"两高一低"行业发展的政策安排,应积极协助广西高耗能企业淘汰落后技术,化解过剩产能,鼓励企业进行节能技术改造,推进绿色低碳发展,提升能效水平,稳步降低税收负担。

3. 维持宏观税负稳中有进,优化产业税负和行业税负内部结构

中国实施了多轮减费降税政策,广西多重区域优惠政策和民族地区优惠政策叠加的"税收洼地"效应已日趋减弱。2021年广西宏观税负水平略低于全国平均水平,与西部地区平均水平的差距已不到1个百分点。宏观税负是地方经济的税收负担状况,一般应保持稳定适度,不宜过高或过低,过高会造成税收负担过重,而过低又难以保障地方基本财力。为了吸引投资和承接发达地区的产业转移,也为了保障地方财力满足公共服务开支需要,实现经济与税收良性发展,广西应继续维持宏观税负稳定,不断提升经济实力,提高经济发展质量,稳步实现宏观税负与全国趋同。

产业税负和行业税负衡量的是产业和行业的税收负担状况,与宏观税负相同,产业税负和行业税负也应保持稳定适度的水平。从产业税负来看,广西第三产业税负不仅低于第二产业,与全国平均水平的差距也大于第二产业。从主要行业税负来看,广西批发和零售业税负不仅快速上升且高于全国平均水平,而金融业税负则大幅低于全国平均水平。针对产业税负与行业税负的结构不均衡,应积极处理好用足用好税收政策促进产业与行业发展,与防止滥用税收优惠政策损害税负公平的环境和地方财力的关系，优化产业税负和行业税负内部结构，有效培植产业与行业税源，促进地方第二、第三产业及各行业的健康可持续发展。

4. 大力推进税收服务现代化，深挖税收大数据助力经济税收协同发展

随着全国范围内税收优惠政策趋同，广西"税收洼地"效应持续减弱，作为老、少、边、穷地区，广西的投资吸引力也将因此受到影响。良好的营商环境是企业成长发展的沃土，优化营商环境是地方提升投资吸引力的重要举措，而税收服务的质量和水平直接影响纳税成本和纳税意愿，是营商环境的关键影响因素之一。大力推进税收服务现代化，提供更加便利可及的税收服务，构建更加开放共享的一体化服务格局，营造更加清晰透明、公正有效的税收营商环境，有助于提升地区投资吸引力，实现经济高质量发展。

税收深度嵌入国民经济发展各环节，深入挖掘税收大数据价值，将为经济发展提供更精准、更高效、更智能的服务，助力扭转广西经济税收背离趋势，推动经济税收协同发展。税务部门通过税收数据准确"画像"，可及时反映国民经济整体态势和产业转型升级情况，有助于对经济运行情况进行及时研判，并适时调整发展政策，提升政策指导精度。此外，广西税务部门还利用税收大数据，深入开展上下游企业供需分析，为双方自愿进行购销对接提供精准服务，推动产业链各环节提质增效，促进产业内部以及产业间协同发展，进而提升经济发展质量，促进税收收入增长，实现经济税收协同发展。

参考文献

《政府工作报告》，中国政府网，2023 年 3 月 14 日，https：//www.gov.cn/premier/2023-03/14/content_ 5746704. htm。

《2023 年政府工作报告》，广西壮族自治区人民政府网站，2023 年 1 月 19 日，http：//www.gxzf.gov.cn/zwgk/gzbg/zfgzbg/t15709760. shtml。

《关于 2022 年中央和地方预算执行情况与 2023 年中央和地方预算草案的报告》，中国政府网，2023 年 3 月 15 日，https：//www. gov. cn/xinwen/2023-03/15/content_ 5746960. htm。

《关于广西壮族自治区全区与自治区本级 2022 年预算执行情况和 2023 年预算草案的报告》，广西壮族自治区财政厅网站，2023 年 1 月 20 日，https：//czt. gxzf. gov. cn/zt/yjsgkxx/zzqbjzfys/gxzzqbjzfys2023/t15672685. shtml。

专题篇
Special Topic

B.12
2022年中国经济财税民生综合发展指数与聚类分析

焦瑞进*

摘　要： 社会经济发展的终极目标，是在经济发展的基础上让人们通过共同富裕过上人类向往的美好生活。因此，评价新时代高质量社会经济发展状况，必须在GDP的基础上关联财税指标和反映共同富裕的民生指标观察经济发展对民生改善的影响。本报告以大数据思维将2022年中国经济类、财税类及民生类相关指标关联起来，开展经济财税民生综合发展指数及聚类分析，力求系统、综合、客观地认识各地经济、财税惠及民生的发展状况，分析各地共同富裕的差异及影响因素。本报告经分析认为，社会经济的高质量发展，在经济总量规模的基础上，更要关注经济的增长、政府公共预算财力的增长和人均可支配收入的增长，只有扎实推进

---

* 焦瑞进，中国税务学会理事，北京大数据协会财税大数据专委会副会长，主要研究方向为财税大数据分析应用、智慧税务现代化。

共同富裕，改善公共服务环境，才能尽快实现第二个百年奋斗目标。在数字经济时代，要以大数据思维及时测算和掌握基尼系数的基本状况，及时智能地通过税式支出或财政转移方式调控最低工资标准和最低社会保障水平，缩小贫富差距，促进共同富裕持续稳步推进。

关键词： 共同富裕　综合发展指数　关联分析　聚类分析

反映共同富裕的民生向好，是在盈实的经济基础上通过合理的财富分配逐步实现的。反映民生向好态势及其实现路径，必然涉及一些相互关联的经济、财税及影响国民收入分配的指标数据。只有充分认识这些经济、财税和影响国民收入分配的指标数据的相互关系，才能客观认识反映共同富裕的民生现状及其因果关系，并探索找到促进共同富裕的政策措施和完善国民收入分配治理体系的正确实现路径。

一　经济财税民生相关指标

（一）共同富裕及国民收入分配指标说明

参考国际上学术界共同的认识，描述社会经济共同富裕和国民收入分配状况的关联关系的常用指标如下。

1. 国内生产总值（GDP）

国内生产总值，常用英文缩写 GDP 表示，是指一个国家或地区所有常住单位和居民在一定时期内生产活动的最终成果。GDP 是国民经济核算的核心指标，也是衡量一个国家或地区经济状况和发展水平的重要量化基础。在共同富裕相关的经济关系分析中，GDP 反映一个国家或地区的经济实力，是实现共同富裕目标的经济基础，也是人们常说的做大"经济蛋糕"的"蛋糕"。

2. 政府财税收入

财税收入是指一个国家或地区依据现行财税分配体制以其当年 GDP 和社会财富相关的经济量为财税来源基数征收的各项税金及非税收入的总和。由于各地的财税收入涉及复杂的征收与分配关系，相关指标根据收入取得口径的不同形成很多概念、分为很多指标。本报告根据取数的方便性，将政府一般公共预算收入作为主要基础性指标开展分析，并尽可能地剥离一般公共预算收入中的税收成分开展相关分析。税收是一个国家或地方政府依法为政府公共服务支出参与国民收入分配筹集的政府财政收入，是参与国民收入分配的主要组成部分。因此，税收既是影响居民收入的主要因素，又是调节居民收入的重要手段。税收收入与 GDP 的比例关系，即为学术界定义的最小口径的宏观税负，是反映税收经济关系和国民收入分配关系的重要指标。由于获取各地税务部门组织征收的税收数据相对困难，本报告将以一般公共预算收入为基础开展相关的宏观税负的分析。本报告将通过宏观税负与其他共同富裕经济指标的关联分析，研究财税政策在不同分配环节中对调节收入分配、促进共同富裕的作用和影响，以便优化财税分配制度，在更好地引导社会经济高质量发展的基础上促进共同富裕。

3. 常住人口

常住人口，是国际上开展人口普查工作常用的统计口径之一。常住人口等于现有常住人口加暂时外出人口。中国人口普查相关文件规定，常住人口不仅指常住在普查区内并登记了常住户口的人，还包括普查期间无户口或户口在外地而住在本地 1 年以上的人，但不包括在本地登记为常住户口而离开本地 1 年以上的人。

在研究共同富裕的经济关系分析中，该指标主要用于计算一个国家或地区共同富裕的平均经济水平、人均收入和人均财富状况，以及由此产生的贫富差距等。

4. 人均 GDP

人均 GDP，在有些国际组织或经济统计资料中有时也被误称作国家或地区的人均收入，其实就是用常住人口均等化的 GDP，是一个国家或地区在一定时期（通常为 1 年）内所生产的按人口平均计算的社会最终产品和劳务的总值。其计算公式为：人均 GDP ＝ GDP ÷ 常住人口。其中，GDP 是一个国家或地区在一定时期内，运用生产要素所生产的全部最终产品，包括产品和服务的市场价值。

人均 GDP 是衡量经济发展状况重要的宏观经济指标之一，在研究共同富裕的经济关系分析中，该指标可以反映人民基本生活处于一个什么样的潜在水平，是了解和把握一个国家或地区共同富裕基础状况的常用指标和有效工具。

5. 人均可支配收入

人均可支配收入，在经济统计工作中用来代指居民可支配收入的平均水平。严格来说，准确的居民可支配收入概念是指居民可用于最终消费支出和储蓄的总和，即居民可自由支配的收入。

人均可支配收入既包括现金收入，也包括实物收入。按照收入的来源，可支配收入包含四项内容，分别为工资性收入、经营性净收入、财产性净收入和转移性净收入。

居民可支配收入反映共同富裕的增量收入水平，被认为是消费开支最重要的决定性因素，因而在研究共同富裕的经济关系分析中用来衡量一个国家或地区生活水平的变化情况。

按统计口径细分，现行统计的居民可支配收入分为城镇居民人均可支配收入和农村居民人均可支配收入两个指标。城镇居民人均可支配收入和农村居民人均可支配收入这两个指标，在都市化程度较高的地区差别不是特别大，但在一些偏远的地区，差别还是很大的。考虑到共同富裕的"共同"愿景，本报告选用全体居民合计的可支配收入开展相关的量化分析。

6. 人均消费支出

人均消费支出，是指居民用于满足家庭日常生活消费的全部支出，包括购买实物支出和服务性消费支出。消费支出按商品和服务的用途可分为食品、衣着、家庭设备用品及服务、医疗保健、交通和通信、娱乐教育文化服务、居住、杂项商品和服务等八大类。人均消费支出是社会消费需求的主体，是反映共同富裕成效、体现居民实际生活水平和生活质量的重要指标。

按统计口径细分，现行统计分为城镇居民人均消费支出和农村居民人均消费支出两个指标。考虑到共同富裕的愿景，本报告选用全体居民合计的消费支出开展相应的量化分析。

7. 收入消费差额和消费收入比率

收入消费差额，是人均可支配收入与人均消费支出的差额，也可称为人均可支配收入余额，以此反映共同富裕经济关系中居民财富净增量并进而积累财富存量的基础源泉，并以此作为计算财富基尼系数的参考数据。

消费收入比率，是人均消费支出与人均可支出收入的比率，以此反映共同富裕不同阶段的消费状态，为量化共同富裕标准、完善共同富裕政策提供决策数据支持。

8. 人均储蓄额

人均储蓄额，是用常住人口数量平均计算的银行储蓄额，是反映一个国家或地区经济发展、人民积蓄和银行储蓄年度工作成就的一项参考性指标。人均储蓄额的增长快慢，也能反映一个国家或地区的经济发展速度、居民富裕程度和国家发展经济的资金潜力。在一般情况下，经济发达、国民收入高、银行业务也发达的国家，人均储蓄额较高；反之，则较低。计算人均储蓄额可以用全国或全地区常住人口数量予以平均，也可以用职工人数或城镇人口数抽样统计推断。

9. 最低工资标准（Minimum Wage）

最低工资标准，是指劳动者在法定工作时间内或依法签订的劳动合同约定的工作时间内提供正常劳动的前提下，用人单位依法应当支付的最低劳动报酬，其组成不包含延长工作时间工资，劳动者在夜班、高温、低温、井下等特殊工作环境、条件下的津贴，以及法律、法规和国家规定的劳动者福利待遇等。

最低工资保障制度是我国劳动和社会保障制度的一项重要内容。《最低工资规定》已于2003年12月30日颁布，2004年3月1日起实施。最低工资标准的确定和调整方案，由各省、自治区、直辖市人民政府劳动保障行政部门会同同级工会、企业联合会或企业家协会研究拟订，并报经劳动保障部门同意。

《劳动法》第四十八条规定，国家实行最低工资保障制度。用人单位支付劳动者的工资不得低于当地最低工资标准。最低工资标准是促进共同富裕、消除贫富差距的主要手段和措施，本报告将以大数据思维关联经济发展与最低工资标准的关系开展聚类分析。

（二）共同富裕指标的逻辑关系

上述诸项指标，事关共同富裕和缩小贫富差距的经济发展大局，这些指标互有因果联系，形成一组存在严谨内在逻辑关系的指标体系，这些经济指标的关联关系如图1所示，关联关系说明如下。

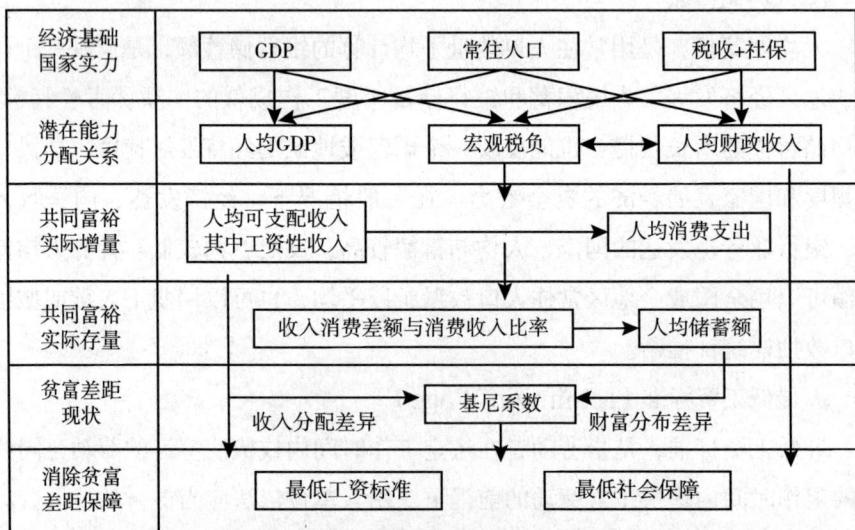

图1 共同富裕经济指标关联关系

GDP 反映一个国家或地区的经济实力，是实现共同富裕的经济基础。但是，受一个国家或地区人口和财税制度等因素的影响，GDP 并不能反映共同富裕的状况，用 GDP 除以这个国家或地区的常住人口数量求出人均 GDP 才能反映共同富裕的潜在能力。人均 GDP 指标只能反映共同富裕的潜在能力，是共同富裕的人均社会财富基础，但人民生活实际上是否真的富裕取决于人均 GDP 的分配状况，特别是税收收入参与国民收入分配的影响，在人均 GDP 中剔除人均预算收入后的余额部分才有可能装入居民的口袋，形成居民实实在在的收入。当然，广义地看，政府财政收入和社保基金作为公共服务的重要基础支撑，也是共同富裕的重要组成内容。

深入了解共同富裕的程度，不仅要看人均可支配收入的多少，还要看能否满足美好生活的消费支出。收入扣除必要的支出并有一定量的节余是共同富裕最基本的要求，收入扣减支出有节余才能增加居民储蓄和积累家庭财富。消费支出占可支配收入的比重可用以评价不同发展阶段的共同富裕程度。

人均可支配收入，只是反映了共同富裕的平均水平，而平均数的幕后既有高净值人群又存在一定量的需要救济的贫困人口，所以在人均可支配收入的基础上，要测算基尼系数，反映贫富差距现状。缩小贫富差距，降低基尼系数的主要手段是解决贫困问题，以最低工资标准确保收入水平，以最低社会保障确保基本生活水平，所以要在测算和掌握基尼系数的基础上，及时智能地通过税式支出或财政转移方式调控最低工资标准和最低社会保障水平。为此，本报告以人均 GDP、人均可支配收入和人均消费支出为主对国内情况开展关联分析。

二　各项指标的离散情况分析

本报告共使用 GDP、GDP 增速、一般公共预算收入、一般公共预算支出、常住人口、人均 GDP、人均可支配收入、人均消费支出、人均预算收入、人均预算支出、一般公共预算收入占 GDP 比重（简称"预算收入贡献率"）、一般公共预算支出占 GDP 比重（简称"预算支出负担率"）、财政自给率、最低工资标准、税收占一般公共预算收入比重（简称"税比"）、一般公共预算收入增速、一般公共预算支出增速、人均可支配收入增速、人均消费支出增速、人均收入节余、政府负债率、人均可支配收入占人均GDP 比重（简称"人均收入分配率"）共计 22 项指标测算经济财税民生综合发展指数。

根据测算结果，31 个省份的综合发展指数分布在 49.73 ~ 100。其中，浙江省的分值最大，为 100，吉林省的分值最小，只有 49.73，均值为76.92，标准差为 13.23，离散系数为 0.17。

分指标看：一般公共预算收入、预算支出负担率和 GDP 这 3 项指标的离散系数比较大，分别为 0.83、0.82 和 0.81；其他指标由于掺和了多种因素的影响，离散系数相对较小，特别是最低工资标准、税比和人均收入分配率，这三项指标的离散系数分别只有 0.11、0.13 和 0.16。这组数据说明，虽然经济规模和政府财税收入规模与最低工资标准、人均收入分配率和税比有一定的关联，但这种关联已经失去了 100% 的直接传导影响关系，前者数据样本之间差异较大，后者数据样本趋同性较高。也就是说，最低工资标准和人均收入分配率并不是简单地与经济规模紧密关联，前者是完全的市场关系，后者带有政府的干预关系，所以后者的差异更小一些，同时指出了缩小贫富差距、推进共同富裕的路径之一。

如果不清楚什么是离散系数，可以从一组数据的最大值、最小值距离均值的距离来理解，也可以用最大值与最小值的差异倍数来认识。比如，一般公共预算收入和 GDP 这两项指标，其最大值与最小值的差异倍数分别为73.94 和 60.54，而最低工资标准和税比这两项指标的最大值和最小值的差异倍数分别只有 1.57 和 1.70。很显然，前两项指标数据的离散度更大一些，后两项指标的集中度更好一些。

三　经济与财税关联指标分析

（一）GDP 及其财政关系

从各项指标数据的离散系数看，各地的 GDP 与一般公共预算收入相对贴近，预示着两者的数据关系结构相近。为此，应首先测算两组数据的相关性，其次观察两组数据变化的相关性。

测算结果显示：GDP 与一般公共预算收入两者之间的相关系数为 0.933；GDP 与一般公共预算支出两者之间的相关系数为 0.94。这组数字说明，GDP 及其财政关系两两之间高度相关，强有力地显示了国民经济整体发展对政府财政贡献的作用，其相互影响的逻辑关系是国民经济的发展有力地支撑起各地的政府预算收入，政府只有取得足够的财政收入才能支撑起公共服务所需要的庞大的财政支出。

在确定各地财政收支与 GDP 基本相关的基础上，再看一下各地政府财政关系与 GDP 关联的相对差异。

1. GDP 与一般公共预算收入关系

GDP 与一般公共预算收入两组数据正相关，如果高度相关，从数理的关系上则有随着各地 GDP 数值的增加，各地一般公共预算收入相应增加的关系。31 个省份一般公共预算收入与 GDP 关系的具体表现是在随同增加的基本规律下增加的幅度有所不同，这在两组数据的排序位差中得以直观体现。如果这两组数据是等比例变化的，则两组数据的各地排序应该是一致的，但实际情况是个别地方的排序位差较大。正位差较大的 5 个地方是山西、上海、北京、内蒙古和河北，其一般公共预算收入排序高于 GDP 排序的位差分别为 8 位、7 位、7 位、4 位、2 位；负位差较大的 5 个地方是重庆、河南、广西、湖南和湖北，其一般公共预算收入排序低于 GDP 排序的位差分别为 3 位、4 位、5 位、6 位、7 位。这两组数据说明，地方一般公共预算收入不能严格地按照 GDP 贡献规律做相应的财政收入分配，一些地方

的财政收入分配率会偏高，而另一些地方的财政收入分配率则偏低。GDP
与一般公共预算收入排序正负位差较大的 5 个地区详见表 1。

表 1　GDP 与一般公共预算收入正负位差较大的 5 个地区

地区		GDP 排名	一般公共预算收入排名	位差
正位差较大的地区	山西	20	12	8
	上海	11	4	7
	北京	13	6	7
	内蒙古	21	17	4
	河北	12	10	2
负位差较大的地区	重庆	16	19	−3
	河南	5	9	−4
	广西	19	24	−5
	湖南	9	15	−6
	湖北	7	14	−7

2. 一般公共预算收入与一般公共预算支出关系

31 个省份的一般公共预算收入与一般公共预算支出的相关系数为 0.91，
虽然大于 0.9 均视为高度相关，但相关性弱于 GDP 与一般公共预算收入和
一般公共预算支出的相关性，一般公共预算收入与一般公共预算支出两组数
据的离散和错位问题更严重一些。根据实际测算的结果：一般公共预算支出
排序高于一般预算收入排序位差较大的 5 个地方是广西、湖南、云南、西藏
和湖北，高出的位差分别为 7 位、6 位、5 位、4 位、4 位；一般公共预算支
出排序低于一般公共预算收入排序位差较大的 5 个地方是天津、重庆、北
京、山西和福建，低出的位差分别为 5 位、5 位、6 位、7 位、15 位。值得
关注的是后者包含 3 个直辖市，说明直辖市的收入与支出关系非同一般，以
收定支的关系比其他多数省份的情况优越得多。一般公共预算支出与一般公
共预算收入排序正负位差较大的 5 个地区详见表 2。

表 2　一般预算支出与一般预算收入排序正负位差较大的 5 个地区

地区		一般预算收入排序	一般预算支出排序	位差
正位差较大的5个地区	广西	24	17	7
	湖南	15	9	6
	云南	20	15	5
	西藏	31	27	4
	湖北	14	10	4
负位差较大的5个地区	天津	23	28	−5
	重庆	19	24	−5
	北京	6	12	−6
	山西	12	19	−7
	福建	7	22	−15

3. GDP 与一般公共预算支出关系

政府财政支出排序明显高于其经济实力排序的 5 个地方是西藏、河北、上海、云南、内蒙古，其一般公共预算支出支出排序高于 GDP 排序的位差分别是 4 位、4 位、4 位、3 位、3 位；政府财政支出排序明显落后于其经济实力排序的 5 个地方是宁夏、湖北、天津、重庆和福建，其一般公共预算支出支出排序落后于 GDP 排序的位差分别是 2 位、3 位、4 位、8 位、14 位。GDP 与一般公共预算支出排序正负位差较大的 5 个地区详见表 3。

表 3　GDP 与一般公共预算支出排序正负位差较大的 5 个地区

地区		GDP 排序	一般公共预算支出排序	位差
正位差较大的5个地区	西藏	31	27	4
	河北	12	8	4
	上海	11	7	4
	云南	18	15	3
	内蒙古	21	18	3

续表

地区		GDP 排序	一般公共预算支出排序	位差
负位差 较大的 5 个地区	宁夏	29	31	-2
	湖北	7	10	-3
	天津	24	28	-4
	重庆	16	24	-8
	福建	8	22	-14

政府财政支出的排序与经济实力排序不一致的差异，主要与各地在税制影响下的税收贡献存在密切关系。通常情况下，税费贡献大可支撑大财政，税费贡献小就只能支撑小财政，还会有些地方发债筹资支撑大财政。

（二）GDP 增速与财政变化的关联分析

经济是基础，财税源于经济，不仅经济规模决定财税规模，经济的增长变化也必然影响财税的增减态势。以此角度，可以观察经济增长与财政增长的变化关系。

1. 观察相关系数

测算 31 个省份 GDP 增速、一般公共预算收入增速和一般公共预算支出增速 3 者两两之间的相关性，GDP 增速与一般公共预算收入增速之间的相关系数为 0.76，GDP 增速与一般公共预算支出增速之间的相关系数为 0.106，一般公共预算收入增速与一般公共预算支出增速之间的相关系数为 -0.000181607。数据显示，一般公共预算收入的增减变化与 GDP 的增减变化有一定的关系，但相关度并不高，而 GDP 的增减变化与一般公共预算支出的增减变化、一般公共预算收入的增减变化与一般公共预算支出的增减变化基本上没有必然的正相关关系，甚至有点负相关的意思。这一组数据，从横向看基本上否定像年度这种短期经济变化对财政收支的影响，对财政收支关系产生影响的不是经济增减的变化，更多的是长期稳固下来的财税分配体制。

2. 细分排位状况

（1）GDP 增速排序与一般公共预算收入排序位差

从相关系数看，虽然 GDP 的增减变化与一般公共预算收入的增减变化有一定的相关性，但相关度不高，GDP 增速排序与一般公共预算收入增速的排序及其位差的大小可以充分说明。比如 GDP 增速较大的江西、福建和湖南，其 GDP 增速排序分别为第 2 位、第 1 位和第 3 位，但其一般公共预算收入的增速分别只处于第 11 位、第 14 位和第 26 位，两项指标的排序位差分别为 9 位、13 位和 23 位，即这些地方 GDP 的增长并没有带来相应的一般公共预算收入的增长。而 GDP 增速并不是太高的省份，比如北京、上海和西藏，其 GDP 增速排序仅仅排在第 28 位、第 30 位和第 26 位，但其一般公共预算收入增速排序却分别处于第 12 位、第 21 位和第 18 位，一般公共预算收入增速排序相对于 GDP 增速排序分别提高了 16 位、9 位和 8 位。GDP 增速排序与一般公共预算收入排序正负位差较大的 5 个地区详见表 4。

表 4　GDP 增速与一般公共预算收入增速排序位差较大的省份

省份		GDP 增速排序	一般公共预算收入增速排序	位差
正位差较大的5个省份	北京	28	12	16
	四川	17	7	10
	新疆	14	4	10
	上海	30	21	9
	西藏	26	18	8
负位差较大的5个省份	江西	2	11	−9
	河南	16	27	−11
	广西	18	29	−11
	福建	1	14	−13
	湖南	3	26	−23

（2）GDP 增速排序与一般公共预算支出增速排序位差

从相关系数看，GDP 的增减变化与一般公共预算支出的增减变化基本上不相关，表明两组数据的排序根本没有规律可循，GDP 增速排序与一般公共预算支出增速排序及其位差的大小可以充分说明。比如 GDP 增速较高的湖南、江西和甘肃，其 GDP 增速排序分别为第 3 位、第 2 位和第 4 位，但其一般公共预算支出增速排序分别只处于第 14 位、第 15 位和第 21 位，两项指标的排序位差分别为 11 位、13 位和 17 位，即这些地方 GDP 的增长并没有带来相应的一般公共预算支出的增长。而 GDP 增速并不是太高的省份，比如上海、吉林和海南，其 GDP 增速排序仅分别排在第 30 位、第 31 位和第 29 位，但其一般公共预算支出增速排序却分别处于第 5 位、第 9 位和第 20 位，一般公共预算支出增速排序相对于 GDP 增速排序分别提高了 25 位、22 位和 9 位。GDP 增速排序与一般公共预算支出排序正负位差较大的 5 个地区详见表 5。

表 5　GDP 增速与一般公共预算支出增速排序位差较大的省份

省份		GDP 增速排序	一般公共预算支出增速排序	位差
正位差较大的5个省份	上海	30	5	25
	西藏	26	1	25
	吉林	31	9	22
	海南	29	20	9
	安徽	13	7	6
负位差较大的5个省份	湖南	3	14	−11
	江西	2	15	−13
	山东	11	25	−14
	甘肃	4	21	−17
	云南	8	30	−22

（3）一般公共预算收入增速排序与一般公共预算支出增速排序位差

从相关系数看，一般公共预算收入的增减变化与一般公共预算支出的增减变化不仅不正相关，甚至呈现负相关，表明两组数据的排列更是没有规律可循，一般公共预算收入增速排序与一般公共预算支出增速排序及其位差的大小可以充分说明。比如一般公共预算收入增速较大的新疆、山东和甘肃，其一般公共预算收入增速排序分别为第 4 位、第 9 位和第 10 位，但其一般公共预算支出增速排序分别为第 17 位、第 25 位和第 21 位，两项指标的排序位差分别为 13 位、16 位和 11 位，即这些地方一般公共预算收入的增长并没有带来相应的一般公共预算支出的增长。而一般公共预算收入增速并不是太高的省份，比如吉林、河南和湖南，其一般公共预算收入增速排序仅分别为第 31 第、第 27 位和第 26 位，但其一般公共预算支出增速排序却分别处于第 9 位、第 11 位和第 14 位，一般公共预算支出增速排序相对于一般公共预算收入增速排序分别提高了 22 位、16 位和 12 位。一般公共预算收入增速排序与一般公共预算支出增速排序正负位差较大的 5 个地区详见表 6。

表 6　一般公共预算收入增速与一般公共预算支出增速排序位差较大的省份

省份		一般公共预算收入增速排序	一般公共预算支出增速排序	位差
正位差较大的5个省份	吉林	31	9	22
	西藏	18	1	17
	上海	21	5	16
	河南	27	11	16
	湖南	26	14	12
负位差较大的5个省份	甘肃	10	21	−11
	北京	12	24	−12
	新疆	4	17	−13
	山东	9	25	−16
	云南	13	30	−17

所以，不能简单地说社会经济的发展，一定会带来相应的财政收入和支出的增长。长期看会有这种变化趋势，但在短期内受财税分配体制的影响，经济增长还不能完全影响地方政府财政收支的较大变化。

（三）政府支出与政府债务

1. 相关性

前面提到，在经济与税费关系中经济规模大、税费贡献大的地方能支撑大财政，经济规模小、税费贡献小的地方只能支撑小财政。此外，这一经济基础不足以支撑大财政时，政府债务就成为支撑大财政的有利帮手。也就是说，经济较弱的地方，发债支持财政压力较大，债务要还本付息，一般不会简单地通过发债为财政支出融资，体量小的财政也负担不起这种发债财政模式。而经济较强的地方，通过发债支撑大财政，可能会发行较多的债务，但更多的会用于基础建设投资，以求未来盈利能够还本付息，同时承担更大的还债风险和责任。

依据上述逻辑关系，政府支出和政府债务应该会存在某种相关关系，对31个省份财政支出（一般公共预算支出）与政府债务的数据做相关分析，两组数据的相关系数为0.92，数据说明两者之存在一定的相关关系，相关系数不是很高。

2. 离散性

财政支出和政府债务两者之间相关但相关系数不是很高，只能说明两组数据的变化趋势和离散状况相近，根据测算结果，两组数据的离散系数分别为0.53和0.529。虽然这两项指标数据的离散情况相近，但两组数据规模的大小差异还是十分明显的，其大小值的差异倍数分别为11.69和44.73，可以从另一种数据关系认识两组数据的特征。

3. 差异性

从政府支出与政府债务两项指标数据的排序情况来看，也有一些地方两项指标的排序存在较大差异。比如：政府支出排序居中的福建、贵州和重庆，其政府支出分别排序为第22位、第20位和第24位，其政府债务排序则相对靠前，分别排在第13位、第11位和第17位，形成较大的正位差，分别为9位、9位和7位；相反，一些政府支出排位靠前的地方，如上海、北京和陕西，其政府支出分别排第7位、第12位和第14位，但其政府债务排序却相对靠后，分别排第22位、16位和18位，两项指标排序形成负位差，后者分别落后前者15位、4位和4位。这两组数据说明，一些地方的财政对发债的依赖性很高，相应的债务风险也大，而一些财政状况较好的地方，虽有发债，但财政对发债的依赖并不是很强。政府支出排序与政府债务排序正负位差较大的5个地区详见表7。

272

表7 政府支出与债务排序正负位差较大的 5 个地方

地区		政府支出	政府债务	位差
政府支出 排序前5 个地区	福建	22	13	9
	贵州	20	11	9
	重庆	24	17	7
	天津	28	21	7
	云南	15	12	3
政府支出 排序后5 个地区	北京	12	16	−4
	陕西	14	18	−4
	西藏	27	31	−4
	山西	19	26	−7
	上海	7	22	−15

4. 非财政用途

前面提到，当地方缴纳税费不足以支持大财政时，政府债务会给予一定的支持，而由于债务还本付息的特性，其不会简单地用于财政支出。这一点在一些地方的数据对比中表现十分明显，政府债务的用途远远超出财政支出的需要，说明许多地方政府债务的主要用途绝不是财政支出，而更多的是用于非财政支出。

表8 政府债务与收支差额的比值关系

单位：亿元

省份	一般公共预算收入	一般公共预算支出	债务差额	债务与收支差额比值
福 建	5382.30	5702.93	11901.7	37.12
天 津	1846.60	2751.52	8645.5	9.55
北 京	5714.40	7469.20	10565.3	6.02
浙 江	8039.00	12018.00	20168.8	5.07
广 东	13279.70	18509.93	25082.3	4.80
上 海	7608.20	9393.16	8538.6	4.78
山 东	7104.00	12131.50	23588.0	4.69
江 苏	9258.90	14903.20	20694.1	3.67
重 庆	2103.40	4892.80	10071.0	3.61

续表

省份	一般公共预算收入	一般公共预算支出	债务差额	债务与收支差额比值
贵　州	1886.40	5849.17	12470.1	3.15
内蒙古	2824.40	5885.10	9339.8	3.05
河　北	4084.00	9336.50	15749.1	3.00
辽　宁	2524.30	6253.00	10979.8	2.94
陕　西	3311.58	6766.34	9782.2	2.83
安　徽	3589.10	8378.90	13304.1	2.78
海　南	832.40	2095.52	3486.6	2.76
湖　南	3101.80	9005.30	15405.1	2.61
湖　北	3280.73	8626.03	13900.1	2.60
山　西	3453.90	5872.60	6285.8	2.60
云　南	1949.32	6699.74	12098.3	2.55
四　川	4882.20	11914.70	17705.4	2.52
江　西	2948.30	7288.30	10859.5	2.50
河　南	4261.60	10644.64	15103.8	2.37
广　西	1687.70	5893.89	9714.2	2.31
吉　林	851.00	4044.01	7167.6	2.24
青　海	510.96	1975.07	3044.3	2.08
新　疆	1889.20	5726.08	7852.7	2.05
甘　肃	907.60	4263.50	6087.5	1.81
宁　夏	460.10	1583.50	1996.3	1.78
黑龙江	1290.60	5452.00	7290.9	1.75
西　藏	179.60	2849.20	560.7	0.21

　　如表8所示，以政府当年的债务余额去比当年的一般公共预算支出减去一般公共预算收入后的余额，31个省份中除西藏外30个省份的比值均大于1。从比值的排序情况看，比值较大的地区多为经济相对发达地区，如排前6位的福建、天津、北京、浙江、广东和上海，比值分别为37.12、9.55、6.02、5.07、4.80和4.78；比值排序靠后的6个地区青海、新疆、甘肃、宁夏、黑龙江和西藏，比值分别只有2.08、2.05、1.81、1.78、1.75和0.21。这组数据表明，越是经济相对发达的地区，

其一般公共预算收入支撑一般公共预算支出的基础越好，政府债务用于其他社会经济发展的可能性就越大，用途也越广。

四 经济财税民生综合发展指数分析

上述各省份不同的经济财政关系，决定了各省份经济财政关系分析不能简单地以经济规模或财政状况排序分出子丑寅卯，需要结合多项相互关联的指标进行综合评价。

（一）省际综合发展指数分析

将22项指标关联起来测算经济财税民生综合发展指数，并以此进行排序，排前10位的省份是：浙江、上海、广东、北京、江苏、福建、山东、山西、湖南和内蒙古。前10位省份中，前7个省份均为我国经济相对发达的省份，山西、湖南和内蒙古相对前7个省份经济相对较弱一些，但其经济、财政和人均收入的增长势头比较好，拉升了经济财税民生综合发展指数的分值。

经济财税民生综合发展指数拔得头筹的浙江，虽然经济规模不是最大，但其税收占一般公共预算收入比重、人均可支配收入和人均消费支出及其增速、最低工资标准等多项指标均为较高分值，拉升经济财税民生综合发展指数分值，并最终夺得第1名。

广东省虽然在经济规模、一般公共预算收支规模和人口规模指标的数据获得最高分值，但正是人口众多拉低了人均一般公共预算收支、人均可支配收入和消费的相关数据，再加上规模基数大导致增幅上不去，最终造成经济财税民生综合发展指数分值屈居第3名。

上海与广东正相反，其人口相对较少，其人均可支配收入与消费支出、人均一般公共预算收入均为最高分，再加上其一般公共预算收入占GDP比重和最低工资标准这2项指标排名最高、人均可支配收入与人均消费支出形成的人均收入节余次高的优势，使得经济财税民生综合发展指数取得了第2

名的高分值。

经济财税民生综合发展指数排名靠后的 10 个省份多是东北或西部省份，包括辽宁、新疆、宁夏、广西、黑龙江、甘肃、贵州、海南、青海和吉林，其经济财税民生综合发展指数分值多在 68 以下，吉林的分值还不及浙江一半的水平。除辽宁以外，这些省份的共同特点就是经济规模与一般公共预算收支规模不大，并且政府债务和政府负债率分值比较低。比如青海省就是处在这种低位，其经济规模仅仅大于西藏，其一般公共预算收入和人口这两项指标的分值处于低位，而政府负债率形成的债务风险分值为零，致使其经济财税民生综合发展指数排倒数第 2 位。吉林则是由于一般公共预算收入增速、人均可支配收入增速、人均消费支出增速和 GDP 增速这 4 项指标均为最低，拉低了经济财税民生综合发展指数分值，最终排名最后。

各省份经济财税民生综合发展指数排序，详见附表 1。

（二）百强城市综合发展指数分析

1. 指标说明

百强城市的数据不像省际数据容易采集，反映经济、财税和民生的指标包括：GDP 及其增速、一般公共预算收入、常住人口、人均 GDP、人均可支配收入、人均财力、一般公共预算收入占 GDP 比重或称预算收入贡献率、人均可支配收入占人均 GDP 比重或称人均收入分配率。根据以上这 9 项指标的关联关系，计算出经济财税民生综合发展指数。

样本是网络相关媒体发布的 GDP 百强城市。

2. 分析说明

测算结果，经济财税民生综合发展指数排前 10 位的城市依次是上海、北京、深圳、苏州、杭州、广州、鄂尔多斯、宁波、南京和重庆。将排前 10 位的城市的综合发展指数排名与 GDP 排名相比，一些城市的排名还是发生了较大的变化。其中：上海、北京和深圳的位置没有发生变化；排名位置发生变化较大的是鄂尔多斯，提升了 42 位；杭州和宁波都提升了 4 位；重庆下降了 6 位（见表 9）。

表9　经济财税民生综合发展指数10强城市综合发展指数排名与GDP排名对比

单位：位

城市	GDP排名	综合发展指数排名	位差
上海	1	1	0
北京	2	2	0
深圳	3	3	0
苏州	6	4	2
杭州	9	5	4
广州	5	6	-1
鄂尔多斯	49	7	42
宁波	12	8	4
南京	10	9	1
重庆	4	10	-6

　　测算结果与2021年相比，无锡落选了10强，而重庆跻身10强。

　　鄂尔多斯跻身前10强，主要是人均GDP和人均财力这2项指标取得最高分拉升了总体得分。这一特征说明，研究经济财税与民生问题，人口的因素很重要，经济发展的最终目的是富裕民生，只有GDP，不见居民收入和公共服务和环境的改善，不能视作高质量的经济发展。

　　从常规的分析看，上海因GDP、一般公共预算收入和人均可支配收入这3项指标表现突出，综合发展指数独占鳌头；北京则在GDP、一般公共预算收入和人均可支配收入这3项指标紧随上海的基础上，人均GDP又大于上海，综合发展指数排第2位；深圳GDP、人均GDP、一般公共预算收入和人均可支配收入等4项指标表现均不错，排第3位。虽然上海、北京和深圳分别排第1位、第2位、第3位，但两两相差9~10个分值，差距还是较大的。第4位苏州与第1位上海相差约32个分值，但第4位与第10位之间分值相近，没有拉开太大的距离，都在60~68。

　　10强差异如此之大，百强的差异也可略见一斑。经济财税民生综合发展指数百强城市排名靠后的城市已经无力和10强城市进行比较了。综合发展指数排第1位的上海的分值约是排名最后的湛江的3倍。

总体上看，这9项指标中差异由大到小依次为一般公共预算收入、GDP增速、GDP、人均财力、常住人口、人均GDP、预算收入贡献率、人均收入分配率和人均可支配收入。一般公共预算收入、GDP和人均财力是拉开经济财税民生综合发展指数差距的主要因素，这三项指标也体现了综合发展指数设计的逻辑关系，经济—财政—人均财力反映公共服务环境。其中，经济是基础，经济基础产生一定的预算收入贡献率，而财税分配体制决定地方人均财力的配比。

经济百强城市经济财税民生综合发展指数排名情况详见附表3。

五 聚类分析

经济财税民生综合发展指数，综合了经济类、财税类和民生类等各类指标数据，其总分值由哪项指标的突出特性拉高或拖累存在很多不确定性。在样本和指标数据较多的情况下开展分析，逐项查找影响因素存在困难，即使几个样本排分相近，但由于影响因素不同，其样本的特质也未能完全体现出来。比如上海和北京，分别排第1位、第2位，彼此相近，但细分析各项指标，拉高或拖累分值的内容完全不同，完全是不同类型的城市。再如，总分靠后的5个省份中，吉林与其他4个省份的情况也完全不同，其经济有一定的规模，几项增速指标的最低分拖累导致排名最后。所以，综合发展指数排序只能反映综合发展情况，要区别各样本之间的不同，还需要用聚类分析模型，给这31个省份的特征分类。

用经济类、财税类和民生类共计22项指标关联起来对31个省份进行模糊聚类，聚类分组情况如下。

（一）省际聚类

1. 聚类整体情况

根据样本距离特征值 λ 的测算数值，样本相互之间的取值在 0.3569 ~ 0.6716，31个省份可以具体分为24种不同的情况，其中两两完全相同的组合有：

北京和上海、江苏和广东、山西和陕西、新疆和宁夏、广西和云南、黑龙江和甘肃、四川和安徽。除了这两两相同的 7 对省份外，其余 17 个省份独立成类。根据特征值相近再分层分组，可以近似地分为 7 组。分组情况详见表 10。

表 10　省际经济财税民生关联指标聚类分布

距离均值	聚类分布同值个数	分层聚类区间	
0.3807	西藏 28	0.3602	0.35<λ<0.361
0.3840	北京、上海 29	0.3569	
0.4455	天津 27	0.4347	0.43<λ<0.478
0.4584	吉林 26	0.4501	
0.4807	青海 25	0.4777	
0.4859	福建 24		0.48<λ<0.485
0.4860	浙江 22	0.483<λ<0.485	
0.4875	江苏、广东 22		
0.5177	海南 20	0.5339	0.53<λ<0.56
0.5298	山东 19		
0.5337	内蒙古 17	0.55<λ<0.56	
0.5347	山西、陕西 17		
0.5351	辽宁 15	0.56<λ<0.57	0.56<λ<0.58
0.5366	贵州 15		
0.5389	新疆、宁夏 12	0.57<λ<0.58	
0.5409	湖南 13		
0.5458	重庆 10	0.59<λ<0.61	0.59<λ<0.63
0.5469	湖北 10		
0.5477	河北 10		
0.5493	广西、云南 2	0.625<λ<0.63	
0.5494	黑龙江、甘肃 2		
0.5513	河南 3	0.645<λ<0.646	0.64<λ<0.672
0.5513	江西 3		
0.5522	四川、安徽 1	0.6716	

2. 分组特征说明

第一组：由西藏、北京和上海 3 个地方分层组合而成。这种组合给人一种非常另类的感觉。从经济财税民生综合发展指数看，这三个地方的综合发展指数分值依次为 78.09、97.46、99.72。这种抽象数值的背后，隐藏着三地之间相关指标在数量规模上有着很大的不同，但这并不影响它们增速或人均水平等指标的逆袭。西藏就是因为 GDP 增速、人均预算支出和预算支出负担率等指标的优势，拉近了与北京和上海这样都市化水平较高的省份的距离。

第二组，由天津、吉林和青海 3 个地方分层组合而成。从经济财税民生综合发展指数看，这三个地方分值相差较大，天津 70.43，青海 55.23、吉林只有 49.73。从指标特征上看：天津与吉林 GDP、常住人口和政府负债率 3 项指标相近，其他指标互有高低，但天津多数指标值高于吉林；青海和吉林一般公共预算收入、财政自给率、人均 GDP、一般公共预算支出增速等 4 项指标相近，其他指标互有高低。

第三组，由福建、浙江、江苏和广东 4 个省分层组合而成。从经济财税民生综合发展指数看，这四个省的综合发展指数分值依次为 88.70、100、95.17 和 99.43，虽然数值较为相近，但明显福建与浙江、江苏和广东这 3 个省有较大差异。从指标特征上看：在 GDP 上虽然福建明显小于本组的其他 3 个省，但在 GDP 增速和财政自给率这两项指标上却明显大于这 3 个省；这 4 个省的人均预算收入、税收占一般公共预算收入比重、一般公共预算收入增速、人均消费支出、最低工资标准、人均可支配收入增速等 6 项指标数值相近。

第四组，由海南、山东、内蒙古、山西和陕西 5 个省份分层组合而成。从经济财税民生综合发展指数看，这 5 个省份的综合发展指数分值依次为 59.96、86.88、81.84、82.88 和 81.79，同样可以看出海南明显与本组其他的 4 个省份有较大差异。从指标特征上看：海南各项指标在数量规模上明显小于本组其他各省份，但人均收入分配率指标明显好于其他各省份；这 5 个省份的最低工资标准、税收占一般公共预算收入比重、人均收入分配率、政府负债率、人均可支配收入和人均消费支出等 6 项指标数值相近。

第五组，由辽宁、贵州、新疆、宁夏和湖南 5 个地方分层组合而成。从经济财税民生综合发展指数看，这 5 个地方的综合发展指数分值依次为

68.02、61.16、67.99、66.73 和 82.51，可以看出湖南的分值明显大于本组的其他 4 个省份。从指标特征上看：湖南各项指标在数量规模上总体大于本组其他各省份，但人均预算收入、预算收入贡献率、预算支出负担率、最低工资标准等指标小于其他各省份；这 5 个省份的最低工资标准、税收占一般公共预算收入比重、财政自给率、人均 GDP、一般公共预算支出增速等 5 项指标的数值相近。

第六组，由重庆、湖北、河北、广西、云南、黑龙江和甘肃 7 个省份分层组合而成。从经济财税民生综合发展指数看，这 7 个省份的综合发展指数分值依次为 71.01、79.98、79.10、66.34、68.17、65.47 和 65.04，可以看出 60 多、70 多分属两个阵营，聚类分组也体现出这一特点。从指标特征上看：这一组差异较大的是甘肃，各项指标在数量规模上明显小于本组的其他各省份，但其 GDP 增速明显大于其他各省份；这 7 个省份的最低工资标准、税收占一般公共预算收入比重、人均可支配收入、人均可支配收入增速等 4 项指标数值相近，其他指标数值各有高低，最终促成综合发展指数分值相近。

第七组，由河南、江西、四川和安徽 4 个省份分层组合而成。从经济财税民生综合发展指数看，这 4 个省的综合发展指数分值依次为 76.63、79.58、81.09 和 78.27，这 4 个省份的综合发展指数差异不大。从指标特征上看，各项指标中，这 4 个省虽然一些反映数量规模的指标略有差异，但是人均指标等相近个数最多的一组，在 22 项指标中人均收入分配率、税收占一般公共预算收入比重、财政自给率、人均可支配收入增速、一般公共预算支出增速、人均 GDP、最低工资标准、人均可支配收入和人均消费支出等 9 项指标的数据相近。

（二）百强城市聚类

1. 聚类整体情况

根据样本距离特征值 λ 的测算数值，样本相互之间的取值在 0.4743 ~ 0.8476，百强城市可以具体分为 81 种不同的情况，其中城市两两完全相同的组合有鄂尔多斯和榆林、上海和北京、宁波和南京、佛山和东莞、嘉兴和湖州、金华和台州、长沙和青岛、邯郸和保定、济南和合肥、沈阳和潍坊、福州和泉州、太原和泰州、沧州和菏泽、新乡和上饶、襄阳和岳阳、南昌和盐城、宿迁和常德、惠州和淄博、宜春和宜宾，共计 19 对城市。除了这两两相同的 19 对城市外，其余 62 个城市独立成类。根据特征值相近再分层分组，可以近似地分为 9 组。分组情况详见附表 2。

2. 分组特征说明

第一组：由呼和浩特、鄂尔多斯和榆林三个城市组成，分层分组的距离特征值在 0.4743~0.4992。其中：呼和浩特与所有城市间的距离特征值为0.4743，鄂尔多斯和榆林相互间的距离特征值为 0.5901，与其他各城市间的距离特征值为 0.4992。从经济百强城市的排位看，这 3 个城市依次排第98 位、第 49 位和第 42 位，可见在经济规模上鄂尔多斯和榆林居中，呼和浩特基本上在最低层；从经济财税民生综合发展指数看，这 3 个城市的综合发展指数依次为 57.26、64.66 和 52.26，这 3 个城市间的综合发展指数存在一定的差异，综合发展指数依次排第 15 位、第 7 位和第 19 位。从指标特征上看，呼和浩特与鄂尔多斯和榆林之间虽然在 GDP 上有很大不同，但并不影响他们之间一般公共预算收入相近的特征，正是由此提高了预算收入贡献率，拉近了呼和浩特与鄂尔多斯和榆林的距离。同时由于鄂尔多斯人均GDP 和人均财力两项指标都取得了最高分值，将鄂尔多斯的综合发展指数排名拉升到了第 7 位。聚类第一组城市指标指数对比情况详见表 11。

表 11　聚类第一组城市指标指数对比

GDP排位	城市	GDP	GDP增速	常住人口	人均GDP	一般公共预算收入	预算收入贡献率	人均可支配收入	人均收入分配率	人均财力	综合发展指数	综合排位	位差
49	鄂尔多斯	12.57	66.31	6.75	100.00	10.84	58.04	60.67	20.56	100.00	64.66	7	42
98	呼和浩特	7.46	48.41	10.88	36.78	11.08	100.00	56.14	51.72	63.38	57.26	15	83
42	榆林	14.65	67.52	11.27	69.79	12.18	55.94	37.39	18.16	67.27	52.56	19	23

续表

GDP 排位	城市	GDP	GDP 增速	常住 人口	人均 GDP	一般公 共预算 收入	预算 收入 贡献率	人均 可支配 收入	人均 收入 分配率	人均 财力	综合 发展 指数	综合 排位	位差
平均值		11.56	60.74	9.63	68.86	11.37	71.33	51.40	30.15	76.89	58.16		
标准差		3.70	10.70	2.51	31.62	0.72	24.85	12.34	18.72	20.11	6.10		
离散系数		0.32	0.18	0.26	0.46	0.06	0.35	0.24	0.62	0.26	0.10		
最大值		14.65	67.52	11.27	100.00	12.18	100.00	60.67	51.72	100.00	64.66		
最小值		7.46	48.41	6.75	36.78	10.84	55.94	37.39	18.16	63.38	52.56		
差异倍数		1.97	1.39	1.67	2.72	1.12	1.79	1.62	2.85	1.58	1.23		

　　第二组：由广州、上海、北京、深圳和重庆这5个城市组成，分层分组的距离特征值在0.57~0.59。其中又可细分为两组，广州、上海和北京一组，距离特征值在0.57~0.58；深圳和重庆为一组，距离特征值在0.58~0.59。从经济百强城市的位置看，这5个城市排名依次为第5位、第1位、第2位、第3位和第4位，居前5位，可见在经济规模上这5个城市是百强城市中的最强城市；从经济财税民生综合发展指数看，这5个城市的综合发展指数分值依次为64.88、100、90.69、81.26和60.87，这5个城市间的综合发展指数差异较大，综合发展指数依次排第6位、第1位、第2位、第3位和第10位，其中上海、北京和深圳GDP排名与综合发展指数排名是一样的，广州GDP排名下降了1位，重庆的排名下降了6位；从指标特征上看，无论是根据经济规模还是根据综合发展指数区分，都可以将这5个城市分为三个层次，上海和北京为顶层、深圳居中、广州和重庆处于低层。其中，上海的GDP、一般公共预算收入和人均可支配收入这3项指标取得最高分，带动上海综合发展指数排第1位。北京的GDP、一般公共预算收入和人均可支配收入这3项指标得分次之，促成北京综合发展指数排第2位。虽然这5个城市的GDP和人均GDP存在较大的差异，但有一个共同特征就是人均收入分配率相近。聚类第二组城市指标指数对比情况详见表12。

表 12　聚类第二组城市指标指数对比

GDP排位	城市	GDP	GDP增速	常住人口	人均GDP	一般公共预算收入	预算收入贡献率	人均可支配收入	人均收入分配率	人均财力	综合发展指数	综合排位	位差
1	上海	100.00	30.57	77.47	69.29	100.00	67.30	100.00	48.91	80.35	100.00	1	0
2	北京	93.19	36.31	68.11	73.44	75.11	54.24	97.24	44.87	68.64	90.69	2	0
3	深圳	72.53	52.87	55.03	70.76	52.74	48.93	91.34	43.75	59.66	81.26	3	0
5	广州	64.58	38.22	58.54	59.22	24.38	25.40	89.63	51.29	25.92	64.88	6	-1
4	重庆	65.23	48.41	100.00	35.02	27.65	28.52	44.80	43.36	17.21	60.87	10	-6
平均值		79.11	41.27	71.83	61.55	55.97	44.88	84.60	46.44	50.36	79.54		
标准差		16.44	9.14	18.02	15.78	32.08	17.70	22.65	3.49	27.46	16.65		
离散系数		0.21	0.22	0.25	0.26	0.57	0.39	0.27	0.08	0.55	0.21		
最大值		100.00	52.87	100.00	73.44	100.00	67.30	100.00	51.29	80.35	100.00		
最小值		64.58	30.57	55.03	35.02	24.38	25.40	44.80	43.36	17.21	60.87		
差异倍数		1.55	1.73	1.82	2.10	4.10	2.65	2.23	1.18	4.67	1.64		

第三组：由茂名、成都、长春和珠海这4个城市组成，分层分组的距离特征值在0.616~0.659。其中又可细分为两组，茂名和成都一组，距离特征值在0.616~0.618；长春和珠海为一组，距离特征值在0.645~0.659。从经济百强城市的位置看，这4个城市排名依次为第75位、第7位、第40位和第72位，排位比较散乱，可见在经济规模上这4个城市的差异较大；从经济财税民生综合发展指数看，这4个城市的综合发展指数分值依次为35.98、58.01、34.13和50.91，这4个城市间的综合发展指数差异较大，综合发展指数排名依次为第87位、第11位、第96位和第23位，综合发展指数排名与GDP排名的位置相比，珠海提升了49位，茂名、成都和长春依次下降了12位、4位和56位；从指标特征上看，无论是从数量规模指标看还是从比率相对指标看，这4个城市的各项指标的差异都较大，数据相对相近的一组指标数据是预算收入贡献率。其中，珠海以人均GDP和人均可支配收入分值较高的优势提升了综合发展指数的排名，而茂名则是以人均可支配收入占人均GDP比重或者说是人均收入分配率最高分提升了综合发展指数排名。聚类第三组城市指标指数对比情况详见表13。

表 13　聚类第三组城市指标指数对比

GDP排位	城市	GDP	GDP增速	常住人口	人均GDP	一般公共预算收入	预算收入贡献率	人均可支配收入	人均收入分配率	人均财力	综合发展指数	综合排位	位差
7	成都	46.62	49.68	65.95	37.95	22.64	32.68	60.23	53.79	21.37	58.01	11	-4
72	珠海	9.06	46.50	7.68	63.35	5.75	42.70	79.11	42.32	46.61	50.91	23	49
75	茂名	4.27	35.03	19.36	11.83	1.85	29.24	34.91	100.00	5.96	35.98	87	-12
40	长春	15.10	3.18	28.28	28.67	6.04	26.92	49.71	58.76	13.30	34.13	96	-56
平均值		18.76	33.60	30.32	35.45	9.07	32.89	55.99	63.72	21.81	44.75		
标准差		19.09	21.23	25.21	21.51	9.24	6.96	18.59	25.15	17.69	11.60		
离散系数		1.02	0.63	0.83	0.61	1.02	0.21	0.33	0.39	0.81	0.26		
最大值		46.62	49.68	65.95	63.35	22.64	42.70	79.11	100.00	46.61	58.01		
最小值		4.27	3.18	7.68	11.83	1.85	26.92	34.91	42.32	5.96	34.13		
差异倍数		10.93	15.60	8.59	5.36	12.22	1.59	2.27	2.36	7.82	1.70		

第四组：由杭州、天津、郑州、无锡、苏州、宁波、南京、佛山和东莞这9个城市组成，分层分组的距离特征值在0.66～0.687。其中又可细分为两组，杭州和天津一组，距离特征值在0.66～0.671；郑州、无锡、苏州、宁波、南京、佛山和东莞这7个城市为一组，距离特征值在0.675～0.687。从经济百强城市的位置看，这9个城市排名依次为第9位、第11位、第16位、第14位、第6位、第12位、第10位、第17位和24位，排名相对集中在百强偏上的位置，可见在经济规模上这9个城市相对较大；从经济财税民生综合发展指数看，这9个城市的综合发展指数分值依次为67.67、55.60、46.72、57.61、67.90、63.00、61.02、51.31和50.30，这9个城市间的综合发展指数虽然也相对集中在百强中等偏上的位置，但城市之间也有一定的差异，综合发展指数依次排第5位、第17位、第35位、第12位、第4位、第8位、第9位、第21位和第24位，综合发展指数排名与GDP排名的位置相差最大的是郑州，下降了19位，天津和佛山分别下降了6位和4位；从指标特征上看，无论是从数量规模指标看还是从比率相对指标看，这9个城市的各项指标的差异都较大，数据相对相近的一组指标数据是

预算收入贡献率。郑州综合发展指数排名下降较大，主要是由于一般公共预算收入规模偏小和人均可支配收入偏低。聚类第四组城市指标指数对比情况详见表14。

表14　聚类第四组城市指标指数对比

GDP排位	城市	GDP	GDP增速	常住人口	人均GDP	一般公共预算收入	预算收入贡献率	人均可支配收入	人均收入分配率	人均财力	综合发展指数	综合排位	位差
6	苏州	53.65	44.59	40.18	71.68	30.61	38.40	88.96	42.06	47.43	67.90	4	2
9	杭州	42.00	41.40	37.98	59.36	32.21	51.62	88.28	50.40	52.79	67.67	5	4
12	宁波	35.17	54.14	29.93	63.07	22.08	42.26	85.85	46.13	45.92	63.00	8	4
10	南京	37.87	45.22	29.33	69.31	20.48	36.40	86.72	42.40	43.47	61.02	9	1
14	无锡	33.26	50.96	23.31	76.58	14.90	30.14	82.68	36.59	39.78	57.61	12	2
11	天津	36.53	38.22	42.73	45.89	24.27	44.72	61.52	45.43	35.36	55.60	17	-6
17	佛山	28.44	45.22	29.92	51.03	10.47	24.79	80.61	53.53	21.79	51.31	21	-4
24	东莞	25.08	35.67	32.79	41.06	10.47	27.01	81.16	66.98	19.11	50.30	24	0
16	郑州	29.08	38.22	39.65	39.36	14.86	34.40	51.56	44.39	23.33	46.72	35	-19
平均值		18.76	33.60	30.32	35.45	9.07	32.89	55.99	63.72	21.81	44.75		
标准差		19.09	21.23	25.21	21.51	9.24	6.96	18.59	25.15	17.69	11.60		
离散系数		1.02	0.63	0.83	0.61	1.02	0.21	0.33	0.39	0.81	0.26		
最大值		46.62	49.68	65.95	63.35	22.64	42.70	79.11	100.00	46.61	58.01		
最小值		4.27	3.18	7.68	11.83	1.85	26.92	34.91	42.32	5.96	34.13		
差异倍数		10.93	15.60	8.59	5.36	12.22	1.59	2.27	2.36	7.82	1.70		

第五组：由厦门、绍兴、嘉兴、湖州、温州、中山、金华、台州、常州、石家庄、哈尔滨、宁德、包头、西安、威海和乌鲁木齐这16个城市组成，分层分组的距离特征值在0.69~0.728。其中又可细分为两组，厦门、绍兴、嘉兴、湖州、温州、中山、金华、台州、常州、石家庄、哈尔滨、宁德和包头这13个城市为一组，距离特征值在0.69~0.71；西安、威海和乌鲁木齐这3个城市为一组，距离特征值在0.717~0.728。从经济百强城市的排位看，最高的西安排第22位，最低的威海排第96位，排位整体上在百强中属于中等偏下的位置，可见在经济规模上这16个城市相对中等偏小；从

经济财税民生综合发展指数看，这16个城市的综合发展指数最高值是厦门的57.48，最低值是威海的37.87，这16个城市间的综合发展指数虽然也相对集中在百强中等偏下的位置，但城市之间的差异相对前几组有所缩小，综合发展指数的离散性较小只有0.12；从指标特征上看，无论是从数量规模指标看还是从比率相对指标看，这16个城市的各项指标的差异都不是很大，离散系数最大的常住人口也只有0.51。需要特别关注的特点：一是宁德、包头和石家庄的GDP增速表现突出，提升了这3个城市综合发展指数的排位；二是这一组城市除了哈尔滨、石家庄和宁德这3个城市人均可支配收入偏低外，其他各城市的人均可支配收入普遍相对较高。聚类第五组城市指标指数对比情况详见表15。

表15 聚类第五组城市指标指数对比

GDP排位	城市	GDP	GDP增速	常住人口	人均GDP	人均预算收入	预算收入贡献率	人均可支配收入	人均收入分配率	人均财力	综合发展指数	综合排位	位差
31	厦门	17.47	59.87	16.43	57.08	11.62	44.74	85.42	50.71	44.01	57.48	13	18
30	温州	17.98	55.41	30.02	32.16	7.54	28.23	79.18	83.44	15.64	51.88	20	10
34	绍兴	16.46	59.87	16.61	53.21	7.10	29.02	82.60	52.61	26.61	51.06	22	12
25	常州	21.39	54.14	16.65	68.96	8.30	26.13	74.76	36.74	31.05	50.17	25	0
41	嘉兴	15.09	47.77	17.17	47.20	7.84	34.96	78.67	56.49	28.43	49.50	27	14
51	金华	12.46	47.77	22.16	30.18	6.43	34.90	72.96	81.93	18.06	48.48	29	22
78	湖州	8.62	52.87	10.60	43.65	5.09	39.74	76.06	59.05	29.89	48.31	30	48
38	石家庄	15.90	72.61	34.93	24.44	9.44	39.94	44.30	61.43	16.82	47.46	31	7
22	西安	25.72	59.87	40.96	33.71	10.96	28.68	50.51	50.71	16.66	47.17	32	-10
44	台州	13.53	49.04	20.73	35.03	5.79	28.82	72.91	70.53	17.39	46.56	36	8
85	中山	8.13	35.03	13.90	31.40	4.15	34.37	75.07	81.02	18.60	44.77	39	46
81	包头	8.40	77.71	8.46	53.30	2.28	18.29	61.99	39.42	16.79	42.53	52	29
92	宁德	7.96	100.00	9.80	43.59	2.20	18.61	43.96	34.18	13.98	40.70	61	31
53	哈尔滨	12.30	47.77	30.76	21.45	3.45	18.86	49.10	77.55	6.97	39.80	65	-12
77	乌鲁木齐	8.62	32.48	12.67	36.54	4.14	32.30	56.28	52.20	20.34	37.92	71	6

续表

GDP排位	城市	GDP	GDP增速	常住人口	人均GDP	一般公共预算收入	预算收入贡献率	人均可支配收入	人均收入分配率	人均财力	综合发展指数	综合排位	位差
96	威海	7.63	41.40	9.07	45.17	2.96	26.09	58.58	43.95	20.31	37.87	74	22
平均值		13.60	55.85	19.43	41.07	6.21	30.22	66.40	58.25	21.35	46.35		
标准差		5.38	16.73	9.86	12.81	2.96	7.79	14.11	16.40	8.76	5.45		
离散系数		0.40	0.30	0.51	0.31	0.48	0.26	0.21	0.28	0.41	0.12		
最大值		25.72	100.00	40.96	68.96	11.62	44.74	85.42	83.44	44.01	57.48		
最小值		7.63	32.48	8.46	21.45	2.20	18.29	43.96	34.18	6.97	37.87		
差异倍数		3.37	3.08	4.84	3.21	5.28	2.45	1.94	2.44	6.31	1.52		

第六组：由东营、湛江、赣州、曲靖、南宁、镇江、芜湖、武汉、长沙、青岛、临沂、周口、邯郸和保定这14个城市组成，分层分组的距离特征值在0.732~0.745。其中又可细分为两组，东营、湛江、赣州和曲靖这4个城市为一组，距离特征值在0.732~0.74；南宁、镇江、芜湖、武汉、长沙、青岛、临沂、周口、邯郸和保定这10个城市为一组，距离特征值在0.742~0.745。从经济百强城市的位置看，最高的武汉排第8位，最低的周口排名第88位，排名整体上比较杂乱，个别城市经济规模较大，也有一些城市经济规模中等偏下；从经济财税民生综合发展指数看，这14个城市的综合发展指数最高值是武汉的57.31，最低值是湛江的31.11，这14个城市间的综合发展指数相对集中在百强中等偏下的位置；从指标特征上看，数量规模指标的差异还是比较大（如GDP和一般公共预算收入这两项指标），比率类的指标的差异相对较小（如GDP增速）。这一组城市的共同特征就是GDP增速相对较高。需要特别关注的特点：一是东营和赣州，虽然其GDP并不是很大，但凭借GDP增速、人均可支配收入指标表现突出，提升了这两个城市综合发展指数的排位；二是南宁、周口和湛江这3个城市，经济规模没有优势，一般公共预算收入和人均财力又偏低，拉低了综合发展指数的排位。聚类第六组城市指标指数对比情况详见表16。

表 16　聚类第六组城市指标指数对比

GDP排位	城市	GDP	GDP增速	常住人口	人均GDP	一般公共预算收入	预算收入贡献率	人均可支配收入	人均收入分配率	人均财力	综合发展指数	综合排位	位差
8	武汉	42.25	57.32	42.48	53.40	19.78	31.50	67.58	42.89	28.98	57.31	14	−6
15	长沙	31.28	60.51	31.87	52.69	15.80	33.99	73.92	47.55	30.86	56.16	16	−1
13	青岛	33.42	56.69	31.92	56.19	16.73	33.70	67.50	40.71	32.63	54.83	18	−5
62	赣州	10.13	64.97	27.95	19.46	4.02	26.72	48.36	84.22	8.96	43.75	42	20
87	东营	8.11	59.24	6.87	63.32	3.49	28.96	60.42	32.34	31.60	43.68	43	44
57	镇江	11.24	50.32	10.01	60.24	4.00	23.93	66.09	37.18	24.84	42.71	48	9
63	芜湖	10.08	57.96	11.61	46.61	5.11	34.08	54.20	39.40	27.37	42.50	53	10
47	临沂	12.94	58.60	34.29	20.26	5.52	28.72	41.58	69.56	10.03	41.77	54	−7
67	邯郸	9.73	60.51	29.30	17.83	4.67	32.28	38.65	73.44	9.92	41.00	57	10
76	保定	8.69	56.05	28.62	16.30	4.56	35.28	37.72	78.43	9.91	40.89	59	17
79	曲靖	8.52	83.44	17.74	25.76	1.99	15.70	36.61	48.15	6.97	36.34	85	−6
56	南宁	11.69	40.76	27.49	22.82	5.13	29.54	35.34	53.08	11.62	35.30	89	−33
88	周口	8.10	50.32	27.55	15.78	2.37	19.67	27.36	58.74	5.35	31.94	99	−11
83	湛江	8.31	39.49	21.88	20.40	1.93	15.63	36.25	60.23	5.49	31.11	100	−17
平均值		15.86	58.21	25.21	36.20	7.17	28.78	50.44	54.28	18.39	43.71		
标准差		11.62	9.71	10.50	19.06	6.00	5.94	15.33	17.06	10.86	7.90		
离散系数		0.73	0.17	0.42	0.53	0.84	0.21	0.30	0.31	0.59	0.18		
最大值		42.25	83.44	42.48	63.32	19.78	35.28	73.92	84.22	32.63	57.31		
最小值		8.10	40.76	6.87	15.78	1.99	15.70	27.36	32.34	5.35	31.94		
差异倍数		5.22	2.05	6.18	4.01	9.96	2.25	2.70	2.60	6.10	1.79		

第七组：由许昌、廊坊、济南、合肥、株洲、昆明、沈阳、潍坊、龙岩、南通、福州、泉州、扬州、兰州、衡阳、漳州、宜昌和遵义这 18 个城市组成，分层分组的距离特征值在 0.75～0.77。其中又可细分为两组，许昌、廊坊、济南、合肥、株洲、昆明、沈阳和潍坊这 8 个城市为一组，距离特征值在 0.75～0.76；龙岩、南通、福州、泉州、扬州、兰州、衡阳、漳州、宜昌和遵义这 10 个城市为一组，距离特征值在 0.763～0.77。从经济百强城市的位置看，排名最高的福州排在第 18 位，排名最低的龙岩排在第 99 位，排名整体上比较杂乱，个别城市经济规模较大，也有一些城市经济规模

极度偏下；从经济财税民生综合发展指数看，这 18 个城市的综合发展指数最高值是济南的 49.66，最低的兰州只有 35.25，分值总体上比第六组下降了一个台阶，这 18 个城市间的综合发展指数相对集中在百强中等偏下的位置；从指标特征上看，数量规模指标的差异还是比较大，一般公共预算收入差异最大，GDP 次之；比率类的指标的差异相对较小，人均可支配收入差异最小，GDP 增速次之。这一组城市的共同特征：一是 GDP 增速相对较高，中等偏上；二是人均可支配收入相对也高，也处于中等偏上。需要特别关注的：一是廊坊和株洲，GDP 并不是很大，但人均可支配收入及其占人均 GDP 比重这两项指标表现突出，提升了这两个城市综合发展指数的排位；二是综合发展指数排位低于 GDP 排名的城市较多，而且下降幅度较大，比如泉州、宜昌、漳州和扬州等，分别下降了 22 位、20 位、19 位和 18 位，下降因素主要是一般公共预算收入和人均财力偏低。聚类第七组城市指标指数对比情况详见表 17。

表 17 聚类第七组城市指标指数对比

GDP排位	城市	GDP	GDP增速	常住人口	人均GDP	一般公共预算收入	预算收入贡献率	人均可支配收入	人均收入分配率	人均财力	综合发展指数	综合排位	位差
20	济南	26.94	51.59	29.05	49.77	13.16	32.87	61.33	41.77	28.19	49.66	26	-6
21	合肥	26.90	54.14	29.98	48.17	11.95	29.90	61.32	43.15	24.81	49.02	28	-7
18	福州	27.56	59.87	26.20	56.47	9.18	22.42	58.59	35.16	21.81	47.08	33	-15
32	沈阳	17.23	54.14	28.38	32.60	9.38	36.63	57.15	59.41	20.58	46.82	34	-2
23	南通	25.48	45.22	24.10	56.76	8.06	21.28	61.67	36.82	20.81	44.55	40	-17
19	泉州	27.10	54.14	27.54	52.83	6.92	17.19	58.67	37.64	15.65	44.17	41	-22
35	潍坊	16.36	55.41	29.25	30.02	7.99	32.87	49.45	55.81	17.00	43.65	44	-9
33	昆明	16.89	50.96	26.46	34.26	6.64	26.46	55.16	54.56	15.62	42.59	50	-17
37	扬州	15.91	59.24	14.24	59.96	4.28	18.09	56.31	31.82	18.70	41.34	55	-18
91	廊坊	7.98	45.22	17.24	24.87	4.49	37.83	49.16	67.00	16.21	40.07	62	29
48	漳州	12.78	75.80	15.78	43.48	3.29	17.34	45.86	35.74	12.99	39.04	67	-19
89	株洲	8.10	60.51	12.09	35.98	2.51	20.85	56.42	53.15	12.92	38.96	69	20
65	遵义	9.86	51.59	20.52	25.79	3.63	24.78	48.83	64.17	11.01	38.61	70	-5
52	宜昌	12.32	66.88	12.17	54.36	2.87	15.67	47.13	29.38	14.68	37.91	72	-20

续表

GDP排位	城市	GDP	GDP增速	常住人口	人均GDP	一般公共预算收入	预算收入贡献率	人均可支配收入	人均收入分配率	人均财力	综合发展指数	综合排位	位差
71	衡阳	9.16	64.97	20.60	23.86	2.51	18.46	43.62	61.95	7.59	37.50	77	−6
82	许昌	8.39	77.71	13.64	33.03	2.68	21.49	38.23	39.22	12.23	36.60	83	−1
99	龙岩	7.42	63.69	8.45	47.14	2.17	19.72	44.45	31.95	16.02	35.77	88	11
97	兰州	7.49	36.94	13.64	29.46	2.90	26.11	50.10	57.63	13.25	35.25	90	7
平均值		15.77	57.11	20.52	41.04	5.81	24.44	52.41	46.46	16.67	41.59		
标准差		7.77	10.33	7.21	12.32	3.47	6.95	7.00	12.56	5.10	4.55		
离散系数		0.49	0.18	0.35	0.30	0.60	0.28	0.13	0.27	0.31	0.11		
最大值		27.56	77.71	29.98	59.96	13.16	37.83	61.67	67.00	28.19	49.66		
最小值		7.42	36.94	8.45	23.86	2.17	15.67	38.23	29.38	7.59	35.25		
差异倍数		3.71	2.10	3.55	2.51	6.05	2.41	1.61	2.28	3.71	1.41		

第八组：由太原、泰州、烟台、贵阳、大连、徐州、德州、南阳、济宁、沧州、菏泽、新乡、上饶、江门、连云港、滁州、襄阳、岳阳、淮安、绵阳、唐山、南昌、盐城、洛阳、宿迁和常德这26个城市组成，分层分组的距离特征值在0.77~0.79。其中又可细分为三组：太原、泰州、烟台、贵阳、大连和徐州这6个城市为一组，距离特征值在0.77~0.776；德州、南阳、济宁、沧州、菏泽、新乡和上饶这7个城市为一组，距离特征值在0.776~0.78；江门、连云港、滁州、襄阳、岳阳、淮安、绵阳、唐山、南昌、盐城、洛阳、宿迁和常德这13个城市为一组，距离特征值在0.78~0.79。从经济百强城市的位置看，排位最高的烟台排在第26位，排位最低的上饶排在第100位，排位整体上比较杂乱，经济规模中等偏下；从经济财税民生综合发展指数看，这26个城市的综合发展指数最高值是大连的46.63，最低的连云港只有33.40，分值总体上比第七组又下降了一个台阶，这26个城市间的综合发展指数相对集中在百强中等偏下的位置；从指标特征上看，数量规模指标虽然仍有差异，但差异已经不是很大，一般公共预算收入差异最大，GDP次之；比率类的指标的差异相对较小，GDP

增速差异最小，人均可支配收入次之。这一组城市的共同特征：一是 GDP 增速相对较高，中等偏上，而且差异较小；二是人均可支配收入处于中间的位置；三是综合发展指数排位低于 GDP 排位的城市多，26 个城市中综合发展指数排名下降的城市多达 22 个而且下降幅度较大，其中下降幅度较大的是襄阳、徐州和洛阳，分别下降了 46 位、36 位和 36 位，下降因素主要也是一般公共预算收入和人均财力偏低。聚类第八组城市指标指数对比情况详见表 18。

表 18　聚类第八组城市指标指数对比

GDP 排位	城市	GDP	GDP 增速	人口	人均 GDP	一般公共预算收入	预算收入贡献率	人均可支配收入	人均收入分配率	人均财力	综合发展指数	综合排位	位差
29	大连	18.88	57.32	23.19	43.71	8.80	31.38	59.33	46.00	23.63	46.33	37	−8
26	烟台	21.31	64.33	22.10	51.76	8.35	26.37	56.71	37.13	23.52	46.24	38	−12
43	泰州	14.34	59.87	14.07	54.69	5.57	26.12	58.24	36.09	24.62	43.57	45	−2
27	唐山	19.93	61.78	23.95	44.67	7.13	24.10	49.76	37.72	18.54	42.67	49	−22
36	南昌	16.13	57.96	20.03	43.23	6.02	25.10	55.80	43.75	18.69	42.54	51	−15
39	盐城	15.86	61.15	20.89	40.74	5.96	25.29	48.74	40.54	17.75	41.09	56	−17
55	济宁	11.91	59.87	25.95	24.64	5.88	33.26	42.24	58.11	14.12	40.95	58	−3
50	太原	12.48	52.87	16.78	39.92	5.75	31.02	50.99	43.29	21.33	40.72	60	−10
58	贵阳	11.02	44.90	18.99	31.15	5.29	32.28	52.00	56.57	17.33	40.00	63	−5
28	徐州	18.94	52.23	28.10	36.19	6.80	24.16	45.16	42.29	15.07	39.91	64	−36
90	滁州	8.08	66.88	12.60	34.43	3.64	30.31	44.82	44.12	17.98	39.01	68	22
80	江门	8.45	52.87	15.05	30.15	3.46	27.53	48.68	54.73	14.30	37.87	73	7
100	上饶	7.41	64.33	20.03	19.86	3.30	29.94	36.39	62.10	10.25	37.63	75	25
60	沧州	9.83	58.60	22.73	23.21	4.17	28.55	38.40	56.08	11.42	37.54	76	−10
59	淮安	10.62	54.78	14.20	40.15	3.94	25.00	46.11	38.92	17.29	37.25	80	−21
61	南阳	10.20	62.42	29.97	18.27	3.38	22.27	33.57	62.25	7.01	37.00	81	−20
46	洛阳	12.99	50.96	22.00	31.69	5.23	27.12	39.68	42.42	14.81	36.64	82	−36
94	新乡	7.76	65.61	19.20	21.68	2.98	25.89	36.16	56.51	9.67	36.43	84	10
69	菏泽	9.42	58.60	27.18	18.60	3.95	28.23	31.46	57.31	9.05	36.18	86	−17
45	襄阳	13.05	66.24	16.40	42.70	2.90	14.97	39.01	30.96	11.02	35.21	91	−46

GDP排位	城市	GDP	GDP增速	常住人口	人均GDP	一般公共预算收入	预算收入贡献率	人均可支配收入	人均收入分配率	人均财力	综合发展指数	综合排位	位差
60	岳阳	10.55	66.24	15.69	36.09	2.43	15.52	41.81	39.26	9.65	35.20	92	−32
70	宿迁	9.21	54.78	15.56	31.77	3.57	26.11	38.68	41.26	14.29	34.91	93	−23
84	德州	8.14	59.87	17.43	25.06	3.09	25.55	34.32	46.41	11.03	34.26	94	−10
86	绵阳	8.12	63.69	15.20	28.69	2.10	17.39	39.80	47.01	8.60	34.22	95	−9
68	常德	9.57	58.60	16.30	31.52	2.76	19.37	38.94	41.86	10.52	34.05	97	−29
74	连云港	8.97	47.13	14.32	33.62	2.80	20.99	42.37	42.71	12.16	33.40	98	−24
平均值		12.04	58.61	19.53	33.78	4.59	25.53	44.20	46.36	14.76	38.49		
标准差		4.12	5.92	4.80	9.85	1.84	4.85	7.92	8.68	5.00	3.68		
离散系数		0.34	0.10	0.25	0.29	0.40	0.19	0.18	0.19	0.34	0.10		
最大值		21.31	66.88	29.97	54.69	8.80	33.26	59.33	62.25	24.62	46.33		
最小值		7.41	44.90	12.60	18.27	2.10	14.97	31.46	30.96	7.01	33.40		
差异倍数		2.88	1.49	2.38	2.99	4.19	2.22	1.89	2.01	3.51	1.39		

第九组：由九江、惠州、淄博、宜春和宜宾这5个城市组成，分层分组的距离特征值在0.79~0.85。其中又可细分为两组：九江、惠州和淄博这3个城市为一组，距离特征值在0.79~0.82；宜春和宜宾这两个城市为一组，距离特征值为0.8476。从经济百强城市的位置看，排位最高的惠州排在第54位，排位最低的宜宾排在第95位，经济规模上分为3个层次，在本组中惠州经济规模最大，淄博和九江次之，宜春和宜宾最小，但5个城市整体上偏下；从经济财税民生综合发展指数看，这5个城市的综合发展指数最高的是惠州，为43.50，最低的是宜宾，只有37.71，分值总体上偏低。从指标特征上看，虽然数量规模指标差异仍然大于比率指标，但各项指标的差异整体上都进一步缩小。其中，仍然是一般公共预算收入差异最大，GDP的差异次之。比率类的指标的差异进一步缩小，GDP增速最小，预算收入贡献率差异次之，人均收入分配率

排第 3 位。这一组城市的共同特征：一是预算收入贡献率、GDP 增速、人均收入分配率这 3 项指标的数据非常接近；二是这几个城市综合发展指数排名都高于 GDP 排名，其中提升幅度较大是淄博、宜宾和宜春这 3 个城市，分别提升了 17 位、16 位和 15 位，提升因素主要是 GDP 增速、人均可支配收入和人均收入分配率的优势。聚类第九组城市指标指数对比情况详见表 19。

表 19　聚类第九组城市指标指数对比

GDP 排位	城市	GDP	GDP 增速	常住人口	人均 GDP	一般公共预算收入	预算收入贡献率	人均可支配收入	人均收入分配率	人均财力	综合发展指数	综合排位	位差
54	惠州	12.10	58.60	18.88	34.40	5.81	32.30	56.39	55.56	19.14	43.50	46	8
64	淄博	9.86	61.78	14.65	36.12	4.94	33.72	56.38	52.90	20.99	43.23	47	17
73	九江	9.02	59.24	14.19	34.10	3.99	29.76	50.15	49.83	17.49	39.73	66	7
93	宜春	7.78	65.61	15.47	26.99	3.65	31.56	38.24	48.01	14.67	37.39	78	15
95	宜宾	7.68	60.51	14.33	28.75	3.63	31.78	40.86	48.15	15.75	37.31	79	16
平均值		9.29	61.15	15.51	32.07	4.40	31.82	48.40	50.89	17.61	40.23		
标准差		1.81	2.78	1.95	3.96	0.95	1.43	8.53	3.27	2.54	3.02		
离散系数		0.20	0.05	0.13	0.12	0.22	0.04	0.18	0.06	0.14	0.08		
最大值		12.10	65.61	18.88	36.12	5.81	33.72	56.39	55.56	20.99	43.50		
最小值		7.68	58.60	14.19	26.99	3.63	29.76	38.24	48.01	14.67	37.31		
差异倍数		1.58	1.12	1.33	1.34	1.60	1.13	1.47	1.16	1.43	1.17		

通过上述关于经济财税民生综合发展指数及其聚类分析可知，社会经济的高质量发展，在经济总量规模的基础上，更要关注经济的增长、政府公共预算财力的增长和人均可支配收入的增长，只有扎实推进共同富裕，改善公共服务环境，才能尽快实现第二个百年奋斗目标。在数字经济时代，要以大数据思维及时测算和掌握基尼系数的基本状况，及时智能地通过税式支出或财政转移方式调控最低工资标准和最低社会保障水平，缩小贫富差距，促进共同富裕持续稳步提升。

附表1 省际经济财税民生综合发展指数测算

排名	省份	综合发展指数	GDP	GDP 增速	一般公共预算收入	一般公共预算支出
1	浙江	100.00	60.19	75.76	60.54	64.93
2	上海	99.72	34.58	24.24	57.29	50.75
3	广东	99.43	100.00	57.58	100.00	100.00
4	北京	97.46	32.23	39.39	43.03	40.35
5	江苏	95.17	95.16	71.21	69.72	80.51
6	福建	88.70	41.13	100.00	40.53	30.81
7	山东	86.88	67.72	87.88	53.50	65.54
8	山西	82.88	19.86	95.45	26.01	31.73
9	湖南	82.51	37.69	96.97	23.36	48.65
10	内蒙古	81.84	17.94	92.42	21.27	31.79
11	陕西	81.79	25.38	93.94	24.94	36.56
12	四川	81.09	43.95	72.73	36.76	64.37
13	湖北	79.98	41.62	93.94	24.70	46.60
14	江西	79.58	24.84	100.00	22.20	39.38
15	河北	79.10	32.82	86.36	30.75	50.44
16	安徽	78.27	34.89	81.82	27.03	45.27
17	西藏	78.09	1.65	45.45	1.35	15.39
18	河南	76.63	47.51	75.76	32.09	57.51
19	重庆	71.01	22.56	68.18	15.84	26.43
20	天津	70.43	12.63	43.94	13.91	14.87
21	云南	68.17	22.42	93.94	14.68	36.20
22	辽宁	68.02	22.44	60.61	19.01	33.78
23	新疆	67.99	13.74	77.27	14.23	30.94
24	宁夏	66.73	3.93	89.39	3.46	8.55
25	广西	66.34	20.37	72.73	12.71	31.84
26	黑龙江	65.47	12.32	69.70	9.72	29.45
27	甘肃	65.04	8.68	96.97	6.83	23.03
28	贵州	61.16	15.62	46.97	14.21	31.60
29	海南	59.96	5.28	31.82	6.27	11.32
30	青海	55.23	2.80	63.64	3.85	10.67

续表

排名	省份	综合发展指数	GDP	GDP 增速	一般公共预算收入	一般公共预算支出
31	吉林	49.73	10.12	0.00	6.41	21.85
	平均值	76.92	30.07	71.16	26.97	39.07
	标准差	13.23	24.28	25.04	22.29	20.89
	离散系数	0.17	0.81	0.35	0.83	0.53
	最大值	100.00	100.00	100.00	100.00	100.00
	最小值	49.73	1.65	0.00	1.35	8.55
	差异倍数	2.01	60.54	—	73.94	11.69

排名	省份	常住人口	人均可支配收入	人均消费支出	人均预算收入	人均预算支出	一般公共预算收入占GDP比重
1	浙江	51.96	75.75	84.64	39.78	23.40	60.71
2	上海	19.56	100.00	100.00	100.00	48.58	100.00
3	广东	100.00	59.12	69.86	34.14	18.73	60.36
4	北京	17.26	97.24	92.70	85.13	43.78	80.60
5	江苏	67.28	62.63	71.34	35.39	22.41	44.22
6	福建	33.09	54.16	65.24	41.82	17.44	59.48
7	山东	80.30	47.18	49.17	22.75	15.28	47.69
8	山西	27.51	36.65	38.09	32.29	21.60	79.05
9	湖南	52.18	54.06	52.30	15.28	17.46	37.40
10	内蒙古	18.97	45.12	48.43	38.28	31.38	71.58
11	陕西	31.26	37.89	43.11	27.24	21.90	59.30
12	四川	66.16	38.54	48.44	18.97	18.22	50.49
13	湖北	46.17	41.34	53.92	18.27	18.90	35.83
14	江西	35.78	40.72	47.15	21.19	20.61	53.95
15	河北	58.62	38.77	45.37	17.91	16.11	56.57
16	安徽	48.41	41.13	48.96	19.06	17.51	46.76
17	西藏	2.88	33.51	34.50	16.02	100.00	49.43
18	河南	78.00	35.45	41.31	14.05	13.81	40.77
19	重庆	25.39	44.80	55.10	21.30	19.50	42.38
20	天津	10.77	61.52	68.03	44.09	25.85	66.44
21	云南	37.08	33.84	41.16	13.52	18.28	39.51
22	辽宁	33.16	45.33	49.09	19.57	19.08	51.13
23	新疆	20.44	33.99	38.93	23.76	28.34	62.50

续表

排名	省份	常住人口	人均可支配收入	人均消费支出	人均预算收入	人均预算支出	一般公共预算收入占GDP比重
24	宁夏	5.73	37.18	41.56	20.65	27.97	53.27
25	广西	39.88	35.15	39.84	10.88	14.95	37.66
26	黑龙江	24.48	35.61	44.33	13.55	22.53	47.64
27	甘肃	19.69	29.23	37.98	11.85	21.90	47.55
28	贵州	30.47	28.27	38.96	15.92	19.42	54.90
29	海南	8.11	38.89	46.69	26.38	26.13	71.65
30	青海	4.70	33.92	37.49	27.95	42.50	83.07
31	吉林	11.82	44.56	47.42	18.51	34.61	38.21
平均值		35.71	46.50	52.29	27.92	26.07	55.81
标准差		24.36	17.55	16.54	19.65	16.19	15.43
离散系数		0.68	0.38	0.32	0.70	0.62	0.28
最大值		100.00	100.00	100.00	100.00	100.00	100.00
最小值		2.88	28.27	34.50	10.88	13.81	35.83
差异倍数		34.69	3.54	2.90	9.19	7.24	2.79

排名	省份	一般公共预算支出占GDP比重	财政自给率	最低工资标准	人均GDP	税收占一般公共预算收入比重	一般公共预算收入增速
1	浙江	11.58	70.88	88.03	62.50	96.99	59.35
2	上海	15.75	85.82	100.00	94.34	98.35	44.85
3	广东	10.73	76.02	88.80	53.54	82.36	50.00
4	北京	13.44	81.06	89.58	100.00	100.00	53.82
5	江苏	9.08	65.83	88.03	75.99	86.55	51.72
6	福建	8.04	100.00	69.50	66.72	90.50	52.48
7	山东	10.39	62.05	81.08	45.21	79.51	58.97
8	山西	17.14	62.32	72.59	38.75	91.95	90.46
9	湖南	13.85	36.50	65.64	38.66	76.12	40.08
10	内蒙古	19.02	50.85	76.45	50.75	89.01	87.40
11	陕西	15.45	51.86	75.29	43.59	95.42	100.00
12	四川	15.71	43.42	68.73	35.65	76.02	63.17
13	湖北	12.02	40.30	77.61	48.48	86.57	65.08
14	江西	17.01	42.86	71.43	37.35	71.47	58.02
15	河北	16.49	46.35	73.36	29.92	64.68	45.04
16	安徽	13.92	45.39	63.71	38.76	73.73	67.75
17	西藏	100.00	6.68	71.43	30.65	86.11	48.85

续表

排名	省份	一般公共预算支出占GDP比重	财政自给率	最低工资标准	人均GDP	税收占一般公共预算收入比重	一般公共预算收入增速
18	河南	12.99	42.42	77.22	32.65	71.59	39.12
19	重庆	12.57	45.55	69.50	47.69	71.17	44.08
20	天津	12.63	71.11	84.17	62.49	85.91	37.79
21	云南	17.32	30.83	64.48	32.47	72.34	52.67
22	辽宁	16.15	42.77	73.75	36.03	77.65	32.25
23	新疆	24.16	34.96	73.36	36.04	76.17	77.29
24	宁夏	23.38	30.79	75.29	36.78	78.54	48.91
25	广西	16.77	30.34	69.88	27.46	64.93	37.02
26	黑龙江	25.66	25.08	71.81	26.76	72.40	47.33
27	甘肃	28.49	22.56	70.27	23.66	75.62	58.21
28	贵州	21.71	34.17	69.11	27.53	63.80	40.84
29	海南	23.00	42.09	70.66	35.14	86.22	43.32
30	青海	40.95	27.41	65.64	31.97	58.98	40.65
31	吉林	23.16	22.30	72.59	28.94	78.98	0.00
平均值		19.95	47.44	75.13	44.40	79.99	52.79
标准差		16.29	21.12	8.51	18.96	10.67	18.93
离散系数		0.82	0.45	0.11	0.43	0.13	0.36
最大值		100.00	100.00	100.00	100.00	100.00	100.00
最小值		8.04	6.68	63.71	23.66	58.98	0.00
差异倍数		12.44	14.97	1.57	4.23	1.70	—

排名	省份	人均可支配收入增速	人均消费支出增速	一般公共预算支出增速	人均收入节余	政府负债率	人均可支配收入占人均GDP比重
1	浙江	71.52	96.02	42.71	61.42	78.71	78.72
2	上海	33.74	27.27	47.23	96.64	64.29	68.85
3	广东	68.83	70.45	27.99	42.89	64.93	71.72
4	北京	49.93	47.73	32.11	100.00	77.52	63.16
5	江苏	74.22	85.23	29.17	48.99	59.48	53.54
6	福建	87.72	92.05	43.70	37.65	71.23	52.73
7	山东	76.92	55.68	31.92	42.96	80.87	67.79
8	山西	93.12	71.66	56.85	33.52	75.67	61.43
9	湖南	93.12	92.05	40.95	54.57	90.73	90.83
10	内蒙古	78.27	51.14	49.00	39.22	92.84	57.75

续表

排名	省份	人均可支配收入增速	人均消费支出增速	一般公共预算支出增速	人均收入节余	政府负债率	人均可支配收入占人均GDP比重
11	陕西	79.62	75.00	47.42	29.71	86.93	56.46
12	四川	80.97	80.93	40.95	24.12	89.78	70.21
13	湖北	98.52	83.52	41.93	23.28	78.53	55.39
14	江西	86.37	100.00	39.57	30.84	95.38	70.83
15	河北	75.57	86.93	35.65	28.73	99.50	84.17
16	安徽	87.72	76.70	45.27	29.38	86.27	68.93
17	西藏	100.00	80.37	100.00	31.06	79.42	71.01
18	河南	78.27	79.55	42.12	26.50	75.90	70.53
19	重庆	80.97	77.84	27.21	29.64	96.90	61.02
20	天津	72.06	28.32	0.00	50.82	66.10	63.95
21	云南	74.22	63.07	26.81	22.99	89.77	67.68
22	辽宁	44.53	30.97	37.41	38.83	97.98	81.72
23	新疆	58.03	28.98	37.61	26.30	84.54	61.26
24	宁夏	87.72	35.03	46.25	30.12	94.84	65.66
25	广西	70.18	68.18	27.80	27.75	100.00	83.13
26	黑龙江	66.13	53.98	38.20	22.84	81.18	86.42
27	甘肃	80.97	61.36	36.04	16.65	63.26	80.25
28	贵州	91.77	59.66	33.88	13.16	47.45	66.70
29	海南	28.34	41.48	37.22	27.23	70.03	71.87
30	青海	63.43	7.95	37.61	28.04	0.00	68.91
31	吉林	0.00	0.00	43.30	39.26	62.22	100.00
平均值		72.03	61.58	39.48	37.26	77.49	70.09
标准差		21.80	26.21	15.00	19.52	19.66	11.22
离散系数		0.30	0.43	0.38	0.52	0.25	0.16
最大值		100.00	100.00	100.00	100.00	100.00	100.00
最小值		0.00	0.00	0.00	13.16	0.00	52.73
差异倍数		—	—	—	7.60	—	1.90

注：据原始数据计算，因四舍五入存在误差，下同。

附表2　百强城市经济财税民生关联指标聚类分布

距离均值	聚类分布同值个数	分层聚类区间	
0.4796	呼和浩特99	0.4743	0.47<λ<0.50
0.5049	鄂尔多斯、榆林97	0.4992	
0.5748	广州96	0.57<λ<0.58	0.57<λ<0.59
0.5769	上海、北京95		
0.5859	深圳93	0.58<λ<0.59	
0.5876	重庆93		
0.6146	茂名91	0.616<λ<0.618	0.616<λ<0.659
0.6157	成都91		
0.6407	长春89	0.645<λ<0.659	
0.6523	珠海89		
0.6608	杭州87	0.66<λ<0.671	0.66<λ<0.687
0.6623	天津87		
0.6668	郑州85		
0.6734	无锡82		
0.6737	苏州82	0.675<λ<0.687	
0.6740	宁波、南京82		
0.6763	佛山、东莞84		
0.6801	厦门78		0.69<λ<0.728
0.6808	绍兴76		
0.6809	嘉兴、湖州76		
0.6854	温州75		
0.6859	中山75		
0.6861	金华、台州75	0.69<λ<0.71	
0.6862	常州78		
0.6884	石家庄78		
0.6912	哈尔滨78		
0.6918	宁德78		
0.6924	包头78		
0.6976	西安65		
0.6990	威海65	0.717<λ<0.728	
0.7040	乌鲁木齐65		

距离均值	聚类分布同值个数	分层聚类区间	
0.7068	东营 62		
0.7089	湛江 62	0.732<λ<0.74	
0.7110	赣州 62		
0.7112	曲靖 62		0.732<λ<0.745
0.7130	南宁 58		
0.7134	镇江 58		
0.7137	芜湖 58		
0.7138	武汉 56		
0.7141	长沙、青岛 56	0.742<λ<0.745	
0.7151	临沂 56		
0.7152	周口 56		
0.7154	邯郸、保定 56		
0.7173	许昌 48		
0.7188	廊坊 48		
0.7200	济南、合肥 47	0.75<λ<0.76	
0.7201	株洲 48		
0.7213	昆明 46		
0.7214	沈阳、潍坊 46		
0.7228	龙岩 40		0.75<λ<0.77
0.7231	南通 40		
0.7231	福州、泉州 40		
0.7232	扬州 40		
0.7238	兰州 40	0.763<λ<0.77	
0.7242	衡阳 40		
0.7243	漳州 40		
0.7245	宜昌 40		
0.7248	遵义 40		
0.7249	太原、泰州 30		
0.7259	烟台 30		
0.7263	贵阳 30	0.77<λ<0.776	0.77<λ<0.79
0.7263	大连 30		
0.7265	徐州 30		

续表

距离均值	聚类分布同值个数	分层聚类区间	
0.7268	德州 11	0.776<λ<0.78	
0.7270	南阳 11		
0.7273	济宁 11		
0.7275	沧州、菏泽 11		
0.7277	新乡、上饶 11		
0.7269	江门 6	0.78<λ<0.79	0.77<λ<0.79
0.7271	连云港 10		
0.7272	滁州 6		
0.7272	襄阳、岳阳 9		
0.7275	淮安 6		
0.7277	绵阳 8		
0.7277	唐山 8		
0.7277	南昌、盐城 8		
0.7279	洛阳 6		
0.7279	宿迁、常德 6		
0.7274	九江 4	0.79<λ<0.82	0.79<λ<0.85
0.7275	惠州、淄博 4		
0.7279	宜春、宜宾 1	0.8476	

附表3　经济百强城市经济财税民生综合发展指数测算

排名	城市	综合发展指数	GDP	GDP增速	常住人口	人均GDP	一般公共预算收入	预算收入贡献率	人均可支配收入	人均收入分配率	人均财力
1	上海	100.00	100.00	30.57	77.47	69.29	100.00	67.30	100.00	48.91	80.35
2	北京	90.69	93.19	36.31	68.11	73.44	75.11	54.24	97.24	44.87	68.64
3	深圳	81.26	72.53	52.87	55.03	70.76	52.74	48.93	91.34	43.75	59.66
4	苏州	67.90	53.65	44.59	40.18	71.68	30.61	38.40	88.96	42.06	47.43
5	杭州	67.67	42.00	41.40	37.98	59.36	32.21	51.62	88.28	50.40	52.79
6	广州	64.88	64.58	38.22	58.54	59.22	24.38	25.40	89.63	51.29	25.92
7	鄂尔多斯	64.66	12.57	66.31	6.75	100.00	10.84	58.04	60.67	20.56	100.00
8	宁波	63.00	35.17	54.14	29.93	63.07	22.08	42.26	85.85	46.13	45.92
9	南京	61.02	37.87	45.22	29.33	69.31	20.48	36.40	86.72	42.40	43.47
10	重庆	60.87	65.23	48.41	100.00	35.02	27.65	28.52	44.80	43.36	17.21
11	成都	58.01	46.62	49.68	65.95	37.95	22.64	32.68	60.23	53.79	21.37

排名	城市	综合发展指数	GDP	GDP增速	常住人口	人均GDP	一般公共预算收入	预算收入贡献率	人均可支配收入	人均收入分配率	人均财力
12	无锡	57.61	33.26	50.96	23.31	76.58	14.90	30.14	82.68	36.59	39.78
13	厦门	57.48	17.47	59.87	16.43	57.08	11.62	44.74	85.42	50.71	44.01
14	武汉	57.31	42.25	57.32	42.48	53.40	19.78	31.50	67.58	42.89	28.98
15	呼和浩特	57.26	7.46	48.41	10.88	36.78	11.08	100.00	56.14	51.72	63.38
16	长沙	56.16	31.28	60.51	31.87	52.69	15.80	33.99	73.92	47.55	30.86
17	天津	55.60	36.53	38.22	42.73	45.89	24.27	44.72	61.52	45.43	35.36
18	青岛	54.83	33.42	56.69	31.92	56.19	16.73	33.70	67.50	40.71	32.63
19	榆林	52.56	14.65	67.52	11.27	69.79	12.18	55.94	37.39	18.16	67.27
20	温州	51.88	17.98	55.41	30.02	32.16	7.54	28.23	79.18	83.44	15.64
21	佛山	51.31	28.44	45.22	29.92	51.03	10.47	24.79	80.61	53.53	21.79
22	绍兴	51.06	16.46	59.87	16.61	53.21	7.10	29.02	82.60	52.61	26.61
23	珠海	50.91	9.06	46.50	7.68	63.35	5.75	42.70	79.11	42.32	46.61
24	东莞	50.30	25.08	35.67	32.92	41.06	10.07	27.01	81.16	66.98	19.11
25	常州	50.17	21.39	54.14	16.65	68.96	8.30	26.13	74.76	36.74	31.05
26	济南	49.66	26.94	51.59	29.05	49.77	13.16	32.87	61.33	41.77	28.19
27	嘉兴	49.50	15.09	47.77	17.17	47.20	7.84	34.96	78.67	56.49	28.43
28	合肥	49.02	26.90	54.14	29.98	48.17	11.95	29.90	61.32	43.15	24.81
29	金华	48.48	12.46	47.77	22.16	30.18	6.43	34.74	72.96	81.93	18.06
30	湖州	48.31	8.62	52.87	10.60	43.65	5.09	39.74	76.06	59.05	29.89
31	石家庄	47.46	15.90	72.61	34.93	24.44	9.44	39.94	44.30	61.43	16.82
32	西安	47.17	25.72	59.87	40.96	33.71	10.96	28.68	50.51	50.78	16.66
33	福州	47.08	27.56	59.87	26.20	56.47	9.18	22.42	58.59	35.16	21.81
34	沈阳	46.82	17.23	54.14	28.38	32.60	9.38	36.63	57.15	59.41	20.58
35	郑州	46.72	29.08	38.22	39.65	39.36	14.86	34.40	51.56	44.39	23.33
36	台州	46.56	13.53	49.04	20.73	35.03	5.79	28.82	72.91	70.53	17.39
37	大连	46.33	18.88	57.32	23.14	43.71	8.80	31.38	59.33	46.00	23.63
38	烟台	46.24	21.31	64.33	22.10	51.76	8.35	26.37	56.71	37.13	23.52
39	中山	44.77	8.13	35.03	13.90	31.40	4.15	34.37	75.07	81.02	18.60
40	南通	44.55	25.48	45.22	24.10	56.76	8.06	21.28	61.67	36.82	20.81
41	泉州	44.17	27.10	54.14	27.54	52.83	6.92	17.19	58.67	37.64	15.65
42	赣州	43.75	10.13	64.97	27.95	19.46	4.02	26.72	48.36	84.22	8.96
43	东营	43.68	8.11	59.24	6.87	63.32	3.49	28.96	60.42	32.34	31.60
44	潍坊	43.65	16.36	55.41	29.25	30.02	7.99	32.87	49.45	55.81	17.00
45	泰州	43.57	14.34	59.87	14.07	54.69	5.57	26.12	58.24	36.09	24.62

续表

排名	城市	综合发展指数	GDP	GDP增速	常住人口	人均GDP	一般公共预算收入	预算收入贡献率	人均可支配收入	人均收入分配率	人均财力
46	惠州	43.50	12.10	58.60	18.88	34.40	5.81	32.30	56.39	55.56	19.14
47	淄博	43.23	9.86	61.78	14.65	36.12	4.94	33.72	56.38	52.90	20.99
48	镇江	42.71	11.24	50.32	10.01	60.24	4.00	23.93	66.09	37.18	24.84
49	唐山	42.67	19.93	61.78	23.95	44.67	7.13	24.08	49.72	37.72	18.54
50	昆明	42.59	16.89	50.96	26.46	34.26	6.64	26.46	55.16	54.56	15.62
51	南昌	42.54	16.13	57.96	20.03	43.23	6.02	25.10	55.80	43.75	18.69
52	包头	42.53	8.40	77.71	8.46	53.30	2.28	18.29	61.99	39.42	16.79
53	芜湖	42.50	10.08	57.96	11.61	46.61	5.11	34.08	54.20	39.40	27.37
54	临沂	41.77	12.94	58.60	34.29	20.26	5.52	28.72	41.58	69.56	10.03
55	扬州	41.34	15.91	59.24	14.24	59.96	4.28	18.09	56.31	31.82	18.70
56	盐城	41.09	15.86	61.15	20.89	40.74	5.96	25.29	48.74	40.54	17.75
57	邯郸	41.00	9.73	60.51	29.30	17.83	4.67	32.28	38.65	73.44	9.92
58	济宁	40.95	11.91	59.87	25.95	24.64	5.88	33.26	42.24	58.11	14.12
59	保定	40.89	8.69	56.05	28.62	16.30	4.56	35.28	37.72	78.43	9.91
60	太原	40.72	12.48	52.87	16.78	39.92	5.75	31.02	50.99	43.29	21.33
61	宁德	40.70	7.96	100.00	9.80	43.59	2.20	18.61	43.96	34.18	13.98
62	廊坊	40.07	7.98	45.22	17.24	24.87	4.49	37.83	49.16	67.00	16.21
63	贵阳	40.00	11.02	44.90	18.99	31.15	5.29	32.28	52.00	56.57	17.33
64	徐州	39.91	18.94	52.23	28.10	36.19	6.80	24.16	45.16	42.29	15.07
65	哈尔滨	39.80	12.30	47.77	30.76	21.45	3.45	18.86	49.10	77.55	6.97
66	九江	39.73	9.02	59.24	14.19	34.10	3.99	29.76	50.15	49.83	17.49
67	漳州	39.04	12.78	75.80	15.78	43.48	3.29	17.34	45.86	35.74	12.99
68	滁州	39.01	8.08	66.88	12.60	34.43	3.64	30.31	44.82	44.12	17.98
69	株洲	38.96	8.10	60.51	12.09	35.98	2.51	20.85	56.42	53.15	12.92
70	遵义	38.61	9.86	51.59	20.52	25.79	3.63	24.78	48.83	64.17	11.01
71	乌鲁木齐	37.92	8.62	32.48	12.67	36.54	4.14	32.30	56.28	52.20	20.34
72	宜昌	37.91	12.32	66.88	12.17	54.36	2.87	15.67	47.13	29.38	14.68
73	江门	37.87	8.45	52.87	15.05	30.15	3.46	27.53	48.68	54.73	14.30
74	威海	37.87	7.63	41.40	9.07	45.17	2.96	26.09	58.58	43.95	20.31
75	上饶	37.63	7.41	64.33	20.03	19.86	3.30	29.94	36.39	62.10	10.25
76	沧州	37.54	9.83	58.60	22.73	23.21	4.17	28.55	38.40	56.08	11.42
77	衡阳	37.50	9.16	64.97	20.60	23.86	2.51	18.46	43.62	61.95	7.59

排名	城市	综合发展指数	GDP	GDP增速	常住人口	人均GDP	一般公共预算收入	预算收入贡献率	人均可支配收入	人均收入分配率	人均财力
78	宜春	37.39	7.78	65.61	15.47	26.99	3.65	31.56	38.24	48.01	14.67
79	宜宾	37.31	7.68	60.51	14.33	28.75	3.63	31.78	40.86	48.15	15.75
80	淮安	37.25	10.62	54.78	14.20	40.15	3.94	25.00	46.11	38.92	17.29
81	南阳	37.00	10.20	62.42	29.97	18.27	3.38	22.27	33.57	62.25	7.01
82	洛阳	36.64	12.99	50.96	22.00	31.69	5.23	27.12	39.68	42.42	14.81
83	许昌	36.60	8.39	77.71	13.64	33.03	2.68	21.49	38.23	39.22	12.23
84	新乡	36.43	7.76	65.61	19.20	21.68	2.98	25.89	36.16	56.51	9.67
85	曲靖	36.34	8.52	83.44	17.74	25.76	1.99	15.70	36.61	48.15	6.97
86	菏泽	36.18	9.42	58.60	27.18	18.60	3.95	28.23	31.46	57.31	9.05
87	茂名	35.98	4.27	35.03	19.36	11.83	1.85	29.24	34.91	100.00	5.96
88	龙岩	35.77	7.42	63.69	8.45	47.14	2.17	19.72	44.45	31.95	16.02
89	南宁	35.30	11.69	40.76	27.49	22.82	5.13	29.54	35.74	53.08	11.62
90	兰州	35.25	7.49	36.94	13.64	29.46	2.90	26.11	50.10	57.63	13.25
91	襄阳	35.21	13.05	66.24	16.40	42.70	2.90	14.97	39.01	30.96	11.02
92	岳阳	35.20	10.55	66.24	15.69	36.09	2.43	15.52	41.81	39.26	9.65
93	宿迁	34.91	9.21	54.78	15.56	31.77	3.57	26.11	38.68	41.26	14.29
94	德州	34.26	8.14	59.87	17.43	25.06	3.09	25.55	34.32	46.41	11.03
95	绵阳	34.22	8.12	63.69	15.20	28.69	2.10	17.39	39.80	47.01	8.60
96	长春	34.13	15.10	3.18	28.28	28.67	6.04	26.92	49.71	58.76	13.30
97	常德	34.05	9.57	58.60	16.30	31.52	2.76	19.37	38.94	41.86	10.52
98	连云港	33.40	8.97	47.13	14.32	33.62	2.80	20.99	42.37	42.71	12.16
99	周口	31.94	8.10	50.32	27.55	15.78	2.37	19.67	27.36	58.74	5.35
100	湛江	31.11	8.31	39.49	21.88	20.40	1.93	15.63	36.25	60.23	5.49
平均值		45.64	19.02	54.64	24.30	40.99	9.70	30.36	55.97	50.00	22.56
标准差		11.65	17.22	12.35	14.96	16.52	13.73	11.81	16.93	13.95	16.43
离散系数		0.26	0.91	0.23	0.62	0.40	1.42	0.39	0.30	0.28	0.73
最大值		100.00	100.00	100.00	100.00	100.00	100.00	100.00	100.00	100.00	100.00
最小值		31.11	4.27	3.18	6.75	11.83	1.85	14.97	27.36	18.16	5.35
差异倍数		3.21	23.44	31.40	14.82	8.45	53.96	6.68	3.66	5.51	18.70

Abstract

In 2021, all regions fully implemented the spirit of the 19th National Congress of the Communist Party of China and its successive plenary sessions, followed the decisions and deployments of the CPC Central Committee and the State Council, adhered to the general principle of seeking progress while maintaining stability, comprehensively and faithfully implemented the new development philosophy, accelerated the construction of a new development pattern, deepened reform in an all-round way, promoted innovation-driven development, and pursued high-quality development. They responded calmly to changes unseen in a century and the COVID-19 pandemic, achieving a good start for the 14th Five-Year Plan.

In 2022, the 20th National Congress of the Communist Party of China was successfully held. Under the strategic deployment of the Central Committee of the Communist Party of China and the State Council, various regions coordinated the domestic and international situations, balanced COVID-19 prevention and control with economic and social development, and ensured both development and security. As a result, the overall stability of the country's economic and social situation was maintained. In 2022, China's tax revenue reached 18089.688 billion yuan, an increase of 2925.581 billion yuan compared to the previous year, representing a year-on-year growth of 19.3%. The eastern, central, western, and northeastern regions achieved tax revenues of 11522.309 billion yuan, 2719.114 billion yuan, 3039.250 billion yuan, and 809.015 billion yuan respectively, with respective growth rates of 17.4%, 22.1%, 24.9%, and 17.5%. The national macro tax burden was 15.0%. Among these, the eastern region had a macro tax burden of 18.5%, which was 3.5 percentage higher than the national average. The macro tax burdens for the central, western, and northeastern regions were all lower than the national average. In 2022, the tax coordination coefficients for the eastern, central, western, and northeastern regions were 1. 2321, 0. 6787, 0. 7850, and 0. 9375, respectively.

The eastern region maintained its dominant position in economic and tax development with rapid tax recovery and strong stabilization effects in national taxes in 2021−2022, having higher tax/GDP than the central and western regions. The majority of the top 10 provinces in tax revenues were located here. The central region shows immense potential with high growth in tax revenue, with lower tax/GDP than the eastern and slightly lower than the western region. The west region requires further assistance with slower-than-average growth rate and stagnant proportion of tax revenue, yet with higher tax/GDP than the central region. The northeast region, affected by cyclical changes and weak internal drive, reported 809. 015 billion yuan, accounting for 4. 5% of total tax revenue.

To achieve new development goals, a comprehensive reform of resource tax should be implemented to expand taxable resources, incorporating tradeable natural products like coal, minerals, and water. Implement price-based resource taxes, abolish unjustified charges, adjust consumption tax ranges to target high-energy and polluting products and luxury goods like private jets and villas while removing taxes on mass consumer products. Shift consumption tax collections to post-production stages. Establish unified laws for taxation, strengthen management and monitoring of regional incentives. Enhance supervisory measures for regional preferential policies in attracting investments, and enhance compliance.

Keywords: Regional Taxation; Macro Tax Burden; Regional Tax Coordination; Tax Policy

Contents

Ⅰ General Report

Abstract: In 2021, it was a milestone year in China's history. China achieved a good start to the 14th Five-Year Plan, and both economic development and epidemic prevention and control maintained a leading position in the world. In 2022, China's economy continued to recover and return to normal, with continuous improvement in major economic indicators and a comprehensive recovery in economic operation. The gross domestic product reached 120. 34624 trillion yuan, and the tax revenue reached 18. 089688 trillion yuan. In 2022, the tax revenue of the eastern region reached 11522. 309 billion yuan, accounting for 63. 7% of the national tax. The central region has great development potential. In 2021, the central region began to recover from the impact of the epidemic and achieved high-speed growth of tax revenue, with its growth rate only slightly lower than that of the eastern region. The tax revenue accounted for the same proportion as the previous year. In 2022, the tax revenue of the central region reached a total of 2719. 114 billion yuan, accounting for 15. 0% of the national tax. The western region needs further support. In 2022, the tax revenue of the western region reached a total of 3039. 250 billion yuan, accounting for 16. 8% of the national tax. The northeast region needs to transform its economic development mode. The northeast region, affected by macroeconomic cycle fluctuations and insufficient endogenous power, is in a critical period of transformation. In 2022, the tax revenue of the northeast region reached a total of 809. 015 billion yuan, accounting for 4. 5% of the national tax.

Keywords: Regional Taxation; Regional Economy; Macro Tax Burden

II　Regional Reports

B . 2　Report on the Tax Development in the Beijing-Tianjin-
　　Hebei Region (2021-2022)

Cai Chang, Wu Yixuan and Sun Rui / 022

Abstract: Tax policies play an important role in promoting the development of the Beijing-Tianjin-Hebei region. This report compares the GDP, economic indicators, tax revenue, and tax revenue by tax type of the three regions in the Beijing-Tianjin-Hebei region, analyzes the economic and tax development situation of the three regions in 2021-2022, summarizes the economic strategy and fiscal measures for promoting high-quality development of the Beijing-Tianjin-Hebei region. It is important to coordinate the development of industries in the Beijing-Tianjin-Hebei region, form an industrial chain upstream and downstream, and form a strong support for the high-quality development of the Beijing-Tianjin-Hebei region. Fiscal policies are important tools for the government to guide resource allocation. How to formulate coordinated and targeted fiscal policies, effectively guide the three regions of Beijing, Tianjin, and Hebei to build an industrial development chain with division of labor and complementarity, is a problem that needs to be solved urgently. To promote high-quality economic development, it is necessary to take full advantage of the core driving role of Beijing and Tianjin, emphasize the innovation-driven strategy and ecological protection strategy, improve the institutional mechanism focusing on the transfer of non-capital functions of Beijing, and increase the support of fiscal policies.

Looking forward to the tax and economic trends in 2023, promoting high-quality coordinated development of industries in the Beijing-Tianjin-Hebei region requires new ideas, new paths, and new measures in terms of cultivating and optimizing regional economic growth poles, promoting the improvement and extension of industrial chains, improving the matching degree between innovation chains and industrial chains, and promoting the innovation and reform of industrial cooperation mechanisms.

Keywords: Economy Development; Tax; Regional Economy; Beijing-Tianjin-Hebei Region

B.3 Report on the Tax Development in the Yangtze

River Delta (2022-2023)   *Zheng Ting, Shen Yun* / 058

Abstract: The year 2022 marks the fourth year since the integration development of the Yangtze River Delta was elevated to a national strategy. The region has focused on the keywords "integration" and "high-quality," deeply promoting regional collaboration, effectively resisting the impact of the pandemic on society and economy through efficient government services and smooth flow of factors, orderly resuming work and production, and demonstrating strong resilience and vitality in its economic development. Although there are still some differences among the three provinces and one municipality within the region in terms of taxation and economic output, significant progress has been made in 2022 regarding the degree of integration in factor flows, resource allocation, and industrial chain complementarity. In the process of integrated development, taxation has played a significant leading role by facilitating the establishment of a unified market and other aspects, further promoting comprehensive development in the Yangtze River Delta: improving the design of a series of fiscal and tax system matrices, driving regional fiscal and tax mechanism integration; overcoming barriers in various elements and addressing key issues constraining deepened integration in financial and tax mechanisms; enhancing tax collection and management cooperation mechanisms, continuously optimizing the regional business environment; encouraging provincial, municipal, and district tax departments to exchange experiences, constructing a mutually beneficial tax administration coordination and shared interest mechanism; further optimizing the industrial structure, upgrading the industrial level of the Yangtze River Delta region.

Keywords: Tax Development; Tax Collection and Administration; Yangtze River Delta

B.4 Report on the Tax Development in Northeast China (2021－2022) *Li Jing, Li Shiyu* / 087

Abstract: Studying the development of tax revenue in northeast China is helpful to the economic growth of Northeast China. First of all, this report analyzes the general situation of tax development in the three northeastern provinces in 2021, the relationship between tax revenue and fiscal revenue in 2021－2022, makes a comparative analysis of the main tax revenue in the three Northeastern provinces, and analyzes the implementation of tax and fee reduction in the three Northeastern provinces. Secondly, we briefly analyzed the economic development situation of the three northeastern provinces in 2021－2022, including the GDP development and the industrial structure of the three northeastern provinces, and we analyzed the economic development of the three northeastern provinces from five indicators: per capita GDP, per capita disposable income, retail sales of consumer goods, export volume and fixed asset investment. This report analyzes the synergistic relationship between tax revenue growth and economic growth in the three northeastern provinces from the perspective of comparative analysis of macro tax burden and tax elasticity. Finally, the tax revenue and economic trends of the three northeastern provinces in 2023 are prospected, and four beautiful visions are proposed, such as a better business environment and breakthroughs in scientific and technological innovation. By analyzing the necessity of revitalizing the development of Northeast China, this report proposes tax policies to promote industrial upgrading and transformation, build industrial clusters, and absorb talents to promote high-quality economic development in Northeast China.

Keywords: Tax and Fee Reduction; High-quality Development; Fiscal and Tax System; Northeast Region

B.5 Report on the Tax Development in Southwest China (2021-2022) *Yan Jie* / 118

Abstract: This report studies the tax development of five provinces in Southwest China from 2021 to 2022. The total tax revenue of Southwest China in 2022 was 674.7 billion yuan, and down 12.51 percent from 2021. The tax revenue of the five provinces in Southwest China accounted for 4.05% of the national tax revenue, down 0.41% from the previous year. The total tax revenue of provinces in southwest China showed a trend of rising first and then fluctuating down. In 2022, the tax revenue growth rate of the five provinces was negative and lower than the national average growth rate. Through the analysis of tax data, this report finds that the spatial distribution of tax development is unbalanced among provinces and among different counties in Southwest China. It holds that governments at all levels should focus on developing economy and expanding tax sources and tax base, coordinate economy and tax development under the premise of adhering to ecological optimization, pay attention to promoting the overall coordinated development of regional economy and tax revenue, strengthen economic cooperation and tax policy coordination among different regions and counties within the region, further optimize the local tax structure, actively improve and optimize the local business environment, and constantly strengthen tax information management and tax administration.

Keywords: Regional Economy; Tax Development; Southwest China

Ⅲ　Provincial Reports

B. 6　Report on the Tax Development of Zhejiang
　　Province（2021−2022）

Li Sicun，Yu Wanqin and Shen Yuemei / 146

Abstract：In 2021, Zhejiang's tax revenue and economy achieved rapid growth, with a total tax revenue of 1504. 11 billion yuan, up 18. 53% year-on-year, a higher growth rate than the national average, and ranking fifth among all provinces and municipalities directly under the central government; the province's gross domestic product was 7351. 6 billion yuan, up 8. 5% year-on-year, showing strong resilience in economic operation. In 2022, with the implementation of policies such as large-scale tax refunds, the province's tax revenue was 1325. 44 billion yuan, down 3. 51% year-on-year. The total amount ranked fifth among all provinces and municipalities directly under the central government and second among the five provinces and municipalities in the east; the province's GDP was 7771. 5 billion yuan, up 3. 1% year-on-year, with a solid overall trend of recovery. In 2023, challenges and development tasks remain daunting, and the province is promoting the implementation of the three "No. 1 projects" to continuously promote the recovery and improvement of the economy, stabilize growth, and make progress. The first quarter achieved a GDP of 1892. 5 billion yuan, up 4. 9% year-on-year, but steady recovery is still under pressure. It is suggested that measures be taken to promote the coordinated and sustainable growth of tax revenue and economic development, and to contribute more to the country's economic development with high-quality development.

Keywords：Regional Economy；Tax Revenue；Zhejiang

B.7 Report on the Tax Development in Shanxi Province
(2021-2022)

Wang Jiangxia, Wang Jingwen and Dong Junli / 165

Abstract: In 2021-2022, facing the complex and changing downward impact of the domestic and foreign economy and the unexpected development of the pandemic, the tax department of Shanxi Province firmly grasped the favorable situation of high prices of commodities such as coal and persisted in the principles of "two hands catching" and "two hands hardening". They made a coordinated effort to do tax refund and tax collection work, both the scale and growth rate of tax revenue reached new highs. The economic development gradually picked up, the various reforms accelerated, the basic livelihood was effectively safeguarded, and the society maintained harmonious stability, providing a solid financial guarantee for the development of the provincial economy and society. At the same time, the energy revolution in Shanxi Province continued to make efforts, with prominent advantages in traditional energy industries and rapid development in new energy industries, the pace of building a new energy system accelerated, contributing to the struggle to write the Shanxi chapter of Chinese-style modernization.

Keywords: Taxation; Energy Revolution; Shanxi

B.8 Report on the Tax Development of Hubei Province
(2021-2022)

Xie Hongtao, Ran Yong, Wang Jingru, Li Dan and Wu Feng / 180

Abstract: In order to implement the Opinions on Further Deepening the Reform of Tax Collection and Administration issued by the General Office of the CPC Central committee and the General Office of the State Council, actively explore the path towards "utilizing data for the overall situation", Hubei Provincial Government Research Office, Hubei Provincial Tax Service and

Zhongnan University of Economics and Law jointly established the "Hubei Tax Index for High-quality Economic Development" based on "Tax Index for Reachability of Design Capacity" from the revitalization of economy in Hubei after the Covid – 19 pandemic and the practical accumulation of the continuous monitoring and analysis of economic operation, which creating a new brand for tax data evaluation of economic operation quality and forming the distinctive toolbox featuring a combination of indicator, index and report. By integrating multiple data sources such as VAT invoices, tax returns as well as tax revenues, "Hubei Tax Index for High-quality Economic Development" reflects the quality and efficiency of economic operation from both economic scale and high-quality development, which the latter aspect specifically selecting five indicators of market entities, industrial quality and efficiency, tax contribution, growth momentum and financing circulation to illustrate, embodying the characteristics of big-picture thinking and supreme authority representation, big-data and multi-dimensions based, and its result can be replicated and generalized. The tax influence in decision-making as well as economic and social development for the Provincial Party Committee and the Government is therefore promoted.

Keywords: High-quality Development; Tax Index Analysis; Hubei

B.9　Report on the Tax Development in Gansu Province

Abstract: In 2021−2022, under the triple pressures of demand contraction, supply shock, and weakening expectations in the Chinese economy, the economic development of Gansu Province maintained a good momentum of stability and progress, with continuous expansion of economic scale, sustained growth of economic growth rate, and a good trend of tax revenue growth in line with economic growth. However, there are still prominent regional imbalances in economic development within Gansu Province, with large differences in tax revenue scale, tax revenue quality, and tax burden ratio among cities and prefectures, resulting in a clear differentiation of the economic fiscal pattern and obvious regional imbalances and insufficient development. This report analyzes the current situation of economic development, tax development, and the correlation between tax and economy in three aspects, and provides specific measures to promote the high-quality development of Gansu Province by analyzing the economic development level and tax revenue scale of Gansu Province and each city and prefecture, taking into account the "strengthening the provincial capital" policy and the location advantages of each city and prefecture, and proposing to vigorously develop the economy, expand the "economic cake"; accelerate the optimization of the industrial structure, cultivate new growth points of economic growth; continuously improve the tax business environment, improve the tax compliance rate; strictly implement tax preferential policies, improve the sustainable development ability of fiscal resources, and so on.

Keywords: Regional Economy; Taxation; Gansu

B.10 Report on the Tax Development of Chongqing City (2022-2023)

Xu Bin, Deng Yongqin / 219

Abstract: In 2022, under the guidance of the 20th National Congress of the Communist Party of China, China implemented the requirements of COVID-19 prevention and social-economic development, coordinated development and security, and achieved stable economic operation. Chongqing's economic development has maintained the momentum of recovery and achieved stable growth, employment and price balance. In this year, the regional GDP reached 2912.903 billion yuan, a year-on-year increase of 2.6%. For the first time, the tax revenue accumulated by the tax authority exceeded 600 billion yuan, reached 621.98 billion yuan. Overall, in 2022, the city's economy had been running smoothly, industry development had been remaining stable, tax and fee reduction had been relieving stress, consumer market had been resuscitating steadily, and the integration of Chengdu and Chongqing had been deepening. However, there are still some problems, such as the decline of market vitality, the short-term pressure of employment, and the insufficient radiation in the adjacent areas of Two-City Economic Circle in the Chengdu-Chongqing region. In 2023, the city's economic operation is expected to remain stable overall, but the foundation for recovery is not yet solid, and the triple pressures of shrinking demand, supply shocks, and weakening expectation are still great. From the perspective of major industries, it is expected that industrial growth will still be constrained by factors such as high raw material prices, chip shortages, and a high base from the previous year; Business will slowly recover, but the recovery is closely related to residents' consumer confidence; The financial industry is limited in terms of tax growth due to factors such as the narrowing of interest rate differentials between bank deposits and loans, and the increase in bad debt provisions for some enterprises; Although the real estate industry has introduced the "Sixteen New Policies" for the real estate market, the effectiveness of the policy implementation needs to be tested by the market, and it is difficult to achieve explosive growth. Chongqing's tax revenue will reach around 280 billion yuan in 2023, an increase of about 14% year-on-year.

Keywords: Taxation; High-quality Development; Chongqing

B.11 Report on the Tax Development in Guangxi Zhuang
Autonomous Region (2021−2022) *Jin Youwen*, *Lu Hua* / 234

Abstract: In 2021−2022, the total tax revenue and tax growth in Guangxi are not stable enough, and the overall fluctuation range is large. The contribution of local tax revenue to local general public budgetary revenue experienced a similar pattern, showing initial recovery followed by a decline. Second industry tax revenue contributions recovered, while those from the tertiary sector showed slower growth. The high energy-consuming industries' tax contributions rose again, exceeding the national average. VAT and enterprise income tax decreased and increased, causing interplay in income tax and goods/service category contributions, resulting in fluctuating structural optimization of sectors and categories. Macroeconomic tax burden showed minor fluctuations, narrowing the gap with the national average, but disproportional internal structure of industrial tax burdens persisted. The per capita tax gap widened and local tax contributions exceeded the national average, leading to a continuous deterioration in the central-local tax contribution structure. Both tax burden and elasticity coefficients displayed larger fluctuations from negative to positive values, especially in elasticity coefficient of local tax revenue, changing from marginally above economic growth to deviating significantly from it. Recommendations for 2023 based on tax performance include efforts to stabilize economic fundamentals, promote industrial upgrading and optimize local tax contributions through modernized services and leveraging big data in tax.

Keywords: Taxation; Macro Tax Burden; Tax Elasticity Coefficient; Tax Contribution Ratio; Guangxi

IV Special Topic

B.12 China's Economy, Finance, Taxation and People's Livelihood Comprehensive Development Index and Cluster Analysis (2022)
Jiao Ruijin / 257

Abstract: The ultimate goal of social and economic development is to achieve a better life for people through common prosperity on the basis of economic development. Therefore, to evaluate the high-quality social and economic development in the new era, it must be observed through the connection of GDP and financial and tax indicators, as well as indicators reflecting common prosperity, to understand the impact of economic development on the improvement of people's livelihood. This report uses the big data thinking to connect the related indicators of the economy, finance, taxation, and people's livelihood in 2022, and conducts comprehensive development index and cluster analysis of the economy, finance, taxation, and people's livelihood, to systematically, comprehensively, and objectively understand the development situation of the local economy, finance, taxation, and people's livelihood, and analyze the differences and influencing factors of common prosperity in different regions. After analysis, this report believes that the high-quality development of socio-economy should not only focus on the scale of economic aggregate, but also pay attention to the growth of economy, government public budget financial resources and per capita disposable income. Only by vigorously promoting common prosperity, improving public service environment, can we achieve the Second Centenary Goal as soon as possible. In the era of digital economy, we should use big data thinking to timely calculate and grasp the basic situation of Gini coefficient, timely and intelligently adjust the minimum wage standard and the lowest level of social security through tax spending or fiscal transfer methods, narrow the gap between rich and poor, and promote the steady and sustained improvement of common prosperity.

Keywords: Common Prosperity; Comprehensive Development Index; Correlation Analysis; Cluster Analysis

社会科学文献出版社

皮 书

智库成果出版与传播平台

❖ 皮书定义 ❖

皮书是对中国与世界发展状况和热点问题进行年度监测，以专业的角度、专家的视野和实证研究方法，针对某一领域或区域现状与发展态势展开分析和预测，具备前沿性、原创性、实证性、连续性、时效性等特点的公开出版物，由一系列权威研究报告组成。

❖ 皮书作者 ❖

皮书系列报告作者以国内外一流研究机构、知名高校等重点智库的研究人员为主，多为相关领域一流专家学者，他们的观点代表了当下学界对中国与世界的现实和未来最高水平的解读与分析。

❖ 皮书荣誉 ❖

皮书作为中国社会科学院基础理论研究与应用对策研究融合发展的代表性成果，不仅是哲学社会科学工作者服务中国特色社会主义现代化建设的重要成果，更是助力中国特色新型智库建设、构建中国特色哲学社会科学"三大体系"的重要平台。皮书系列先后被列入"十二五""十三五""十四五"时期国家重点出版物出版专项规划项目；自2013年起，重点皮书被列入中国社会科学院国家哲学社会科学创新工程项目。

权威报告·连续出版·独家资源

皮书数据库
ANNUAL REPORT(YEARBOOK) DATABASE

分析解读当下中国发展变迁的高端智库平台

所获荣誉

- 2022年，入选技术赋能"新闻+"推荐案例
- 2020年，入选全国新闻出版深度融合发展创新案例
- 2019年，入选国家新闻出版署数字出版精品遴选推荐计划
- 2016年，入选"十三五"国家重点电子出版物出版规划骨干工程
- 2013年，荣获"中国出版政府奖·网络出版物奖"提名奖

皮书数据库　　"社科数托邦"
　　　　　　　微信公众号

成为用户

　　登录网址www.pishu.com.cn访问皮书数据库网站或下载皮书数据库APP，通过手机号码验证或邮箱验证即可成为皮书数据库用户。

用户福利

- 已注册用户购书后可免费获赠100元皮书数据库充值卡。刮开充值卡涂层获取充值密码，登录并进入"会员中心"—"在线充值"—"充值卡充值"，充值成功即可购买和查看数据库内容。
- 用户福利最终解释权归社会科学文献出版社所有。

数据库服务热线：010-59367265
数据库服务QQ：2475522410
数据库服务邮箱：database@ssap.cn
图书销售热线：010-59367070/7028
图书服务QQ：1265056568
图书服务邮箱：duzhe@ssap.cn

社会科学文献出版社 皮书系列
SOCIAL SCIENCES ACADEMIC PRESS (CHINA)
卡号：518591123631
密码：

S 基本子库
SUB DATABASE

中国社会发展数据库（下设 12 个专题子库）

紧扣人口、政治、外交、法律、教育、医疗卫生、资源环境等 12 个社会发展领域的前沿和热点，全面整合专业著作、智库报告、学术资讯、调研数据等类型资源，帮助用户追踪中国社会发展动态、研究社会发展战略与政策、了解社会热点问题、分析社会发展趋势。

中国经济发展数据库（下设 12 专题子库）

内容涵盖宏观经济、产业经济、工业经济、农业经济、财政金融、房地产经济、城市经济、商业贸易等 12 个重点经济领域，为把握经济运行态势、洞察经济发展规律、研判经济发展趋势、进行经济调控决策提供参考和依据。

中国行业发展数据库（下设 17 个专题子库）

以中国国民经济行业分类为依据，覆盖金融业、旅游业、交通运输业、能源矿产业、制造业等 100 多个行业，跟踪分析国民经济相关行业市场运行状况和政策导向，汇集行业发展前沿资讯，为投资、从业及各种经济决策提供理论支撑和实践指导。

中国区域发展数据库（下设 4 个专题子库）

对中国特定区域内的经济、社会、文化等领域现状与发展情况进行深度分析和预测，涉及省级行政区、城市群、城市、农村等不同维度，研究层级至县及县以下行政区，为学者研究地方经济社会宏观态势、经验模式、发展案例提供支撑，为地方政府决策提供参考。

中国文化传媒数据库（下设 18 个专题子库）

内容覆盖文化产业、新闻传播、电影娱乐、文学艺术、群众文化、图书情报等 18 个重点研究领域，聚焦文化传媒领域发展前沿、热点话题、行业实践，服务用户的教学科研、文化投资、企业规划等需要。

世界经济与国际关系数据库（下设 6 个专题子库）

整合世界经济、国际政治、世界文化与科技、全球性问题、国际组织与国际法、区域研究 6 大领域研究成果，对世界经济形势、国际形势进行连续性深度分析，对年度热点问题进行专题解读，为研判全球发展趋势提供事实和数据支持。

法律声明

"皮书系列"（含蓝皮书、绿皮书、黄皮书）之品牌由社会科学文献出版社最早使用并持续至今，现已被中国图书行业所熟知。"皮书系列"的相关商标已在国家商标管理部门商标局注册，包括但不限于LOGO（ ▨ ）、皮书、Pishu、经济蓝皮书、社会蓝皮书等。"皮书系列"图书的注册商标专用权及封面设计、版式设计的著作权均为社会科学文献出版社所有。未经社会科学文献出版社书面授权许可，任何使用与"皮书系列"图书注册商标、封面设计、版式设计相同或者近似的文字、图形或其组合的行为均系侵权行为。

经作者授权，本书的专有出版权及信息网络传播权等为社会科学文献出版社享有。未经社会科学文献出版社书面授权许可，任何就本书内容的复制、发行或以数字形式进行网络传播的行为均系侵权行为。

社会科学文献出版社将通过法律途径追究上述侵权行为的法律责任，维护自身合法权益。

欢迎社会各界人士对侵犯社会科学文献出版社上述权利的侵权行为进行举报。电话：010-59367121，电子邮箱：fawubu@ssap.cn。

社会科学文献出版社

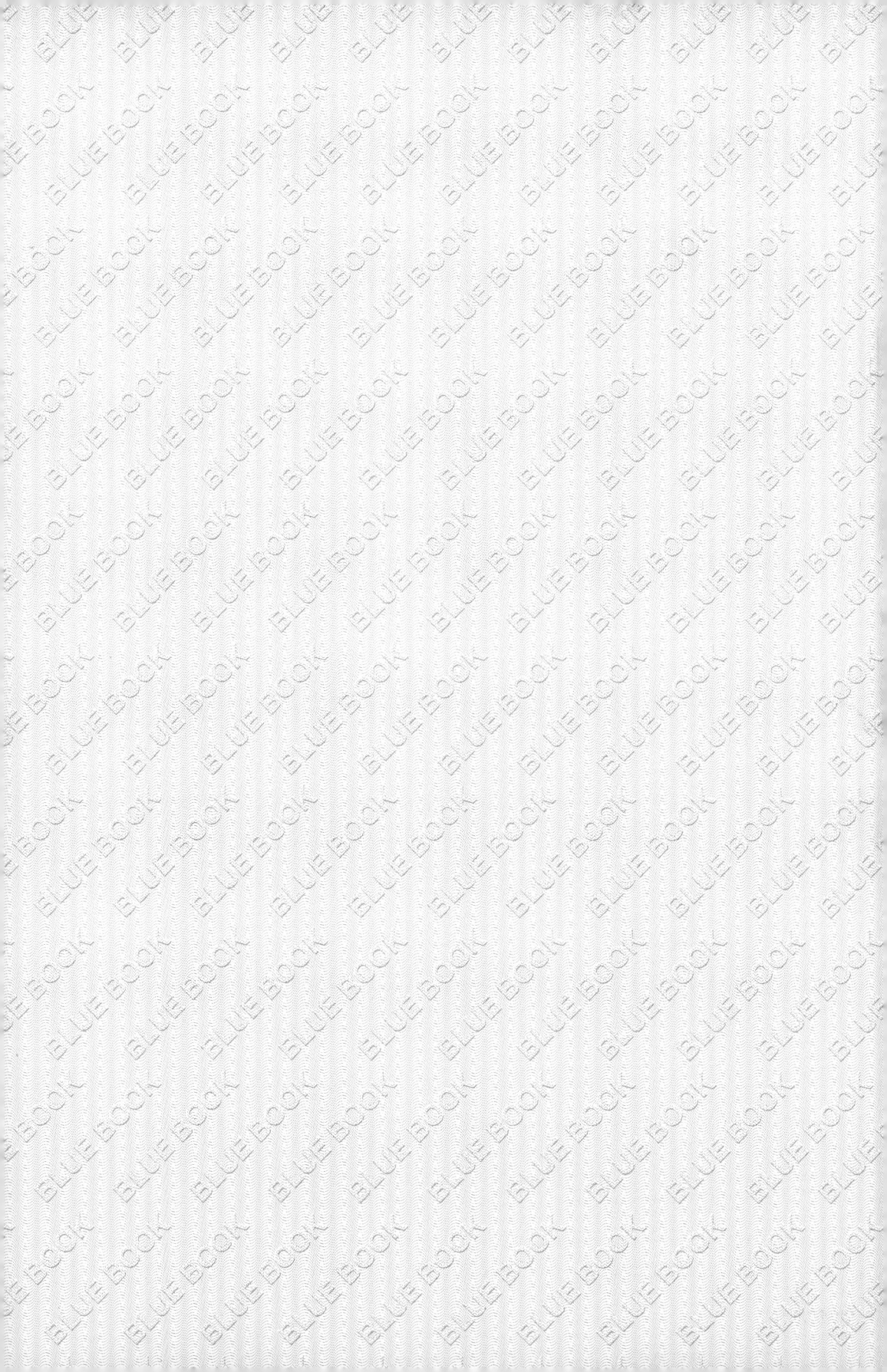